日本史&世界史

一冊でわかる

ビジュアル歴史年表

増補改訂版

Contents

※本書は2019年発行の『一冊でわかる 日本史&世界史 ビジュアル歴史年表 改訂新版』に情報の更新と加筆・修正を行った「増補改訂版」です。

この本の使い方

1 PICK UP
年表の欄外でさらに詳しい説明や資料などを紹介。

2  豆知識
時代や地域に由来するちょっとした知識を紹介。

3 赤文字
その時代の出来事における重要ポイントやキーマン。

4 青文字
文化的な出来事。

※2022年11月現在において書かれたもので、出来事に関する年号などについては諸説ある場合があり、その判断により異なってくるケースがあります。また、地名や国名、人名などの呼び名は、外務省表記などに基づいていますが、カタカナ表記において異なる場合もあります。また、ほかの文献などと異なる場合もございますのでご了承ください。

人類の起源

猿人から現生人類へ ～狩猟を中心とした少人数での行動～

生物の進化については、チャールズ・ダーウィンにより1859年11月24日に出版された「種の起原」の進化論が有名である。自然選択によって、生物は常に環境に適応するように変化し、種が分岐して多様な種が生じると主張した。自然選択とは「生物が持つ性質は個体間に違いがある」「その一部は親から子に伝えられる」「環境収容力が繁殖力よりも小さいため生まれた子の一部しか生存・繁殖できない。性質の違いに応じて次世代に子を残す平均的能力に差が生じるので、有利な個体が持つ性質が維持・拡散するというメカニズムである」とした。すべての生物は一種あるいはほんの数種の祖先的な生物から分岐して誕生したのだと述べたが、どのように個々の種が誕生するかは、DNAや遺伝の仕組みについては知られていなかったので、変異や遺伝の仕組みについては説明できなかった。

人類の祖先は現在のところ中央アフリカのチャド北部の砂漠で発見された、トゥーマイ猿人《サヘラントロプス》と言われ、約700万年前に誕生したと推定されている。地球上のヒトの祖先はアフリカで誕生し、その後世界中に伝播していったとする学説が有力視されている。猿人から原人、そして現在のヒトに近いといわれる現生人類《ホモサピエンス》が誕生したのが約20万～15万年前で、アフリカ大陸で進化し、世界中に生活圏を拡げたと考えられている。約1万年前に、現在の人間へと進化した。

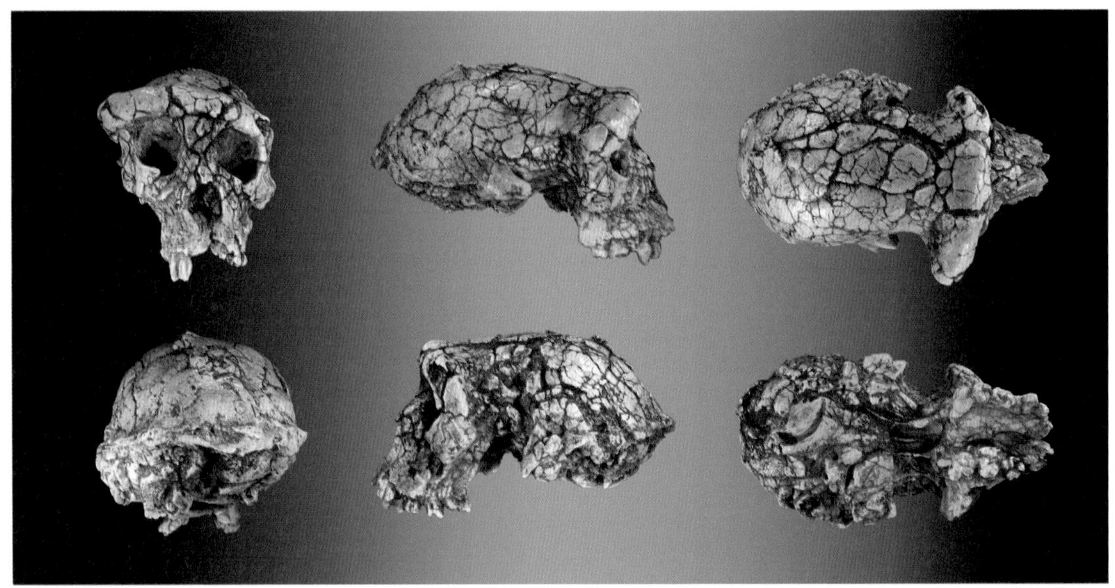

▲現在最古の人類といわれているトゥーマイ猿人は、2001年に中部アフリカのチャドで化石が発見され、犬歯が小さいことや歯のすり減り方など、現代人に近い特徴を備えていることから、チンパンジーとヒトとの共通祖先から枝分かれをしたころの約700万年前に生きていたとされる

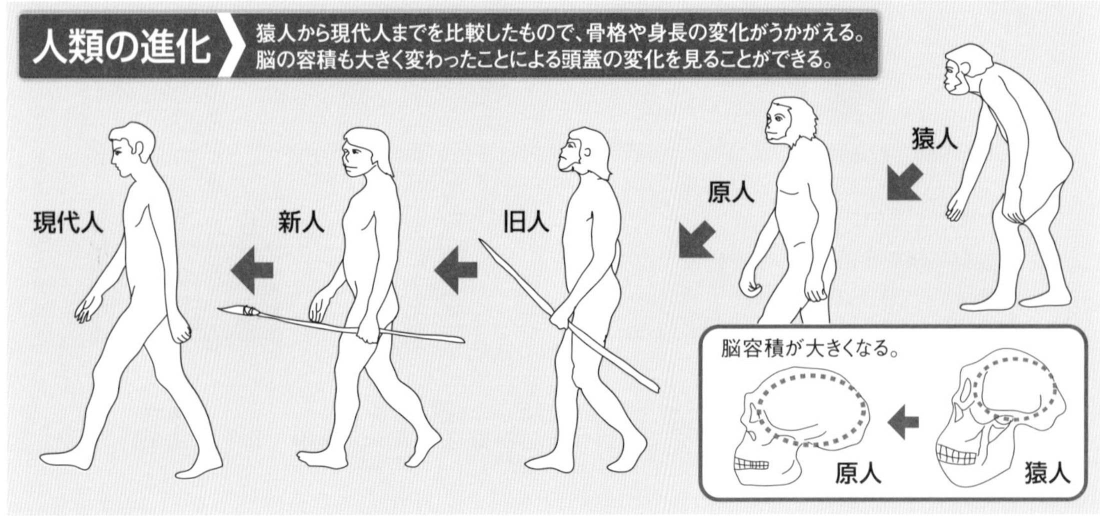

狩猟時代の人類 ～集団による狩猟を中心とした行動～

およそ5万年前より、石器などを使い始め、大型動物や鳥・魚を食料とするようになった。言語を使うようになったが、まだ文字などは使用されていなかった時代である。遺跡からは装身具や丁寧な埋葬が発見されていて、美の意識や精神的、宗教的な考え方が生まれてきた時代でもある。現在最古の洞窟壁画と言われている約3万2000年前のショーヴェ洞窟壁画やラスコー洞窟壁画など数多くの絵が発見されていることからも、現代とさほど変わらないであろう美の意識があったことがうかがえる。また、世界各地で発見されている人類の遺跡などから、人類が世界各地へ広がっていったのもこの時代が一番多かったと考えられている。舟を使っての移動も確認されている。8000年前までには人類は主な大陸に住み着いていたと思われる。

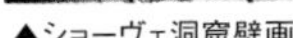
▲ショーヴェ洞窟壁画

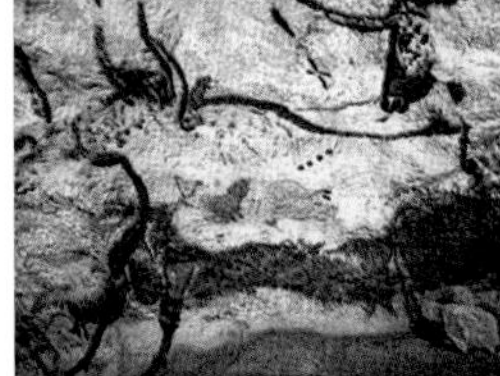
▲ラスコー洞窟壁画

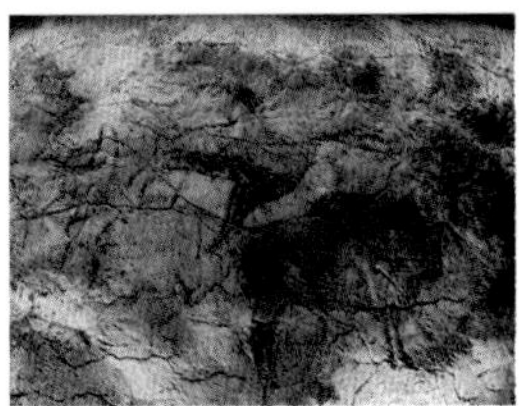
▲アルタミラ洞窟壁画

▲ペシュメルル洞窟壁画

農耕時代の人類 ～定住生活により、大きな集団での行動～

人類の移動が終わり始めると、狩猟生活から農耕生活へと変化していった。紀元前8000年頃から磨かれた石の道具である磨製石器を主な道具としていた時代である。農耕や家畜の飼育が始まり土器の使用も始まる。自給自足の生活へと変わっていき、文明が築かれ始めた。農耕文化の始まりにより集団ができ、そして国が生まれてきた。農耕文化は定住生活を生み、人類は豊かな定住生活を維持するため、身分という概念を創り出し、さらには集団同士の争いも創り出してきたのである。定住生活がエジプト文明やメソポタミア文明などといった文明を生み出す基礎となったのである。

▲農耕の跡も発見されているアブダット遺跡

世界四大文明の誕生、日本は縄文時代

ヨーロッパ

BC 4500頃 ・**新石器時代に入る**

最も早く農耕を開始したと考えられているのは西アジアであるが、この頃北西ヨーロッパにもそのノウハウが伝わった。麦・アワ・米といった穀物の栽培、牛やヤギなど家畜の飼育が行われ、石臼や石杵といった磨製石器が作られた。人々は集落を形成して織物や土器を作り始めた。これらを総合して、新石器時代の到来と考えられている。

BC 2500頃 ・**ストーンヘンジの建造**

イングランド南西部のソールズベリー平原にある巨石遺跡のストーンヘンジ。縦長の石の上に横にした石を円を描くように並べて乗せた環状列石という配置になっており、1000年の歳月をかけて完成したと言われている。サークル中央に祭壇があるため、太陽崇拝の祭祀場であるという説や、古代の天文台、ケルト民族の礼拝堂など諸説唱えられている。

▲ストーンヘンジ

オリエント・西アジア

BC 3500頃 ・**シュメール人がメソポタミア文明を築く** PICK UP

世界で初めて都市国家が成立した文明。

BC 3200頃 ・**エジプトに統一国家ができる**

BC 2550頃 ・**大ピラミッドの建設**

▲ピラミッド

豆知識　肥沃な三角地帯

ティグリス・ユーフラテス川からシリアを経てパレスチナ〜エジプトまで続く三日月型の緑の地帯を、「肥沃な三角地帯」と呼んだ。この地域は古代オリエント文明発祥の地として、歴史上に名を留めている。周辺の荒れ地を尻目に、良質な土壌を誇った一帯では農耕が栄えた。そして、交通網が開かれたことにより、メソポタミアとエジプト両国の交流拠点となった。「中東の中心」という理想的立地ゆえ、長年周辺諸国の争いが絶えない地域でもあった。

文明が生まれた四つの世界

世界四大文明という考え方の原型は、1900年に梁啓超（りょうけいちょう）が唱えた「二十世紀太平洋歌」にあり、「地球上の古文明の祖国に四つがあり、中国・インド・エジプト・小アジアである」と述べている。この考え方はアジアでは広まったものの、欧米では受け入れられなかった。1900年頃というと清王朝は欧米列強に植民地として国土を食い荒らされていた時代。日本に亡命していた清王朝の政治家梁啓超は、中国には「黄河文明」という欧米に匹敵する古い文明があり、そのことを中国の民衆や欧米諸国に伝えようとした。歴史的な考え方よりは政治的な考え方として、世界四大文明を唱えたのである。

考古学研究が進展した現代では、初期の文明を四つに限定する見方は否定的であり、当の中国でも長江文明など、黄河文明以外の文明が存在したことが確認されている。メソアメリカ文明やアンデス文明といった四大文明とは違う文明も解明されてきている。また、土器を作り、火を使い、集落を構える状態を文明と位置付けるならば、青森県外ヶ浜町にある大平山元1遺跡では1万6500年前とされる世界最古の縄文土器が発見されている。四大文明という概念は過去の考え方と言えるだろう。

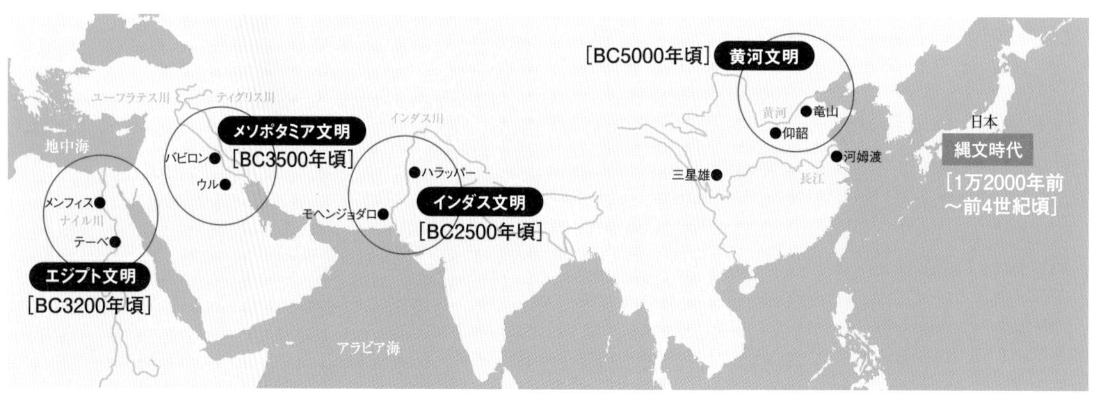

中期を迎える

《BC5000~BC2001《

南・北・東アジア

BC 5000頃

•黄河文明の発達

黄河文明が黄河中流域で誕生したのはBC5000年頃と言われている。黄河文明の前半は仰韶(ぎょうしょう)文化[BC5000~BC3000年頃]、後半は龍山(りゅうざん)文化[BC2900~BC2000年頃]と呼ばれている。仰韶文化では彩陶と呼ばれる土器が特徴。龍山文化では黒陶という土器が特徴で、見た目が真っ黒でろくろを使い、高温で焼き上げたもの。薄手で固く、彩陶よりも高度なものとなっている。

豆知識 **黄河の都市**

黄河文明の頃に発達した都市を邑(ゆう)と言う。邑という字は「口」と「巴」からできており、口は人々が住んでいた集落を取り囲む城壁を表し巴は人が座っている姿を字にしたもの。つまり人が集まって城壁の中で暮らしている、こういった邑が黄河中流域にたくさんできた。

BC 2500頃

•インダス文明の誕生

インド・パキスタンのインダス川及びガッガル・ハークラー川周辺に栄えた文明で、現在南インドを中心に暮らしているドラヴィダ人により作られたと考えられている。考古学上は「ハラッパー文化」と呼ばれ、パキスタン、パンジャブ州のハラッパーが標式遺跡〈この時代の様式の基準となる遺跡〉となっている。

▲インダス文明の代表的な遺跡

日本

BC 5000

▲三内丸山遺跡

BC 3500

日本列島で土器が作られ始めたのはBC1万年頃の縄文時代草創期であったと言われ、これは世界でも先駆けであった。最初は煮炊き専用として使われていたものが、中期の頃には貯蔵用などに形態や用途が多様化していった。

縄文時代

【火炎土器が作られる】
炎のような装飾を施された火炎土器は、この頃の代表的な土器の一種であった。

豆知識 **火炎土器と火焔土器**

火焔土器は、新潟県馬高(うまだか)遺跡で最初に見つかった火焔形土器の固有名詞を指す。この名前に由来して、これに類似した形状の土器を広く「火炎土器」と言うようになった。

BC 2001

PICK UP シュメール遺跡・ジッグラト

ジッグラトとは、シュメール遺跡の起源であると考えられており、「高い峰」という意味。古代メソポタミアにおいて、日乾しレンガを用いて数階層に組み上げられて建てられた聖塔である。三層構造で、基壇の上には月神ナンナルを祀る至聖所(しせいじょ)が設けられている。「バベルの塔」の伝説は、バビロン〈アッカド語で「神の門」を意味する〉のジッグラトから始まったとされる。バベルの塔は旧約聖書の「創世記」に登場する巨大な塔である。実現不可能な天に届くほどの高さの塔を建設しようとして、神の怒りをかって崩れてしまったというものだ。

▲ピーテル・ブリューゲル作、バベルの塔

農業発達の段階

文明への発達を促す重要な転機は、第一に農耕、第二に牧畜の誕生で、二つをまとめて「食料生産革命」と呼ばれる。

最も早く農耕を開始したのが西アジアであり、そこからノウハウがアジア・ヨーロッパ各地に広まっていったと考えられている。しかし、アフリカ大陸には外部から農耕が伝わった形跡がなく、黄河流域からは栽培種のアワが発見されており、これらの地域ではおそらく独自の農耕技術を発達させていた。

農耕文化に縁の深い世界遺産として、イラクのジャルモ遺跡がある。世界最古の農耕遺跡であると言われ、集落が形成されたBC7000年頃は、まさに狩猟生活から農耕生産への発展過渡期である。遺跡からは当時の状況を示す麦などの穀物を粉末化するために使われた石臼・石杵・磨製石器や、ヤギなどの家畜の骨も出土している。約150人の農牧民が生活していたと推測されている。また、世界最古の都市の一つヨルダン川西岸のイェリコには、約9000年前に人が定住していた形跡があり、木や動物の皮を利用した家屋跡が発掘されている。約7500年前には、2000人の住民を擁する大集落へと発展。都市の住民は支配者層と被支配者層へ分かれていき、これが階級の発生、やがては国家の誕生へと結びついていく。

多くの宗教で預言者とされるモーセの出現、

ヨーロッパ

BC 2000頃

•クレタ文明《ミノア文明》が発祥する

伝説上のミノス王の名にちなんで、ミノア文明とも呼ばれている。エーゲ文明のうち、クレタ島で栄えた青銅器文明のことを指す。地中海交易によって発展し、クノッソス、マリア、ファイストスなど島内各地に地域ごとの物資貯蔵や再分配を行うための宮殿が建設された。宮殿以外にも、コモスやパレカストロといった港湾都市が繁栄、貿易を通じてエジプトやフェニキアの芸術も流入し、高度な工芸品を生み出した。

▲クレタ島

BC 1600頃

•ギリシア人によるミケーネ文明の始まり

ミケーネ文明《ミュケナイ文明》は、エーゲ文明のうち、ペロポネソス半島のミケーネ《ミュケナイ》を中心に栄えた青銅器文明である。アルゴリス地方で起こり、クレタ文明と同様地中海交易で発展した。クレタ文明から芸術を流入し、ついにはクレタ島に侵攻し征服したと考えられている。この頃ミケーネはトローアスのイリオスを滅ぼし〈トロイア戦争〉、後にこれがホメーロスの叙事詩「イーリアス」の題材となったと言われているが、事実かどうかは不明である。BC1150年頃突如侵攻してきた「海の民」によってミケーネ文明は崩壊した。

BC 1100頃

•ドーリア人がギリシア本土に侵入

オリエント・西アジア

BC 1830

•バビロン第1王朝が成立[～BC1530]

メソポタミア地方で栄えた、アムル人系王朝の誕生。古バビロニア王国とも言う。

BC 1700頃 PICK UP 1

•ハンムラビ王がメソポタミア全土を統一

バビロン第1王朝の第6代王であるハンムラビが、首都バビロンを建設し、メソポタミア全域を支配下においた。

BC 1680

•ヒッタイト王国が小アジアに建国

BC 1600頃

•フェニキア人が都市国家を作り、アルファベットの起源ができる

BC 1600頃 PICK UP 2

•ヘブライ人《イスラエル人》がモーセに率いられてエジプトを出る

ラムセス2世統治下のエジプトで奴隷として苦しんでいたヘブライ人は、指導者モーセに導かれ、エジプトを脱出。モーセは多くの宗教において最も重要な預言者の一人とされる。「出エジプト記」によれば、当時エジプトのファラオがヘブライ人男児を殺すよう命じていたため、乳児の時にナイル川に流された。通りかかったファラオの王女に拾われたため、「ひきあげる」という意味のモーセと名付けられた。

▲モーセ

BC 1000頃

•ヘブライ王国全盛期、ダビデが王となる

PICK UP 1 ハンムラビ法典

ハンムラビ王によって制定された、ハンムラビ法典といえば「目には目を、歯には歯を」という復讐精神に基づくインパクトのある条文で有名である。楔形(くさびがた)文字によって石柱に刻まれ、イスラム教及びキリスト教に多大な影響を与えたと考えられている。法典が記された石柱は、現在でもパリのルーヴル美術館に保存されている。

「やられたらやり返す」という報復主義の典型として引き合いに出されるハンムラビ法典だが、犯罪に対する刑罰の度合いを法律によってはっきりと規定しておくという理念において、現代の罪刑法定主義の基盤を成すものと考えることができる。ただし、ハンムラビ法典においては必ずしも同害報復〈犯罪者が自分がやったのと同じ方法で復讐される〉が保証されていた訳ではなく、貴族・平民・奴隷など身分に応じて下される刑罰にも大きな差が生じていた。

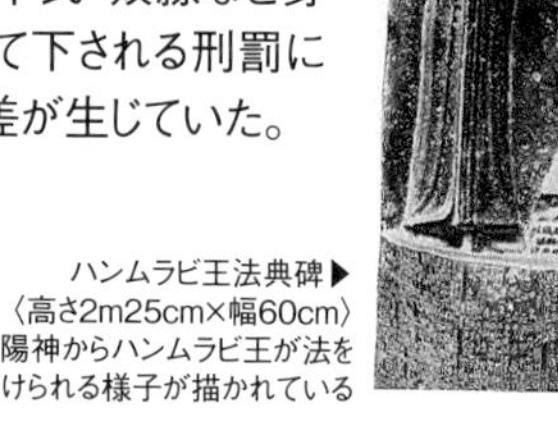

ハンムラビ王法典碑▶
〈高さ2m25cm×幅60cm〉
太陽神からハンムラビ王が法を授けられる様子が描かれている

ハンムラビ法典は1902年にスーサで発見され、全文282条から成る。実際に記されている内容は以下の通りである。

> 1条　人がもし他人を死刑に値するとして告訴し、しかもこれを立証しえないときは、告訴人は死刑に処せられる。
> 196条　他人の目をつぶした者は、その目をつぶされる。
> 199条　他人の奴隷の目をつぶしたり骨を折ったりした者は、その奴隷の価値の半分を支払えばそれでよい。
>
> 〈ハンムラビ法典条文より抜粋〉

また、ハンムラビ法典にある規定「代理人が利益をあげなかった時には大商人に借りた銀の2倍を返す」「代理人が商人に元手を借りているのをごまかした時には、元手の3倍を支払い、大商人が代理人から利益の分配を受けているのにごまかそうとした時には受け取り分の6倍を罰金として支払う」などから、この時代には都市の大商人から元手を借りて商業を行う「代理人」が存在し、広域商業が行われていたことが分かる。

ハンムラビ法典▶

日本は縄文時代後期へ

BC2000～BC1001

南・北・東アジア

BC 1700頃

•中国最古の王朝、殷(いん)《商》王朝が成立[～BC1046頃]し、甲骨文字が使われるようになる

殷は文献では夏(か)王朝を倒して建国されたとあり、考古学的に実在が認められている最古の王朝である。殷の王は政治など諸事を亀甲や獣骨を火であぶる占いによって決定していた。占いの結果を刻んだ骨片はすでに約10万片発掘されており、漢字の基になった甲骨文字が確認されている。また、殷の青銅器文化は素晴しくその芸術性において、最高の評価を受けている。

▲ 殷代青銅器〈大型容酒器〉
photo by ©CROMAGNON

BC 1046

•周の封建制が起こる

西方の周が兵を挙げ、牧野の戦いで殷軍を倒し、王朝が交替した〈殷周革命〉。周は首都を洛邑(らくゆう)〈後の洛陽〉に移し、王族や姻戚関係一族を各地の支配者として派遣、納税や軍事の義務を課した。血縁関係に基づく中国固有の「封建制」の始まりである。

BC 1100頃

•アーリヤ人文化が、ガンジス川流域で繁栄

BC1500年頃、中央アジアで遊牧生活を送っていたアーリヤ人がインダス川上流に定住し、ドラヴィダ人を征服した。そしてさらに先住民を征服しながらガンジス川流域に進出した。ガンジス川流域はインドの穀倉地帯であり、中流の地域に都市国家が成長した。以後、この地域はインド史の主要舞台となっていく。

日本

BC 2000

PICK UP 3

【縄文時代後期】
東日本では様々な形状の土偶が作られている。基本的には人型だが、後期の土偶は抽象的で芸術的だ。ハート型をした顔、ズボンを履いたような土偶、膝を抱え込んだようなポーズのものなど、特徴的である。その極め付きとも言えるのが、東北地方亀ヶ岡文化の遮光器土偶である。

▲遮光器土偶

BC 1500

縄文時代

豆知識 縄文人の虫歯

縄文人は食料採集民としては、高い虫歯率を誇っている。虫歯は食生活が豊かになると増える傾向があるため、縄文人の食生活の豊かさを証明しているとも考えられる。縄文人の豊かな食生活を支えたのは、狩猟による肉食よりもむしろ木の実などの採集であったようだ。山形県の吹浦(ふきうら)遺跡では、深さ2.5mの巨大な貯蔵庫跡が見つかっている。この貯蔵庫にはおそらく大人3～4人の1年分のドングリを蓄えることができたはずだ。縄文人は、自然の恵みを最大限に活用していたと思われる。

BC 1001

PICK UP 2 ルクソール神殿

ナイル川の上流にある、ルクソール神殿。神殿の入り口に一対の第19王朝ラムセス2世の坐像がある。ここはアメンヘテプ2世とラムセス2世が最高神アメン・ラー神に捧げるために建造したと言われている。この神殿は、ラムセス2世が栄華を誇り、自分の権力を知らしめるためのものでもあった。

▲第19王朝ラムセス2世の坐像

PICK UP 3 縄文時代の遺跡の数々

日本全国に残る縄文時代の遺跡から、縄文時代初期～後期への生活様式の変遷がうかがえる。竪穴式住居の小規模集落から、中心に広場を持つ環状集落へ、後期にはさらに低い土地に住居を構えた遺跡が見られ、農耕文化の芽生えが推測される。また、縄文時代後期には「環状列石」という石や木を円く並べた特徴的な遺跡がいくつか発見されている。これは葬送や祭祀に関連した遺跡であると考えられており、集団墓ではないかという説が有力である。

▲北海道の積丹半島の余市町にある、縄文時代後期の環状列石「西崎山環状列石」

アケメネス朝がオリエントを統一、その頃日本は

ヨーロッパ

BC 1000頃 PICK UP 1	•ギリシアでポリスの誕生 ポリスという語は古典ギリシア時代アルカイク期には、「砦・城砦」を意味したが、都市の発展により周辺村落を含む国家を指すように変化、さらに土地所有者間における市民権概念の出現により、市民全体・市民集団を指すようになった。
BC776	•第1回オリンピア競技の開催
BC 750頃	•ローマの建国 初代ローマ王ロムルスが古代ローマを建国したとされる。
BC 590頃	•ソロンが財産政治などの国制改革を通して、貴族と平民の対立解消を図る 借財の帳消しと借財による市民の奴隷化を禁止するなどの改革を行った。市民を財産によって4階級に分け、それぞれに見合った参政権を与えた。 ▶ギリシア七賢人の一人ソロン
BC 560頃	•ペイシストラトスによる僭主（せんしゅ）政治〈独裁的指導者による政治〉 •クレイステネスが10部族制など民主主義的改革を推進
BC509	•共和制ローマ成立 王政ローマ打倒から、BC27年の帝政の開始までの期間の古代ローマのこと。

オリエント・西アジア

BC 965頃	•ソロモンが、ヘブライ人の王となる
BC722	•アッシリアがイスラエルを滅ぼし、オリエントを統一
BC625	•新バビロニア王国の建国[～BC539]
BC612	•アッシリアが滅亡し、4国に分裂する
BC586 PICK UP 2	•バビロン捕囚 新バビロニアの王ネブカドネザル2世により、ユダ王国のヘブライ人たちがバビロンを始めとしたバビロニア地方へ捕虜として連行され移住させられた事件。 ▲バビロン捕囚
BC550	•アケメネス朝ペルシアが建国される キュロス2世が、支配国であったメディア王国を滅ぼし、アケメネス朝が成立。
BC539	•新バビロニア王国滅亡
BC525	•アケメネス朝がオリエントを統一する

ポリスの発展と文化

ミケーネ文明滅亡後、400年の暗黒時代を経て、BC1000～BC800年頃には各地の貴族が中心となり、複数の集落から構成されるポリスが完成した。人々は、城塞（じょうさい）を擁するポリスの中心となる丘《アクロポリス》を取り巻くように集住《シノイキスモス》し、貴族・平民・市民といった身分階級に分けられた。ポリス間では戦いが絶えなかったが、同胞意識は強く、自分たちをヘレネス〈ギリシア神話に登場するヘレンの子孫〉、ほかの民族をバルバロイ〈理解できない言葉を話す者という意〉と称し、アポロン神への信仰やオリンピアの祭典を通じて、民族の誇りを確認していた。

しかし、アテネやスパルタといった都市を中心に、奴隷制度も確立した。奴隷となったのは転落した市民や外国人であり、スパルタではヘイロータイ《農業奴隷》、ペリオイコイ《工業奴隷》の貨幣の使用を禁じるなどして、奴隷による反乱を防いだ。

▲オリンピアのゼウス神殿

アクロポリスとは、各ポリスのシンボルとなった小高い丘のこと。アクロポリスは「高いところ、城市」を意味し、防壁で固められた自然の丘に神殿や砦が築かれているのが普通である。ミケーネ時代のアクロポリスはまさに城塞であったが、ポリス成立後は神殿や有事の際の避難場としての機能を有する宗教的・軍事的中核として位置づけられるようになった。

中でも有名なのがアテナイのアクロポリスである。ペルシア戦争時に木造建築のためすべてが灰になったと伝えられているが、その後の石造建築による再建の結果、ペリクレスの時代に最も輝かしい時代を迎え、今日に姿を残している。現在この丘には、古代ギリシア美術を代表する4つの傑作、パルテノン神殿、プロピュライア〈神域の入り口の門〉、エレクテイオン、アテナ・ニケ神殿がある。

▲アテナイのアクロポリス

弥生時代へと推移していく

《BC1000〜BC501《

年代	南・北・東アジア	年代	日本
BC770	•周が都を洛陽(らくよう)に移す、分裂と抗争が続く春秋時代へ[〜BC403] 周の幽王(ゆうおう)の悪政により諸侯の間に不満が高まり、幽王は殺され、幽王の息子が鄭の武公らの力を借りて洛邑(らくゆう)に周を再興する。これが平王であり、以降の周は東周と呼ばれ、これが春秋時代の始まりとなった。春秋の名称は、四書五経(ししょごきょう)の一つ「春秋」に記述された時代という意味から来ている。  釈迦像▶	BC1000	【弥生時代後期】 妻木晩田(むきばんだ)遺跡は、鳥取県西伯郡大山町富岡・妻木・長田から米子市淀江町福岡に所在する国内最大級の弥生集落遺跡である。遺跡の面積は156万㎡にわたる。竪穴住居は、全部で700ほどあり、その中の大部分は小さくて深く、外から見ると屋根しか見えない。大きい竪穴住居は浅くて、直径6〜8m、深さ0.5〜0.7mぐらいで、外から見ても壁が見える。小さい方は土屋根で、大きい方は草葺き屋根であろうと推測できる。さらに、大型建物のそばには、大きい竪穴住居が必ずといっていいほどあるため、有力者の住宅であろうと考えられている。弥生の終わりの3世紀中頃から4世紀ぐらいまでにかけて、有力者も竪穴住居に居住していたと思われる。
BC556	•釈迦《ゴータマ・シッタルダ》が悟りを開き、仏教を起こす	BC750	 ▲妻木晩田遺跡
BC551	•孔子が誕生[〜BC479] 孔子はそれまでの原始儒教〈ただし「儒教」という呼称の成立は後世〉を体系化し、一つの道徳・思想に昇華させた。その根本義は「仁」であり、仁が様々な場面において貫徹されることにより、道徳が保たれると説いた。  孔子▶	BC501	

弥生時代

紀元前10世紀〜紀元前6世紀

PICK UP 2 ユダヤ教の確立

モーセに導かれてエジプトを脱出したヘブライ《イスラエル》人はその後、BC1000年頃ヘブライ人王のダビデがエルサレムに住んでいたエブス人を駆逐し、そこを首都としたイスラエル王国を建設。ダビデの死後は息子ソロモンが国の体制を整備し、エルサレムに巨大なソロモン神殿を完成させた。

そしてソロモン王の死後、内紛によりイスラエル王国とユダ王国の二つに分裂。ユダ王国はBC586年に新バビロニアの侵攻によって首都エルサレムを破壊され、滅亡した。市民はバビロニアに捕虜として強制連行された《バビロン捕囚》。やがてアケメネス朝ペルシアが新バビロニアを征服すると、キュロス2世によって帰還を許されたヘブライ民族はエルサレムに再びエルサレム神殿《ソロモン第2神殿》を再建し、古来からヘブライ民族の崇拝対象であったヤハウェを唯一神とするユダヤ教が確立された。ユダヤ教の教義としては、天地の創造神ヤハウェと契約を結んだユダヤ《ヘブライ》人こそが特別の恩恵を受けられるという「選民思想」や、救世主《メシア》の出現を待望する「メシア思想」がある。こういったユダヤ教の基本的概念は、モーセが神から授かったとされるトーラー《律法》を通じて広められ、その後旧約聖書にまとめられた。

▲キュロス2世

▲ヘロデ神殿
BC20年にヘロデ大王により大改築されたエルサレム神殿

ギリシアでは都市国家アテネが繁栄、日本では

紀元前5世紀

ヨーロッパ		オリエント・西アジア	
BC498	•イオニアの反乱[~BC494] アケメネス朝の支配に対して、ミレトスを中心とするイオニア地方のポリスが起こした反乱。結果はミレトスの陥落で終わるが、これがペルシア戦争のきっかけとなった。	BC492	•ペルシア戦争開始[~BC449] ペルシア帝国が3度にわたって、遠征軍をギリシア〈バルカン半島〉に派遣する。戦争の経緯については、ヘロドトスによる「歴史」がほぼ唯一の資料である。
BC490	•マラトンの戦い 民主制の下に戦力を強めたアテネの重装歩兵部隊がペルシア軍を撃破する。この出来事が「マラソン」の語源になったという。	BC480	•テルモピレー《テルモピュライ》の戦い ギリシア軍の敗退で終わる。スパルタ軍は健闘の末全滅した。  ▲ダヴィッド作、テルモピュライの戦い
BC480	•サラミスの海戦 テミストクレスの率いる海軍がペルシア軍を再び撃退。		
BC479	•プラタイアにおける陸戦でもギリシアとスパルタの連合軍が勝利を収める		
BC478	•アテネでデロス同盟が成立 PICK UP 1 アケメネス朝の脅威に備えて、アテネを中心として結成されたポリス間の軍事同盟。多くのポリスは軍船や資金を拠出した。当初はデロス島における代表会議で同盟に加わる各ポリスが意見を表明し、拠出された資産を共同管理していたが、ペルシアの脅威が薄れたのち、BC454年に同盟の金庫はアテネへ移転された。デロス島の会議も形骸化し、アテネはデロス同盟の資金や海軍を勝手に流用するようになった。	BC449	•カリアスの和約 ペルシアはアテネがキプロスやエジプトでの反乱を起こしていたことを認めさせた。しかし、エーゲ海沿岸からの撤退を余儀なくされた。〈ペルシア戦争の終結〉
BC451	•ローマ帝国が十二表法を成立[~450] 貴族に独占されていた成文法に対する平民の要求に応える形で制定された。こうして作られた法は12の銅板に刻まれ公布されたという。法の内容は多岐に渡っており、民事訴訟、債務、相続、財産、不動産、葬儀、結婚、犯罪などに関する法や規則が定められた。		**豆知識 王の道** アケメネス朝ペルシア帝国の大王ダレイオス1世によって建造された公道で、宿駅や守備隊が置かれていた。王都スーサからサルディスに至る広大な帝国領域を、迅速な交通と通信を容易にするためこの幹線道路を建設した。スーサから帝国遠隔の地のサルディスまでの2,699kmを7日間で旅することができたと言われている。 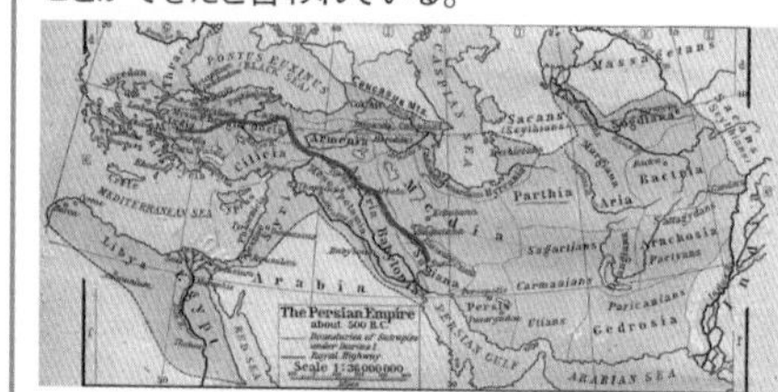 ▲赤線が王の道
BC443	•アテネの繁栄、ペリクレス時代[~BC429] 商工業の発展にともない富裕化した市民層は、自ら軍隊を持ち政治的権力も手に入れた。  ペリクレス▶		
BC431	•ペロポネソス戦争が勃発[~BC404]		

アテネの繁栄の象徴・パルテノン神殿

パルテノン神殿は、アテネのアクロポリスに建設された。アテネの守護神であるギリシア神話の女神アテーナーを祀る神殿。BC447年に建設が始まり、BC438年に完工、装飾などはBC431年まで行われた。パルテノン神殿はギリシア古代建築を現代に伝える、ドーリア式建造物の最高峰とみなされる。装飾彫刻もギリシア美術の傑作であると言われている。この神殿は古代ギリシアそして民主政アテネの象徴であり、世界的な文化遺産として世界遺産に認定されている。神殿は完全な新築ではなく、この地には古パルテノンと呼ばれるアテーナーの神殿があったが、BC480年のペルシア戦争で破壊された後再建され、当時あった多くの神殿と同様にデロス同盟、そして後のアテネ帝国の国庫として使われた。

▲アテーナー女神のレリーフ〔アクロポリス博物館所蔵〕

▲パルテノン神殿

弥生時代の生活が進む

《BC500〜BC401《

インド・東南アジア

BC486 •**釈迦《ゴータマ・シッダルタ》が死去**

現在のネパール・ヒマラヤ山麓ルンビニにてシャカ族の王子として生まれた釈迦は、若くして結婚し家族に囲まれて不自由のない暮らしをしていたが、生老病死に苦しむ人間存在の不可思議さに直面し、29歳の時に出家。断食などの苦行を実践したのち、35歳の時に菩提樹の下で悟りを開き、「ブッダ《覚者》」となった。その後は大勢の弟子を抱えながらガンジス川流域を拠点として布教を行い、80歳で生涯を終えた。ただし生没に関しては諸説ある。

PICK UP 2 •**この頃インドでマガダ国、コーサラ国が繁栄する**

豆知識 リグ・ヴェーダ

BC1200年〜BC1000年頃に成立したと言われている最古のヴェーダ《聖典》。有史以前から口承されてきた思想をサンスクリット語で記述、火・水・雨・雷などの自然崇拝の信仰をまとめたもの。当時のアーリヤ人の生活・思想を知る上で重要な文献であるのみならず、現在に至るインド思想の基礎となるものとして、多くの研究が成されている。また、これと「ヤジュル・ヴェーダ」「サーマ・ヴェーダ」「アタルヴァ・ヴェーダ」を四大ヴェーダと称する。

北・東アジア

BC497 •**孔子の諸国歴遊が始まる**［〜484］

豆知識 孫子（そんし）の兵法

「孫子」は、思想家孫武の作とされる兵法書。後に武経七書に数えられ、古今東西の兵法書のうち最も著名なものの一つ。BC6世紀頃孫武の原形が、BC4世紀頃子孫の孫臏（そんぴん）により肉付けされた。

BC481 •**孔子、春秋の編纂（へんさん）終わる**

王や諸侯の死亡記事、戦争や会盟といった外交記事、日食・地震・洪水・蝗害（こうがい）といった自然災害に関する記事などを、魯国の年次ごとに淡々と書かれた年表風の歴史書。

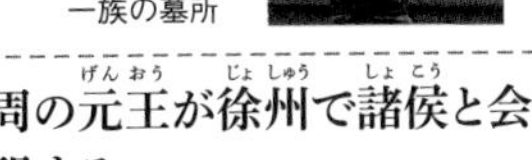

▶孔子の墓　山東省曲阜市北部一帯に位置する孔林は、孔子とその一族の墓所

BC473 •**周の元王（げんおう）が徐州（じょしゅう）で諸侯（しょこう）と会盟する**

BC403 •**晋が3国に分裂、戦国時代に入る**［〜BC221］

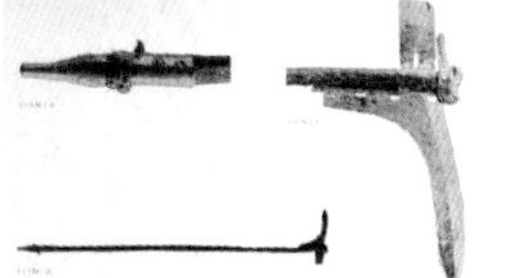

▲戦国時代の青銅戈（せいどうか）

日本

BC500

▲弥生時代前期の土器

九州の福岡県を流れる、遠賀川の河口付近から弥生式時代前期の土器が多く発見されたため、前期の弥生式土器の総称を「遠賀川式土器」とするようになった。

BC450

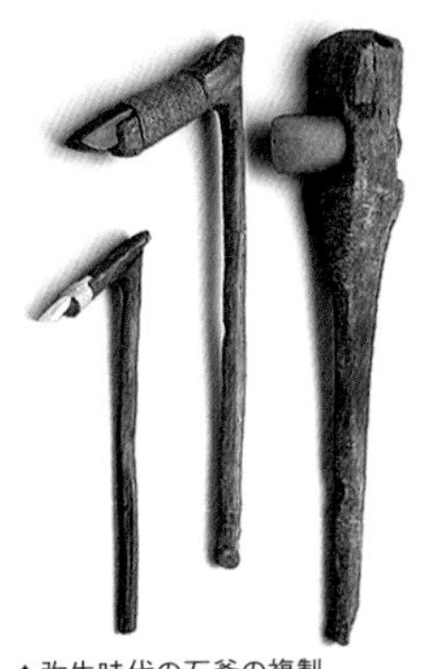

▲弥生時代の石斧の複製
photo by ©竹中大工道具館

弥生時代になると大陸から鉄の文化が伝わり、徐々に鉄製の斧が広まったが、石斧も使い続けられ、弥生時代の終わり頃まで併存していた。縄文時代の石斧は、縦斧・横斧ともに大多数が対称形の断面形状をした両刃だったが、弥生時代になると大陸からの影響を受けて、両刃の縦斧と刃が片側に寄った片刃の横斧が使われた。

BC401

弥生時代

紀元前5世紀

PICK UP 2 ヴェーダ時代のインド

アーリヤ人がガンジス川流域に移住を開始したBC1000年以降、人口の増加に伴って村落は都市に変貌、いくつかの小王国が成立した。こうした中で、ヴェーダ信仰を源流とするバラモン教が起こり、四つの身分から成るヴァルナ制が成立した。バラモン教の哲学を記したウパニシャッド《奥義書》では、宇宙の根源たるブラフマンと個の根源であるアートマンを等価であると考える〈梵我一如（ぼんがいちにょ）〉ことにより輪廻転生の宿命を逃れ、精神の自由が得られると説かれている。

また、出身地や職業によって集団を形成し、ほかの集団との結婚などを禁じたカースト《ジャーティ》も生まれた。このような制度・階層的思想はやがてヒンドゥー教の根本理念と同一化することで、近代インド社会まで根強く残るカースト制度へと発展することになる。

このようにバラモン教の聖典が数多く成立したBC6世紀頃までをヴェーダ時代と呼ぶ。

■カースト制の起源と現在

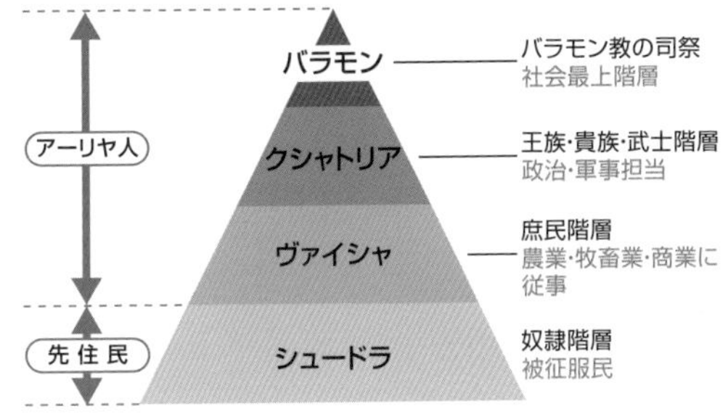

アレクサンドロスの東方遠征で東西文明が融合、

ヨーロッパ

BC399 ・**ソクラテス刑死**［BC470～］ 

BC367 ・**ローマでリキニウス・セクスティウス法《リキニウス法》が制定される**

名称は提案者である2人の護民官の名前が由来。執政武官を廃止しコンスル《執政官》を復活させること、コンスルのうち1人はプレブス《平民》から選出されなければならない、何人も500ユゲラ〈約125ha〉以上の土地を保持してはならないというのがその内容であった。

BC359 ・**マケドニアのフィリッポス2世**［～BC336］**が古代マケドニア王に即位し、軍事力を強める**

BC347 ・**プラトン死去**

ギリシアの哲学者。ソクラテスの弟子。アテネ市外に学校《アカデメイア》を開いた。著書に「国家」「ファイドン」「饗宴」「テアイテトス」「ティマイオス」「法律」など約30編の対話編がある。

プラトン▶

BC338 ・**カイロネイアの戦い**

戦後フィリッポス2世はコリント同盟をスパルタを除く全ポリスと結成し、マケドニアの覇権を確立した。

BC334 ・**アレクサンドロスの東方遠征**［～BC323］

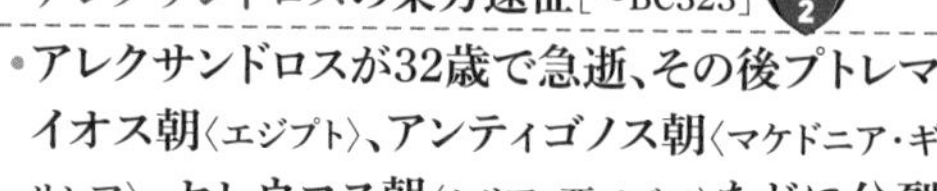

BC323 ・**アレクサンドロスが32歳で急逝、その後プトレマイオス朝〈エジプト〉、アンティゴノス朝〈マケドニア・ギリシア〉、セレウコス朝〈シリア・西アジア〉などに分裂する**

BC322 ・**アリストテレス死去**
［BC384～］

アリストテレスは古代ギリシアの哲学者で、プラトンの弟子であった。数々の自然研究の業績から「万学の祖」とも呼ばれる。

アリストテレス▶

オリエント・西アジア

BC330 ・**アレクサンドロスにより、アケメネス朝ペルシア《ペルシア王国》が滅亡**

アレクサンドロスはアケメネス朝の都であるペルセポリスに侵攻、徹底的に破壊した。その一方で部下とペルシア人の娘の集団婚を推励するなど、懐柔政策をとった。

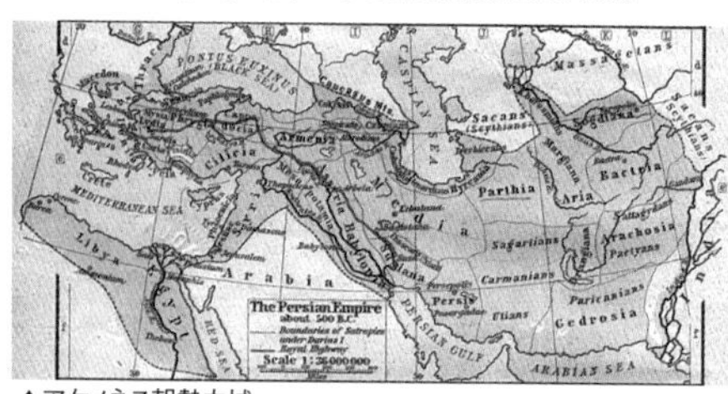

▲アケメネス朝勢力域

▲ペルセポリス　photo by GerardM

ペルセポリスはアケメネス朝ペルシア帝国の都。ダレイオス1世《ダーラヤーウ1世》が建設した宮殿群であった。クーヒ・ラハマト《慈悲の丘》の山裾に、自然の岩盤を利用し建設されたもの。アケメネス朝が発展するうちに国の儀礼行為がスサやバビロンに場所を移すようになりペルセポリスでは行われなくなったと言われているが、アケメネス朝滅亡の時まで首都と見なされていた。

BC312 ・**セレウコス朝シリアの成立**［～BC63］

セレウコス朝は征服した領土内で活発に都市建設を行った。

 ギリシア哲学

ギリシア哲学とは、古代ギリシアで起こった哲学のこと。現在でいう哲学のみならず、自然学《物理学》や数学を含む学問の総称である。

代表的な哲学者に「無知の知」で知られるソクラテスがいる。ソクラテスは当時、知恵者と評判の人物との対話を通して、自分の知識が完全ではないことに気がついている、言い換えれば無知であることを知っている点において、知恵者と自認する相手よりわずかに優れていると考えた。

▲ジャック・ルイ・ダヴィッド作、ソクラテスの死［1787］

PICK UP 2 征服王アレクサンドロスの足跡

アレクサンドロス《アレクサンドロス3世》は、ポリス社会を支配したマケドニア王フィリッポス2世とその妻オリンピアスの息子として誕生した。幼少期より哲学者アリストテレスの教えを請い、文武両道において才覚を発揮。ペルシアで暗殺された父の跡を継ぎ、弱冠20歳にしてマケドニア王の座に君臨した。

▲アリストテレスの講義を受けるアレクサンドロス

日本は弥生時代中期

《BC400～BC301《

紀元前4世紀

インド・東南アジア

BC327 ・アレクサンドロス、北インドを征服する

BC317 ・チャンドラグプタによってインド・マウリヤ朝が成立

BC6～5世紀頃にかけて古代インドで勢力争いをしていた「十六大国」の中でも最も有力であったマガダ国で起こった王朝。

豆知識 インドでの仏教

マウリヤ朝では仏教が保護され、インド各地に広まった。しかしBC3世紀頃布施の是非を巡る論争から分裂。その後インドではブッダはヴィシュヌ《太陽》神の9番目の化身と位置づけられるようになった。そして仏教信者の多くはヒンドゥー教に吸収された。

▲ヴィシュヌ神の8番目の化身クリシュナ。ヴィシュヌ神は10の化身を持つと言われている

北・東アジア

BC400頃 ・この頃より中国で鉄製農具の使用、牛耕が始まる

・中国で諸子百家活動

諸子百家活動とは春秋・戦国時代に現れた学者・学派の総称。「諸子」は孔子、老子、荘子、墨子、孟子、荀子などの人物を、「百家」は儒家、道家、墨家、名家、法家などの学派を指す。

◀孟子

BC386 ・中国では燕、齊、楚、韓、魏、趙、秦の戦国時代〈戦国の七雄〉

豆知識 臥薪嘗胆(がしんしょうたん)の由来

「史記」によるとBC6世紀末、呉王闔閭(こうりょ)の後継者・夫差(ふさ)は越に復讐するため薪の上で寝てその痛みで屈辱を忘れないようにした〈臥薪〉。そして越に攻め込み、越王勾践(こうせん)の軍を破った。勾践は降伏し、越に帰国後は民衆と共に富国強兵に励み、一方で苦い胆を嘗めることで屈辱を忘れないようにしたことに由来する。

日本

BC400

豆知識 稲作の始まり

日本で本格的な水田稲作が始まったのは、約2500年前九州北部玄界灘沿岸でのことだと言われている。板付遺跡〈福岡県〉からは畦によって区画された水田跡が見つかっている。稲作の様式は弥生時代を通して大きな変化が見られないことから、技術が完成した形で日本に伝来したと考えられる。

弥生時代

▲地蔵田遺跡

BC350

石器時代～弥生時代の遺跡で、復元された村落は周囲が柵で囲まれ、西日本の環濠集落の基本的構造と類似している。

▲奈良県大和郡山市稗田町に現存する環濠集落

photo by 国土交通省「国土画像情報」

BC301

アレクサンドロスは幼い頃から英才教育を受け、若くしてその頭角を現した破壊王であるが、その一方で英雄としての魅力もあった。彼の遠征の結果、東西文化が融合しヘレニズム文化が生まれるなど、歴史に大きな足跡を残した人物である。

BC338年	【カイロネイアの戦い】 父フィリッポス2世がアテネ連合軍に圧勝
BC336年	【フィリッポス2世が暗殺される】 20歳のアレクサンドロスが跡を継ぐ
BC334年	【グラニコス川の戦い《ペルシア東征の始まり》】 小アジアに渡ったアレクサンドロスがペルシア軍との初戦で勝利
BC333年	【イッソスの戦い】 ペルシア王ダレイオス3世と直接対決し勝利
BC332年	【エジプトの征服】 ファラオとして認められる
BC331年	【ガウガメラ《アルベラ》の戦い】 ティグリス川上流でペルシア軍を破る 【ペルセポリスの破壊】 アケメネス朝の王都ペルセポリスを焼き払う
BC326年	【インド遠征の断念】 パンジャブ地方に進入、インドを目指すが士気の下がった部下に拒否され帰途に
BC323年	【スーサに帰還】 長きに渡るアレクサンドロスの遠征が終わった

▲アレクサンドロスの東方遠征

ヨーロッパでポエニ戦争勃発、秦の始皇帝が

ヨーロッパ

BC287 ・**ホルテンシウス法制定**

BC272 ・**ローマがイタリア半島を統一**

共和政ローマは、BC390年のガリア人によるローマ略奪などの危機を乗り越えて、南イタリア〈マグナ・グラエキア〉にあったギリシアの植民市タレントゥムを陥落させ、BC272年にはイタリア半島を統一した。

共和政ローマによる統治の仕組み

ローマ

植民市	ローマによる植民で建設。ローマ市民と同等の権利を持つ
自治市	政務官による自治権、参政権を除くローマ市民権を持つ
同盟市	ローマ市民権がなく、従軍義務を負わされる→同盟市戦争の要因

BC264 ・**第1ポエニ戦争**[～BC241]

豆知識 「ヘレニズム時代」のギリシアの学者

【エウクレデス】ユークリッド幾何学《平面幾何学》の提唱
【アルキメデス】梃子・浮力・比重・円周率の発見
【エラトステネス】地球の周囲の測定
【アリスタルコス】地動説を唱える

BC219 ・**第2ポエニ戦争**《ハンニバル戦争》[～BC201]

PICK UP 1

ギリシアのシラクサ出身のアルキメデスは、第2ポエニ戦争でローマ軍に包囲されたシラクサを彼の持つ知識と技術で抵抗したが、BC212年シラクサが陥落し、アルキメデスも死をとげる。

BC202 ・**ザマの戦い**〈第2ポエニ戦争終結〉

オリエント・西アジア

BC280頃 ・**アレクサンドリア灯台の完成**

プトレマイオス1世がBC305年に着工しアレクサンドリア湾岸のファロス島に建造された。796年の地震で大灯台は半壊し、その後の1303年と1323年の地震で完全に崩壊した。世界の七不思議の一つ。

BC274 ・**第1次シリア戦争**[～BC271]

プトレマイオス朝セレコウス朝によるシリアとキリキアの覇権争いBC168年まで6回にわたり戦争が起こる。

BC263 ・**セレウコス朝よりペルガモン王国が独立**

BC255 ・**セレウコス朝よりバクトリア王国が独立**

BC247 ・**セレウコス朝よりパルティア王国が独立**

黒海
カスピ海
セレウコス朝
エーゲ海
プトレマイオス朝

↓

黒海
ペルガモン王国
カスピ海
セレウコス朝
バクトリア王国
パルティア王国
エーゲ海
プトレマイオス朝

セレウコス朝とプトレマイオス朝の覇権争い〈シリア戦争〉の激化と長期化により、セレウコス朝の統制力が弱体化し、紀元前3世紀には三つの国が独立した。

第2ポエニ戦争《ハンニバル戦争》

BC219年、ハンニバル〈カルタゴの将軍〉は50,000の兵と37頭の戦象を率い、途中で遭遇するガリア人を懐柔あるいは服従させつつピレネー山脈を越える。そして制圧したガリア人たちを配下に加えつつ東進し、ローマが彼の進路に気付いた頃にはすでにローヌ川付近に到達していた。ここでハンニバルの軍勢はローマ軍に発見されたが、所在をくらましてさらにアルプス山脈を越える。この時のルートは詳しくは分かってはおらず、現在でも歴史家の間で意見が異なっている。9月のアルプスはすでに冬季と言ってよく、ケルト人の部族との戦いもあり、大軍での越山は困難を極めた。イタリアに到着した際のカルタゴ軍の兵力は26,000〈歩兵20,000、騎兵6,000〉戦象はわずか3頭となっていた。しかし、ハンニバルがイタリアへ進軍したことはローマの元老院を驚愕させた。第2ポエニ戦争《ハンニバル戦争》[BC219年～BC201年]の始まりである。

▲ハンニバル軍のアルプス越え

▲ハンニバル像

中国を統一、日本は弥生時代

《BC300～BC201《

インド・東南アジア

▲サンチの仏教遺跡

BC268 **・マウリア朝の第3代王にアショーカが即位**

BC250頃 **・仏典結集**

ブッダ入滅後200年に開催され、アショーカ王により華氏城（かしじょう）に1,000人の出家した僧侶を集めて行われた。仏典結集とは、経・論・律《三蔵》をまとめた編集会議のことで、史上4回開催されアショーカ王が開催したのは3回目。

BC230頃 **・インド南部にアーンドラ朝《サータヴァーハナ朝》成立**

デカン高原西南海岸を支配。ローマとの海上貿易で繁栄する。遺跡からは多くのローマ金貨が出土している。

BC203 **・ベトナム史上最初の国家「南越（なんえつ）」が誕生**

趙佗（ちょうだ）は越族（えつぞく）の協力で王国を建国し自らを「南越武王（なんえつぶおう）」と称した。

北・東アジア

豆知識　紀元前400年頃から続く戦国七雄（せんごくしちゆう）時代

戦国七雄は、中国の戦国時代に有力だった7国《秦・楚・齊（せい）・燕（えん）・趙（ちょう）・魏・韓》あるいはその7人の王を指す言葉。戦国の七雄ともいう。同盟、覇権争いを繰り広げ行政改革に成功した秦が勢力を拡大していく。

BC246 **・秦王（しんおう）の政（せい）即位**

BC221 PICK UP 2 **・秦が中国を統一し、始皇帝として君臨する**

BC214 **・万里の長城を修築**

各地に造られていた防壁をつなぎ補強したものが秦の時代の万里の長城。現在の万里の長城はほぼ明の時代に造られたもの。

BC202 **・前漢の成立**

儒教を用いて統治し、秦の中央集権体制を維持。文学・芸術・技術・文化を重視。人口の多い都市は道路や運河で結ばれた。以後400年以上にわたり漢王朝は続く。

日本

BC300

▲吉野ケ里遺跡〈佐賀県神埼（かんざき）郡〉

弥生時代

【機織（はたお）りの伝来】

登呂遺跡からは布や糸をつぐむ紡錘車（ぼうすいしゃ）、機織りの道具が発掘されている。また、養蚕（ようさん）が行われていたことも分かっていて、稲作と共に弥生時代の重要な文化である。

BC250

【銅鐸（どうたく）・銅矛（どうほこ）】

銅鐸は音を出す道具として作られたが、後に祭器として近畿地方を中心に用いられていた。銅矛は剣の形をした祭器で主に九州・四国・中国地方を中心として用いられた。

【弥生人の特徴】

山口県の土井ヶ浜遺跡から発見された約200体の弥生人の人骨から、顔の特徴、手足の骨が太くなっていることから、大陸から人が渡ってきていた根拠となっている。

BC201

兵馬俑（へいばよう）

秦の始皇帝陵を取り巻くように配置されており、その規模は2万㎡余に及ぶ、極めて大きなもので、三つの俑坑（ようこう）には戦車が100余台、陶馬（とうば）が600体、武士俑は成人男性の等身大で8,000体近くあり、みな東を向いている。この兵馬俑の発見は特に、中国史の研究上、当時の衣服や武器・馬具等の様相や構成、始皇帝の思想などを知る上で極めて貴重なものである。

▲兵馬俑〈西安市〉

秦の始皇帝

広大な領土の統治のため郡県制を施行した。全国を36郡〈後に48郡〉に分割し、それぞれに守（しゅ）〈行政担当〉・尉（い）〈軍事担当〉・監（かん）〈監察担当〉を設置し、郡の下部に県を設置して統治。また亭と称される交番を制度化して街道の10里ごとに設置、人夫徴発や治安維持、官吏（かんり）用宿泊施設として活用した。

▲始皇帝

オクタビアヌスが初代ローマ皇帝になり、

ヨーロッパ

BC149 •**第3ポエニ戦争**［〜BC146］

BC146 •**カルタゴが滅亡**〈チュニジア〉

▲カルタゴの遺跡

BC135 •**シチリア島の奴隷反乱**［〜BC132］

BC133 •**ローマでグラックス兄弟の改革**［〜BC123］〈イタリア〉

共に護民官であったグラックス兄弟が取り組んだ改革。兄ティベリウスは無産市民に土地を分配しようとして元老院の反発にあい暗殺され、弟ガイウスは穀物法を成立させて貧民を救済するが、やはり元老院との対立により自殺に追い込まれる。

BC60 •**第1回三頭政治**

BC43 •**第2回三頭政治**

三頭政治は、共和政ローマ末期に現れた政治体制で、共和政から帝政に移行する間に生じた3人の実力者による政治体制。非公式な政治同盟として成立した第1回と、正式な公職として成立した第2回がある。

BC31 •**アクチウム沖の海戦**

オクタビアヌスがアントニウスとクレオパトラ〈エジプト〉の連合軍を破る。

BC27 •**アウグストゥス《尊厳者》の称号を持ったオクタビアヌスが初代ローマ皇帝となる**

オリエント・西アジア

BC140頃 •**ハスモン朝成立**［〜37］

ユダヤの独立を維持、統治したユダヤ人王朝。

BC51 •**プトレマイオス13世とクレオパトラ7世の共同統治**［〜BC30］

BC47 •**クレオパトラの独裁**

PICK UP 1

▲ジャン・レオン・ジェローム作、絨毯の中からカエサルの前へ現れるクレオパトラ［1886年］

BC37 •**ハスモン朝滅亡、ヘロデ朝起きる**

ローマでユダヤ王として承認されたヘロデは、マルクス・アントニウス率いるローマ軍と共にユダヤに戻りパルティア軍、アンティゴノスを破ってBC37年に名実共にユダヤの王となった。ローマ軍の捕虜となったアンティゴノスは斬首されてハスモン朝は滅亡、ヘロデ朝が成立した。

BC30 •**プトレマイオス朝が滅びる**〈エジプト〉

プトレマイオス朝はエジプトの伝統を取り入れて血族結婚を繰り返したとされ、代々プトレマイオスという名前を持った王が、姉・妹・叔母・姪などにあたるベレニケ、アルシノエ、クレオパトラという名前を持った女王と共同統治した。しかし一族内での殺し合いが頻繁に行われ、これに介入したローマにより滅ぼされた。

▲プトレマイオス13世

クレオパトラ7世とローマ政治

世界三大美女の1人として有名なクレオパトラとは、代々続く「クレオパトラ」という名前の女王のうち、7世を指す。先代王の遺言と慣例のため弟プトレマイオス13世と結婚、共同統治をしたクレオパトラであったが、ローマと同盟を組みたいクレオパトラと反対する13世はうまくいかなかった。その後プトレマイオス13世は、クレオパトラの愛人であり共謀者であるカサエルの策略により死亡した。クレオパトラはプトレマイオス14世と再婚し、共同統治をしたが実際はカサエルの後ろ盾があり独裁政治を行った。

BC44年にカエサルが暗殺されると、密かにローマに滞在していたクレオパトラはエジプトへ帰国した。

BC42年のフィリッピの戦いの後、第2回三頭政治の実力者の1人アントニウスと対面、彼の愛人となった。BC31年のアクチウムの海戦で敗北すると、アントニウスは自殺。クレオパトラもその後を追って自殺した。

▲ピエトロ・ダ・コルトーナ作、クレオパトラをエジプト女王へ据えるカエサル［1637年］

日本は弥生時代が続く

BC200～BC1

インド・東南アジア

BC180頃	•インドでシュンガ朝が起こる［～BC68］
BC140	•大月氏(だいげっし)が起こる〈アフガニスタン〉
BC100頃	•インドでバラモン教が復興 •マヌ法典の基本が成立
BC70	•大月氏がアム川南方に領域を拡大
BC28	•アーンドラ朝が北インドに勢力を拡大、デカン以北を統一
BC25頃	•アーンドラ朝からローマのアウグストゥスへ遣使
BC25	•マガダ国カーンヴァ朝が滅びる

▲ブラフマー《ブラフマン》像〔タイ・エーラーワンの祠(ほこら)所蔵〕ブラフマーはバラモン教、ヒンドゥー教の神

北・東アジア

BC154	•中国で呉楚七国(ごそしちこく)の乱が起こり、周亜夫(しゅうあふ)が平定する 漢の景(けい)王が下した領土削減命令に反発した呉王ら7国の諸侯(しょこう)王が起こした反乱で、劉氏同士の内乱であった。
BC141	•漢の武帝が即位 (PICK UP 2)
BC111	•漢が南越などを征して5郡を置く

武帝▶

豆知識　強大国南越

武王《帝》を自称した南越初代王・趙佗(ちょうだ)はもともと秦の官吏であった。南方蛮族の統治を命じられ鎮圧したが、国号を南越として自らが王となったのだ。やがて南越は華南全域と華中南部の一部に渡る広大な地域を領土とする。BC179年に漢の文帝が即位すると趙佗と面識がある陸賈(りくか)を派遣し、趙佗を懐柔。以来、趙佗は文帝に毎年貢物を贈り、それは景帝時代になっても続いた。しかし南越国内では依然として称えられた。

日本

BC200　BC100　BC1　弥生時代

▲唐古・鍵遺跡(からこ・かぎいせき)の楼閣

奈良県にある環濠集落遺跡。遺跡面積は約30万㎡。大型建物や青銅器工房の跡地が発見された。国の史跡に指定され、ここから出土した土器に描かれていた多層式の楼閣が遺跡内に復元されている。全国からヒスイや土器などが集まる一方、銅鐸の主要な製造地でもあったと見られ、当時の日本列島内で重要な勢力拠点があったのではないかと考えられている。

▲縄文末期の弥生土器

PICK UP 2　前漢の最盛・武帝の時代

武帝［在位BC141～BC87年］の時代に前漢はその勢力を誇った。武帝は景帝の第10子として生まれ、長兄の劉栄を押しのけて即位。呉楚七国の乱により有力な諸侯が倒れたことで、中央集権を目指した。外征では匈奴の討伐に取り組み、かつて匈奴に追われた大月氏と提携した。さらに匈奴支配下にあった西諸国を取り込み西方文化を積極的に導入、西域に繋がる地域に国民を移住させ、シルクロードを安定して支配できるようにした。また、朝鮮半島を征服する一方、南越国を征服してベトナム北部を支配下においた。これが1000年に及ぶ中国王朝によるベトナム支配起点である。さらには遠くチベット、雲南方面にまで遠征が成されている。だが一連の大戦争は民衆を窮乏に追いやり、地方豪族の台頭を招いて、漢は混乱時代に入っていく。

■漢と周辺勢力国イメージ図

漢　対等国　そのほかの国
冊封(さくほう)国〈漢に朝貢し服属していた国のこと〉

イエスの処刑、日本の「倭の奴国王」が

ヨーロッパ

64 •**ネロ帝がローマ大火の責任をキリスト教徒に負わせ迫害する。ペテロ、パウロが殉教**

【ネロの暴君たる由縁】
ネロの悪名を決定付けたのはAD64年のローマ大火。ネロは避暑に出かけていたが、大火の報を受け、急ぎローマへ戻り、迅速に被災者の支援を行った。しかし、かねてより計画していた黄金宮殿の建築のためにネロ自身が放火したのではないかという噂が流されてしまう。あわてたネロは、この罪を誰かにかぶせようと考え、その対象に選ばれたのが、当時まだ新興宗教に過ぎなかったキリスト教徒であった。この時処刑されたキリスト教徒の数は300人にも上り、その中にはペテロやパウロの名前もあった。処刑は公開で行われたがそれがあまりに残虐だったため、かえってキリスト教徒への同情が広まり目論見は失敗に終わってしまう。

79 PICK UP 1 •**ベスビオ火山の爆発**〈ポンペイの埋没〉

80 •**ローマのコロセウム完成**

▲ローマ皇帝ウェスパシアヌスが着工[75年～]し、息子の皇帝ティトゥスが完成させる

96 •**ローマの五賢帝時代**[～180]

AD96年のドミティアヌスの死から、AD180年のコンモドゥスの登位に至る時期を指し、ネルウァ、トラヤヌス、ハドリアヌス、アントニヌス・ピウス、マルクス・アウレリウスの5人の皇帝が該当する。また、トラヤヌスの統治時代がローマ帝国の領土最大期であった。

オリエント・西アジア

30頃  •**イエス・キリストが十字架刑になる**

豆知識 **十字架**

十字架をシンボルとして用いた起源は古く旧石器時代で、太陽や、地水火風という4元素などを表わしていた。それがキリスト教のシンボルになったのは、十字架が死刑の道具になり、そこに主イエスが磔（はりつけ）にされて殺されたからである。木材を十文字に組み合わせ、罪人の処刑に際してその手足を結びつけ、または大きな釘で打ち付ける。磔の仕方、十字架の形も時代により、国地域により様々であった。縦棒だけのものやT字型、X字型のものも用いられていた。現在、教会で使用している十字架はラテン型と呼ばれ、ローマ帝国時代に用いられたものである。主イエスは、パレスチナがローマによって占領されていたときに、ローマの総督ピラトによって十字架刑に処せられたことから、このラテン形の十字架に磔されたと考えられる。

36 •**パルティア王国のアルタバヌス2世がローマ帝国と和平を結ぶ**

70 •**ローマ軍がエルサレムを破壊**
〈ユダヤ人の流浪始まる〉

▲イギリスの画家デイビッド・ロバーツ作、エルサレムの包囲と破壊[1850年]

 ポンペイの埋没

イタリア南部、カンパニア地方にそびえるベスビオ山がAD79年8月24日大噴火。ポンペイやエルコラーノなど周辺の街々は、当時の姿を残したまま、一昼夜にして火山灰の下に埋没した。18世紀半ばになると発掘作業が本格化し始め、その遺跡はローマ帝国が最盛期を迎えつつあった時代の、人々の生活の様子をまざまざと伝えている。

▲ポンペイの遺跡から望むベスビオ火山

PICK UP 2 キリスト教とユダヤ教

キリスト教の直接的な起源はAD1世紀中頃、イエスの死後に起こった弟子の運動〈初期キリスト教運動〉である。キリスト教の教義はユダヤ教の律法を基礎としたイエスや使徒の言行から発展した。理論的発展を基礎付けたのはパウロ書簡及びヨハネによる福音書である。ユダヤ教では立法を厳しく実践することによって己の間違いを正すのに対し、キリスト教では過ちを認めて神に許しを請えば許されるという違いがある。どちらの宗教も社会の底辺にある虐げられた人々に信仰された宗教。

▲新訳聖書

中国より金印を授かる

インド・東南アジア

45 •クシャーナ朝成立

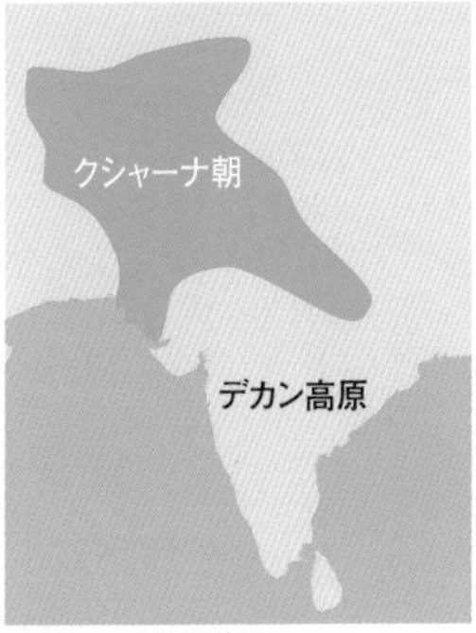

クシャーナ朝
デカン高原

▲クシャーナ朝の位置

90 •漢の軍人・班超がクシャーナ朝を討つ

100頃 •ガンダーラ美術起こる

▲仏陀直立像

北・東アジア

8 •王莽が新を建てる

18 •赤眉の乱

新末期に王莽の新政策が誘発した農民反乱。中国史上屈指の規模を持つ。王莽政権の崩壊［AD23年］後も長安を攻略するなど猛威を振るったが、AD27年劉秀《光武帝》によって制圧された。

23 •新の滅亡

25 •光武帝の即位〈後漢の成立〉

▲光武帝

48 •匈奴が南北に分裂

92 •宦官の専横始まる

97 •甘英を大秦《ローマ帝国》へ派遣

日本

57 •後漢の光武帝より金印を授かる

【北九州地方の主な国】
この時代の日本は北九州地方が中心で、対馬国（つしまのくに）・一支《壱岐》国（いきこく）・末盧国（まつらこく）・伊都国（いとこく）・奴国（なこく）・不弥国（ふみこく）の六つの国が勢力を持っていた。特に伊都国、奴国が中心となっていたようだが、「後漢書」や「魏志倭人伝」の記述が曖昧なため詳しいことは分かっていない。金印が出土した志賀島は奴国に位置している。

対馬国
一支国
奴国
伊都国
末盧国
不弥国

1世紀

弥生時代

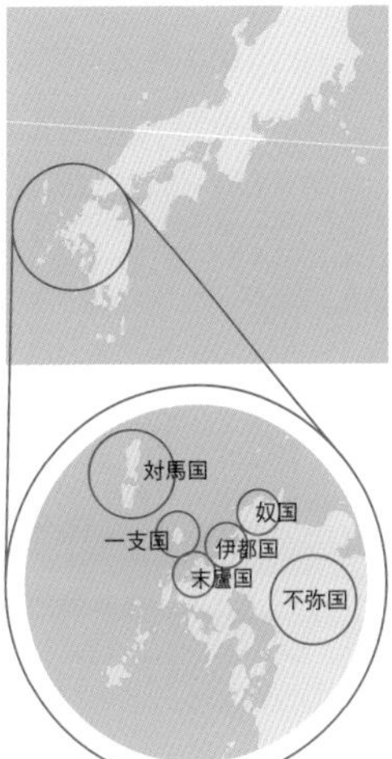

PICK UP 3 ガンダーラ美術とは

ギリシア、シリア、ペルシア、インドの様々な美術様式を取り入れた仏教美術で、開始時期はパルティア治世のBC50年～AD75年とされている。クシャーナ朝時代の1世紀～5世紀にその隆盛を極めた。インドで生まれた仏教は当初、仏陀そのものの偶像を崇拝することを否定していたが、この地でギリシア文明と出会い、仏像が初めて生み出された。また大乗仏教も生まれた。「兜跋（とばつ）毘沙門天像」という頭に鳳凰のついた冠をかぶった像が存在し、毘沙門天の起源がギリシア神話のヘルメス〈ローマのメルクリウス〉であるという説もある。ペシャワール渓谷には仏塔と仏寺が数多く残っていて、ガンダーラ美術の繁栄がうかがえる。5世紀にはインド北部に遊牧民族エフタルが侵入し、その繁栄は終わりを告げる。

▲仏頭［2世紀］

▲釈迦王子像［1世紀～2世紀］

ローマ帝国の勢力が最大になる、日本では

ヨーロッパ

117 ・**ローマ帝国の領土が最大になる**〈トラヤヌス帝〉

第13代ローマ皇帝。五賢帝の2人目。属州出身者として初めてローマ皇帝位に就いた人物として知られる。その生涯の大半を外征に費やし、ローマ帝国史上最大版図を実現した。

161 ・**哲学者のマルクス・アウレリウス帝即位**

第16代ローマ皇帝。五賢帝の最後の1人。ストア派哲学に精通し、晩年には自らの体験を「自省録」に遺したことから、後世「哲人皇帝」と称された。

180頃 ・**ゲルマン人のローマ帝国への移住**

235 ・**軍人皇帝時代に入る**［〜284］

皇帝は、国家の最高指導者と前線に立つ軍司令官が同一人物であり終身の存在であった。軍司令官として無能さを露呈した皇帝を排除するには、叛乱・クーデター・暗殺という非合法な強硬手段に出る以外に選択肢が無くなってしまった。そのほかにも戦死・敵の捕虜になるという事態もあり、その度に皇帝を選び直さなくてはならない事態が生じた。軍人皇帝たちのほとんどはローマ帝国国境の軍司令官であったため、帝位の交替があるたびに国境防衛に空白が生じ、防衛能力の弱体化を招いた。

285 ・**ディオクレティアヌス帝がローマ帝国を2分する**

292 ・**ディオクレティアヌス帝がローマ帝国を4分する**

オリエント・西アジア

226 ・**ササン朝ペルシアの成立**

▲ナグシェ・ロスタム遺跡
左がササン朝ペルシアのアルデシール1世

230頃 ・**ゾロアスター教がササン朝の国教となる**

▲沈黙の塔〈ゾロアスター教の葬儀、鳥葬が行われる場所〉

245 ・**マニ教が創始される**

マニを開祖とする宗教で、ユダヤ教・ゾロアスター教・キリスト教・グノーシス主義などの流れを汲む。24歳の時に啓示をうけ、開教したとされる。

259 ・**エデッサの戦い**

ローマ帝国〈ウァレリアヌス帝〉との戦い。ウァレリアヌスは捕虜となり、翌年皮剥ぎの刑となる。

PICK UP 1 ディオクレティアヌス帝の政策

ディオクレティアヌスは、自らの軍事力を増強し、課税強化を図り官僚制を整備した。また、属州を再分割し属州総督の権力を削減した。これをドミナートゥス《専制君主制》と呼ぶ。官僚制の整備によって軍政〈軍事的政務〉と民政〈文官による政治〉が分離し、属州の自立は抑えられた。この軍政と民政が分離する構造は東ローマ帝国《ビザンツ帝国》にも受け継がれ、7世紀のイスラム勢力侵入に合わせて軍管区制が導入されるまで続いた。

▲ディオクレティアヌス

PICK UP 2 消えた世界宗教「マニ教」

世界宗教とは民族の枠を越え、広い範囲に多くの信者を持つ宗教で、仏教、キリスト教、イスラム教がそれにあたる。しかし、かつてスペイン・北アフリカから中国にまで広がる第4の世界宗教「マニ教」があった。西方では、キリスト教がローマ帝国の国教になったために弾圧され、東方でもウイグルが崩壊し、イスラム教が伸びてくると衰え、13世紀頃消滅した。最後まで残っていた中国では、福建を中心に秘密結社のようにして続いたが、15世紀には姿を消している。しかし近年、福建省泉州郊外の蘇内村にマニ教の寺が現役で残っていることがわかった。1991年にはユネスコより「摩尼光仏は、マニである」と認定され、中国の重要文化財にも指定された。

邪馬台国が出現する

《101〜300》

2世紀〜3世紀

インド・東南アジア

140頃 •**カニシカ王即位**〈クシャーナ朝の全盛期〉

▶カニシカ1世の金貨

150頃 •**カニシカ王の仏典結集**〈大乗仏教の確立〉

歴史上4回行われた仏典結集の4回目に当たる。クシャーナ朝のカニシカ王のもとで、カシミールの比丘(びく)〈修行僧〉500人を集めて開かれた。

236 •**アーンドラ朝の滅亡**〈インドが分裂の時代に入る〉

豆知識 アジャンター石窟群

アジャンター石窟群は、前期と後期に区分される。前期はBC1世紀からBC2世紀のアーンドラ朝時代に築かれている。ヴィハーラ窟としては第12窟、第13窟、第15A窟で、チャイティヤ窟では第9窟、第10窟で、おそらく比丘たちの生活、修行の空間であったためにいずれも装飾が少なく小型で簡素な造りであった。

▲チャイティヤ窟第10窟

北・東アジア

105 •**蔡倫が製紙法を発明**

蔡倫は樹皮・麻クズ・破れた魚網などの材料を細かく砕き、水に溶かし、竹を編んで作成した簀(す)で漉(す)いて、乾かす工程を経て紙を完成させた。現在の製紙技術の原点である。

166 •**第1次党錮の獄**

儒学者が宦官(かんがん)に迫害された事件。

169 •**第2次党錮の獄**

184 •**黄巾の乱**〈魏・呉・蜀の三国志時代の始まり〉 PICK UP 3

208 •**赤壁の戦い**〈天下三分の体制が決まる〉

▲劉備(りゅうび)、関羽(かんう)、張飛(ちょうひ)

220 •**後漢が滅亡する**

263 •**蜀の滅亡**

265 •**魏の滅亡**〈晋の成立〉

280 •**呉の滅亡**

•**晋の天下統一**

291 •**八王の乱**[〜306]〈晋の弱体化〉

日本

107 •**倭国の使節が中国に接見を願う**

中国の「後漢書」に倭国王帥升(すいしょう)らが生口(せいこう)《奴隷》160人を献上し、接見を願ったと記述がある。

239 •**邪馬台国の卑弥呼が中国より金印を授かる**

「魏志倭人伝」には239年[景初3年]魏の皇帝が卑弥呼に銅鏡百枚を下賜したとする記述があることから、景初3年の文字が入っている三角縁神獣鏡(さんかくぶちしんじゅうきょう・さんかくえんしんじゅうきょう)は、その鏡であるとする説がある。

▲三角縁神獣鏡のレプリカ〔岐阜県各務原市、埋蔵文化財調査センター。一輪山古墳出土〕

豆知識 謎の多い邪馬台国

卑弥呼は248年頃に亡くなり、「直径百余歩もある大きな塚を作り、奴婢(ぬひ)百余人を殉職した」とされているが、いまだその塚は発見されていない。「魏志」倭人伝の記述があまりにも曖昧なため、邪馬台国に関しては現在も正確な場所は判明していない。有力な説としては、九州説と近畿説で、近年の研究で奈良盆地南東部の纏向(まきむく)遺跡周辺が本命視されている。

弥生時代

古墳時代《大和時代》

PICK UP 3 三国志年表は2種類存在する「三国志演義」と「正史三国志」

「三国志演義」は、元(げん)末期[西暦1300年代後半]に羅貫中(らかんちゅう)によって書かれた物語。三国志といえばこちらが一般的である。史実を元に物語化されているので少し脚色・フィクションが強いのが特徴。エンターテイメント性を兼ね備えた出来の良さが人気である。「正史三国志」は、晋(しん)時代[200年代後半]陳寿(ちんじゅ)によって書かれた歴史書。魏書・呉書・蜀書の三つからなる晋の政府が作った歴史書。物語のように事件ごとに話が書かれておらず、人物ごとに出来事を記述している、いわば人物辞典。内容は非常に簡素。

■演義と正史の違い

- ●関羽像にいつも配置されてる周倉が、架空の人物
- ●三国志最大のヒロイン・貂蝉(ちょうせん)が、モデルはいるものの創作上の人物
- ●劉備は盗賊であり、荒っぽい性格
- ●孔明の初陣「博防坡(はくぼうは)の戦い」は、実は孔明が劉備陣営に加わる以前の戦い
- ●劉備3兄弟は、董卓(とうたく)戦に参加していない

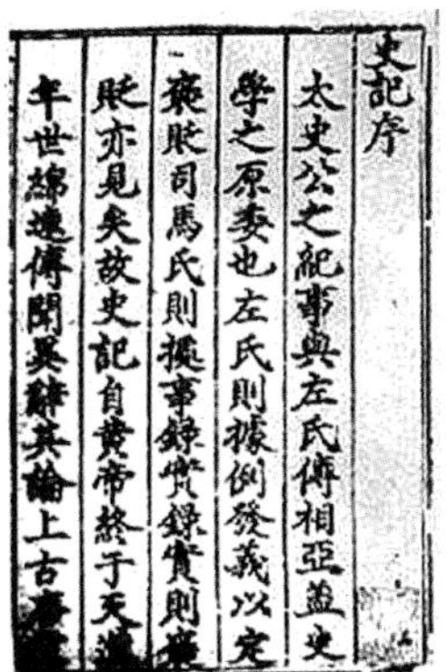

史記序
太史公之記事與左氏傳相亞蓋史
學之原委也左氏則據例發義以定
褒貶司馬氏則據事錄實錄實則
貶亦見矣故史記自黄帝終于天
年世綿邈傳聞異辭其論上古

▲正史三国志
中国の歴史書「二十四史」の一つで、唯一三国志について書かれたものである

キリスト教の確立とフン族の勢力拡大、

ヨーロッパ

313 •キリスト教の信仰が公認される〈ミラノ勅令(ちょくれい)〉

豆知識 ミラノ勅令
「ミラノ勅令」という名称からミラノで発布されたと勘違いされがちである。ミラノはコンスタンティヌス帝とリキニウス帝が会談した場所であり、発布された場所はニコメディアである。

325 •コンスタンティヌス帝がニケーア公会議でアタナシウス派を正統教義とする

330 •植民都市ビュザンティオンの地にコンスタンティノープルを建設し遷都する

▲東ローマ帝国時代のコンスタンティノープル

360 •ユリアヌス帝即位

375 •フン族が東ゴートを襲撃〈ゲルマン民族の大移動〉

380 •ローマ帝国がキリスト教信仰令発布

392 •キリスト教がローマの国教となる〈キリスト教以外の宗教の禁止〉

395 •ローマ帝国が東西に分裂する

オリエント・西アジア

301 •トゥルダト3世によりアルメニア王国がキリスト教に改宗

アルメニアは世界で初めてキリスト教を国教とした。アルメニア教会は、キリストの神性を重視するキリスト単性論に属する東方教会の一つとして現在に至り、世界に独自の教会組織を持つ。

344 •ササン朝ペルシアのシャープール2世、ローマ帝国と戦うも成果上がらず〈シンガラの包囲戦〉

シンガラの包囲戦後ニシビスを3度にわたって攻囲したが落とせず、アナトリア半島南東部の城塞都市アミダも陥落できなかった。

353 •ササン朝ペルシアのシャープール2世、フン族と戦う[～358]

この戦いの後ササン朝ペルシアはフン族に東方の地域を与えることで和平を結び、ローマ帝国と戦う同盟者とした。

359 •ササン朝ペルシアがローマ領域のアミダ〈トルコの都市ディヤルバクル〉を陥落させる

これを機にササン朝の優勢は決定的なものとなる。シャープール2世は自ら陣頭に立って遠征軍を指揮し、黄金の牡羊の頭部を模した王冠を被っていたと言われている。360年にはシンガラといくつかの要塞都市を陥落させた。

シャープール2世▶

PICK UP 1 ゲルマン民族の大移動をおこしたフン族とは

フン族はヴォルガ川東方から現れた遊牧民の集団で、370年頃にヨーロッパへ移住して大帝国を築いた。

フン族は中央アジア〈モンゴル地方〉の遊牧民の匈奴(きょうど)の子孫であると言われている。フン族の主な軍事技術は騎乗弓射で、機動力に優れていた。フン族がユーラシアで領土を拡大したことで、それまで住んでいたゲルマン民族の大移動を誘発し、西ローマ帝国崩壊の要因となった。

フン族は、キリスト教の信者から「神の災い」「神の鞭(むち)」と恐れられていた「アッティラ王」の下で統一帝国を築いたが、453年に彼が死ぬとその翌年には帝国の勢力は衰退していった。同じ名称の末裔(まつえい)または後継者が、おおよそ4世紀から6世紀に東ヨーロッパと中央アジアの一部に住んでいたと記録されている。フン族の末裔が8世紀前半にカフカスに住んでいたことが記録されている。

▲ジョルジュ・ロシュグロス作、フン族による略奪[1910年]

日本は古墳時代に入る

《301~400《

4世紀

インド・東南アジア

320頃 •**グプタ朝の成立**
〈チャンドラグプタ1世〉

350頃 •**アジャンター・エローラの石窟寺院の開掘**

376 •**グプタ朝第3代王にチャンドラグプタ2世即位**
ウッジャインを拠点に、ナガ朝や、ヴァーカータカ朝のルドラセーナ2世らと結び、サカ朝の西クシャトラパを駆逐して、勢力はアラビア海にまで達し大帝国が完成。影響力はデカン方面にも及び、帝国の最盛期となる。

400頃 •**カーリダーサの死**
インドの古典文学において最も有名な詩人、サンスクリット戯曲家。インドのシェイクスピアと呼ばれることもある。生没年は未詳だが、グプタ朝の人物とされる。仙人の養女シャクンタラーとドフシャンタ王との数奇な恋物語を描いた「シャクンタラー」が有名。

豆知識　インドの文化を受け継ぐ仏教
仏教はインドで生まれ、ヒンドゥー教の影響を受けている。仏像の中には、手や顔がたくさんあるものがあるが、それらはヒンドゥーの神々に起源を持つものが多い。七福神のうちの大黒天や毘沙門天なども、ヒンドゥーの神々の影響を受けていると言われる。

北・東アジア

304 •**五胡十六国時代へ**[~439]

316 •**西晋滅亡**

317 •**東晋の成立**

346頃 •**百済の建国**

353 •**王羲之「蘭亭序」**
王羲之は書道史上、最も優れた書家で書聖と称される。

▲蘭亭序〈神龍半印本、部分〉

356 •**新羅の建国**

366 •**敦煌の千仏洞の開掘**
PICK UP 2

386 •**北魏の建国**〈初代皇帝、拓跋珪〉

391 •**高句麗の広開土王《好太王》即位**

399 •**東晋の法顕がインド旅行に出発**

日本

391 •**倭軍、百済・新羅を破り、臣民とする**
倭軍は海を渡り、朝鮮半島の百済・新羅を破り、高句麗とも戦った。〈高句麗広開土王碑(こうたいおうひ)より〉

【各地に大型古墳が造られる】
弥生時代後期より四隅突出型墳丘墓〈山陰地方〉や方形台状墓〈中国地方〉、方形周溝墓など地域色のある墓が造られた。3世紀後半より大規模な前方後円墳が西日本を中心に現れ、地域色が薄れてくる。

▲3世紀築造と推定される箸墓古墳〈墳丘長278m〉

【大和政権の始まり】
初期の大和政権は古墳の分布から、近畿地方の大和〈奈良県〉、中国地方の吉備〈岡山県〉、瀬戸内海沿岸、北九州などを結ぶ連合体であったことが分かる。中枢は奈良の大和であった。

【埴輪】
埴輪は古墳の頂上に並べられていた。高さは1m前後のものが多く、当時の人々の衣服や住居の様子を知ることができる。

▲群馬県太田市で出土した武人の埴輪〔東京国立博物館所蔵〕

古墳時代〈大和時代〉

世界遺産「敦煌の千仏洞」

千仏洞は366年に仏教僧「楽(らく)そん」が彫り始めたのが最初で、その次に法良、その後の元代に至るまで約1000年に渡って彫り続けられた。現存する最古の窟には5世紀前半にここを支配した北涼の時代の弥勒菩薩(みろくぼさつ)像がある。両脚を交差させているその像は中央アジアからの影響を示している。それ以前のものは後世に新たに掘った際に潰してしまったようである。この千仏洞が再び注目を浴びるのが、1900年の敦煌文書の発見によってである。保護が行き届くようになるのは中華人民共和国成立以後になる。1900年、千仏洞の第16窟から大量の経典・写本・文献が発見された。この噂を聞きつけたイギリスの探検家オーレル・スタインは、1907年、わずかな代価で数千点余りの経典の数々をロンドンの大英博物館へと持ち帰った。翌年にはフランスのポール・ペリオがやって来て、山積みの文献の中から特に価値の高いものを選んで数千点を買い取ってパリへ持ち帰った。日本の大谷探検隊やロシアのオルデンブルク探検隊も数百点ほど持ち帰っている。1924年にやってきたアメリカのウォーナー探検隊は壁画を薬品を使って剥いで略奪していった。

▲敦煌の千仏洞

▶張騫(ちょうけん)の西征(せいせい)を描いた壁画

ヨーロッパはゲルマン民族の時代へ、

ヨーロッパ

415 •**西ゴート王国の建設**[〜711]

現在のフランス南部からイベリア半島にあたる地域を支配したゲルマン系王国。当初はキリスト教アリウス派で、後にカトリックを国教とした。ゲルマン文化・ローマ文化・キリスト教文化を融合させ栄えた。

431 •**エフェソス宗教会議**〈ネストリウス派異端〉

公会議は新約聖書の使徒行伝にみられるエルサレム会議がそのルーツであるといえる。初代教会では信仰についての議論が紛糾すると、各地域において代表者が会議を開き、決議を行っていた。その後全世界の教会から司教《主教》等の正規代表者が集まり、教義・典礼・教会法などについて審議決定する最高会議となった。

▲公会議の様子

豆知識　現代にまで続いている公会議

302年〜1962年の間に22回開催されている。1962年は教皇ヨハネ23世のもとで開かれ、公会議史上初めて世界五大陸から参加者が集まり、まさに公会議と言うにふさわしいものとなった。

451 •**カタラウヌムの戦い**

476 •**西ローマ帝国滅亡**

486 •**フランク王国の成立**[〜887]

5世紀から9世紀にかけて西ヨーロッパを支配したゲルマン系の王国。ドイツ、フランス、イタリアの3国を統一したのは、この王国の後EUの成立までない。

496 •**フランク王クロビス1世がカトリックに改宗**

497 •**東ゴート王国の成立**[〜553]

大王テオデリックによって建国された東ゴート族アマル王朝の王国。東ローマ帝国との同盟により、西ローマ帝国滅亡後はイタリアのほぼ全域を支配下においた。

オリエント・西アジア

409 •**ササン朝ペルシアのヤズデギルド1世、キリスト教寛容令**

異端とされたネストリウス派は、東方において存続することができた。ネストリウス派はイラクのアッシリア東方教会及びその分枝であるインドのトマス派教会《マラバル派》に連なっている。

421 •**ササン朝ペルシアのバハラーム5世によりキリスト教徒への迫害が再開**

425 •**ササン朝ペルシアにエフタルが侵入**

バハラーム5世が迎撃し、オクサス川の北に追い払う。

428 •**アルメニア王国を廃絶し、ササン朝の知事を置く**

457 •**ペーローズ1世がササン朝ペルシアの帝位に就く**

469 •**ペーローズ1世がエフタルとの戦いに敗れる**

ペーローズ1世は捕虜となったが、息子のカワード1世を人質に差し出し、さらにエフタルに対する莫大な貢納を納める盟約を結んだ。

484 •**ペーローズ1世がエフタルとの戦いで戦死する**

488 •**エフタルの牢獄から脱出したカワード1世が帝位に就く**

豆知識　ササン朝は経済的に信用があった

ササン朝のコインは非常に信用度が高く、東地中海地方から西域にかけて広く使用された国際通貨でもあった。そのため、ササン朝が滅んだ後も周辺の国々でササン朝のコインを模倣したコインが発行されている。

PICK UP 1　カタラウヌムの戦い〈フン族と西欧諸民族連合軍の戦い〉

カタラウヌムの戦いは、アエティウス率いる西ローマ帝国軍対アッティラ率いるフン族の大決戦で、双方合わせて約5万の兵士が戦い、約1万人が戦死したと言われている。西ローマ帝国軍には、テオドリック指揮の西ゴート族、サンギバン指揮のアラン族が含まれ、フン族側には、アルダリック指揮のゲピード族、ウァラミール指揮の東ゴート族のほか、テューリンゲン族、ブルグンド族、フランク族などが参加。この戦いでアッティラは本拠のハンガリー平原に退くが、ローマ軍も追撃不可能なほどの被害を受けた。西欧諸国は辛うじてフン族の征服を免れることはできたが、西ローマ帝国の勢力は急速に衰え、476年、ゲルマン人の傭兵隊長オドアケルがロムルス・アウグストゥルス帝を廃し、480年に次の皇帝ユリウス・ネポスも暗殺され完全に滅びた。

▲カタラウヌムの戦い

日本は朝廷ができる

《401〜500《

インド・東南アジア

400頃 •ヒンドゥー教の隆盛が始まる〈仏教文化の衰退〉

PICK UP 2

405 •グプタ朝が西クシャトラパを征服して、北インドを統一

427 •世界最古の大学、ナーランダ僧院が設立される

▲グプタ朝〈第4代クマーラグプタ1世〉が建立した仏教教学を中心にした大学《僧院》。法顕(ほっけん)、玄奘三蔵(げんじょうさんぞう)などもここで学んだ。13世紀初めイスラム教徒により破壊された。

▲クマーラグプタ1世が刻まれた銀貨

450頃 •エフタル族がインドとペルシアに侵入

470頃 •グプタ朝の支配が二つに分かれる

北・東アジア

420 •劉裕が禅譲を受けて、宋を建国〈南朝〉

439 •北魏が華北を統一〈北朝〉し、南北朝時代に

460頃 •雲崗の石窟寺院を開く

▲中国山西省大同市の西方20kmにあり東西1kmにわたる約40窟の石窟寺院。北魏の曇曜(どんよう)が文成帝(ぶんせいてい)に上奏(じょうそう)して460年頃に、武周川の断崖に開いた寺院

479 •蕭道成は禅譲を受けて、宋に変わり斉を建国〈南朝〉

494 •龍門の石窟寺院を開く

▲中国河南省洛陽市の南方13kmにある石窟寺院。北魏の孝文帝(こうぶんてい)が山西省の大同から洛陽への遷都に合わせ開いた寺院

日本

400頃 •倭の五王の時代が始まる

倭の五王(わのごおう)とは、倭国の5人の王、讃(さん)、珍(ちん)、済(せい)、興(こう)、武(ぶ)のことで、天皇制《朝廷》の始まりである。中国、朝鮮との交流が盛んになり、特に朝鮮からの渡来人によって、漢字、仏教、儒教、土木技術などが多く伝わってき始めた。

413 •讃が東晋・安帝に貢物を献ずる

421 •宋武帝が讃を安東将軍倭国王とする

438 •宋文帝が珍を安東将軍倭国王とする

443 •宋文帝が済を安東将軍倭国王とする

462 •宋孝武帝が興を安東将軍倭国王とする

478 •宋順帝が武を使持節都督倭・新羅・任那・加羅・秦韓・慕韓六国諸軍事安東大将軍倭王とする

古墳時代《大和時代》

5世紀

インドにおけるバラモン教・ヒンドゥー教・仏教の関係

ヒンドゥー教と仏教は、いずれもバラモン教から派生した宗教である。バラモン教はアーリヤ人が、インドにカースト制度〈僧侶の地位が極めて高い制度〉を採用して王国を建てた宗教である。ところが、僧侶に代わり王族が力を持つようになると、僧侶が絶対視されたカースト制度はほころび始めた。そこに王族として生まれた仏陀が王子としての地位を捨てて出家し仏教の教えを開いた。出身階級や性別を問わない平等主義に基づいて運営されたため、次第に民衆の支持を得るようになり、仏教が興隆してきた。仏教の興隆に伴って、バラモン教の内部でも反省運動が起こり、ヒンドゥー教として生まれ変わった。ヒンドゥー教は、地方の土着信仰の神々を取り込み、民衆を身近な人格神への信仰に導いた。こうして勢力を得たヒンドゥー教は仏教を異端派と考えて仏教を迫害すると共に、インドから東南アジアに勢力を拡げていった。インドで迫害を受けた仏教は、大乗仏教として中国で、上座部仏教《小乗仏教》として、セイロン〈現在のスリランカ〉を経て東南アジアで繁栄した。

▲ヒンドゥー教の神アヴァターラが描かれている。最下段中央の多腕の人物が釈迦である

ヨーロッパではロンバルド王国が成立し、日本

6世紀

ヨーロッパ

529 

・ローマ法大全

東ローマ皇帝ユスティニアヌス1世が、編纂させたローマ法の法典。ユスティニアヌス法典とも呼ばれ、ハンムラビ法典、ナポレオン法典と並ぶ世界三大法典の一つ。「ローマ法大全」とは、「法学提要」「学説類集」「勅法類集」「新勅法類集」を総称したもの。

537 **・セントソフィア寺院の完成**

▲5年11カ月という工期を経て、537年12月27日、ユスティニアヌス1世を迎え、総主教メナスによる献堂式を迎えた。558年5月7日地震によりドームが大きく崩壊したが、再建工事は直ちに着手され、562年12月24日に新たに献堂式が行われた。ユスティニアヌス1世は総主教エウテュキオスとともに戦車に乗って堂内に入ったとされる

568 **・ロンバルド王国《ランゴバルド王国》の成立**

アルボイン率いるランゴバルド族がアルプス山脈を越えてイタリアへ侵入し、北イタリアを東ローマ帝国から奪い建国。

▲ロンバルド王国の鉄王冠はモンツァ大聖堂に保管されている

ロンバルド滅亡の後はカール大帝を始め、ロンバルド王〈北イタリアの王〉を兼ねた神聖ローマ皇帝の戴冠式で用いられ、後世ではナポレオン・ボナパルトやオーストリアハンガリー帝国皇帝フランツ・ヨーゼフ1世もこれで戴冠した。

オリエント・西アジア

530 **・ダラ要塞の戦い**

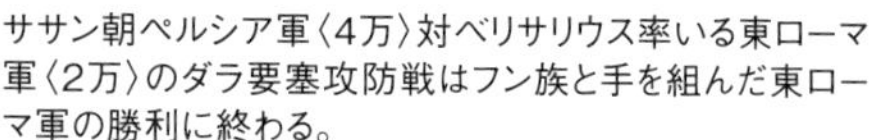

ササン朝ペルシア軍〈4万〉対ベリサリウス率いる東ローマ軍〈2万〉のダラ要塞攻防戦はフン族と手を組んだ東ローマ軍の勝利に終わる。

531 

・ササン朝ペルシア・ホスロー1世即位

529年にアテネのアカデミアが閉鎖されたために失業した学者の数多くがササン朝に移住した。ホスロー1世は学問を奨励して彼らのための施設を作って受け入れた。

532 **・東ローマ帝国とササン朝ペルシアとの間に「永久平和条約」が結ばれる**

東ローマ帝国のユスティニアヌス帝は使者を送り、ササン朝ペルシアに多額の貢納金の納入と領土の割譲を約束。そのためユスティニアヌス帝の時代には両国に大規模な軍事衝突はなかった。

567 **・ササン朝ペルシアが隣国エフタルを滅ぼす**

ササン朝ペルシアは突厥（とっけつ）と手を組みエフタルを挟撃。領土はアム川を境に、突厥とササン朝の間で分割する。

575 **・ササン朝ペルシアがイエメンを占領**

◀イルハン朝時代の「シャー・ナーメ」の1写本［1330年作成］ホスロー1世が大臣ブズルグミフルのために宴席を設ける

PICK UP 1 ユスティニアヌス1世［483年～565年］

東ローマ帝国ユスティニアヌス王朝の第2代皇帝。在位は527年～565年で、後世「大帝」とも呼ばれたように、古代末期における最も重要な人物の1人である。積極的な外征によってローマ帝国時代の旧領の多くを奪還し、「ローマ法大全」の編纂やセントソフィア寺院の再建など文化的功績を残した。大事業の多くは結果として国家財政の破綻を招き、重税で経済は疲弊し、相次ぐ戦乱で諸都市は破壊され、国土は荒廃してしまった。

▲ユスティニアヌス1世のモザイク画〔ラヴェンナ・サン・ヴィターレ聖堂〕

PICK UP 2 ホスロー1世による経済の立て直し

ササン朝は相次ぐ対外戦争で国内が荒廃し、衰退の兆しを見せていた。その再建に取りかかったのがホスロー1世。まず、土地台帳を作成して徴税を整備・強化した。次に交易による繁栄のため、バビロニア地方に大運河を建設・修復し、交通路や都市を整備した。宗教においては新興宗教のマズダク教を根絶させた。そして自らはゾロアスター教徒だったが、異教徒のキリスト教徒などに対しては寛容な態度で臨み、国内の安定に努めた。

◀ササン朝の首都クテシフォンにホスロー1世が建てたイーワーン《宮殿跡》日乾しレンガや、ローマの水道橋などに見られるアーチを組む技術など、まさに東西の交易の中心地らしい建物

では厩戸皇子《聖徳太子》が摂政となる《501~600》

6世紀

インド・東南アジア

550頃 •**グプタ朝滅亡**

5世紀後半よりエフタル族の侵入が始まりグプタ朝の勢力が衰え始めてくる。マイトラカ朝や、グンデルカンド地方のパリヴァラージャカ、ウチャカルパ両王朝など、地方勢力が独立し、インドが分裂する。

【グプタ朝の文化】
歴史への関心は希薄で、むしろ中国の渡印僧が重要な記録を残している。しかし、文化の面ではサンスクリット文学やグプタ様式の美術、天文学・医学・数学と発達していた。

①サンスクリット文学
カーリダーサの戯曲シャクンタラーなど。
②グプタ様式の美術
アジャンター石窟寺院・エローラ石窟寺院など。
③天文学・医学
薬草学や錬金術、0の発見など。

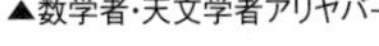
▲数学者・天文学者アリヤバータ

【アリヤバータの発見】
・円周率の近似値を3.1416とした。
・三角関数の求め方と簡単な表。
・地球の自転周期と月の公転周期の比を27.273964と求めた。

北・東アジア

502 •**蕭衍が禅譲を受けて梁を建国**〈南朝〉

534 •**北魏が東魏と西魏に分かれる**〈北朝〉

550 •**高洋が禅譲を受けて斉を建国**〈北朝〉

552 •**突厥帝国の成立**〈中央ユーラシア〉

556 •**宇文覚が禅譲を受けて北周を建国**〈北朝〉

558 •**陳霸先が禅譲を受けて陳を建国**〈南朝〉

582 •**突厥帝国、東西に分裂**

589 •**文帝が隋を建国(581年)、中国を統一**

文帝▶

598 •**官僚登用試験の科挙を導入**

PICK UP 3

▲科挙の合格者発表

日本

古墳時代《大和時代》

527 •**磐井の乱**

大和朝廷の国造(くにのみやつこ)で九州で大きな勢力を持っていた磐井が、朝廷の命に背き朝鮮の新羅と組み、朝廷の命を受けた近江毛野(おおみのけぬ)率いる朝鮮出兵の軍に敵対した反乱を起こし翌年鎮圧された。

538 •**百済より仏像と経典が献上される**

587 •**蘇我馬子が物部氏を滅ぼす**

仏教を取り入れたい蘇我氏と、それに反対する物部氏の対立が激化し、蘇我馬子が物部氏を滅ぼした。また、蘇我氏の勢力を快く思っていなかった崇峻(すしゅん)天皇も暗殺し、蘇我氏は朝廷の実権をにぎった。

588 •**蘇我馬子、飛鳥寺を建立**

▲飛鳥京跡

飛鳥時代

592 •**飛鳥に都が置かれる**
〈飛鳥時代〉[~710]

593 •**厩戸皇子《聖徳太子》が摂政となる**

PICK UP 4

PICK UP 3 科挙の導入

隋から唐の時代では、貴族として生まれた者たちが高い地位を独占していたが、北宋の時代になると、科挙によって登場した官僚たちが新しい支配階級「士大夫(したいふ)」を形成し、政治・社会・文化の大きな変化をもたらした。科挙の競争率は熾烈を極め、3千倍とも言われている。学問を科す試験によって官僚を登用するという科挙のシステムは、近世ヨーロッパにも紹介され、各国の官僚登用制度の手本となった。

▲貢院(こういん)の号舎
実際に科挙の試験が行われていた建物

PICK UP 4 厩戸皇子《聖徳太子》

天皇家史上初の女帝推古天皇が即位し、厩戸皇子が皇太子となった。厩戸皇子は推古天皇の摂政となり、政治を行った。天皇中心の政治を目指し、遣隋使派遣、冠位十二階や十七条憲法を制定した。また、四天王寺・法隆寺などを建立。厩戸皇子の墓所は、大阪府の叡福(えいふく)寺にある「叡福寺北古墳」で、直径約55mの円墳で、墳丘の周囲は「結界石」と呼ばれる石の列によって二重に囲まれている。

▲厩戸皇子

イスラム教の成立とイスラム帝国の勢力拡大、

ヨーロッパ

600頃 ・**イギリスは七王国時代**［500〜800頃］

ノーサンブリア	イングランド北東部を支配したアングル人の王国
マーシア	イングランド中央部を支配したアングル人の王国
イースト・アングリア	イングランド南東部を支配したアングル人の王国
エセックス	イングランド南東部を支配したサクソン人の王国
ウェセックス	イングランド南西部を支配したサクソン人の王国
ケント	イングランド南東部に形成されたジュート人の王国
サセックス	イングランド南部を支配したサクソン人の王国

613 ・**クロタール2世がフランク王国を統一**
この頃クロタール2世が、宮宰（きゅうさい）の職を創設する。

623（PICK UP 1） ・**ピピン1世がアウストラシア王国の宮宰を務める**［〜629］
・**フランク人のサモがボヘミア王国を建てる**〈王国二分〉

633 ・**ホイットビーの教会会議**〈イングランド〉
ケルト的典礼を廃し、ローマ式典礼を取り入れることを決定した。

700頃 ・**叙事詩「ベオウルフ」が書かれる**
英文学最古の作品の一つで、英雄ベオウルフの冒険を語る叙事詩。約3000行と古英語文献のなかで最も長大な部類に属することから、言語学上も貴重な文献。7世紀後半から9世紀にかけての作品と言われている。

オリエント・西アジア

610（PICK UP 2） ・**イスラム教の成立**
ムハンマドはメッカ郊外で天使ジブリールより唯一神〈アッラーフ〉の啓示を受け、アラビア半島でイスラム教を始めた。

622 ・**ムハンマドがメッカを逃れメディナを拠点に布教する「ヘジラ《聖遷（せいせん）》」**

632 ・**イスラム帝国《サラセン帝国》初代正統カリフにアブー・バクルが就く**
カリフとはイスラム国家の指導者、最高権威者の称号。

634頃 ・**イスラム帝国が全アラビアを統一**

642 ・**ササン朝ペルシアが倒れる**

651 ・**ヤズデギルド3世が殺され、ササン朝が完全に滅びる**

661 ・**ウマイア朝の成立**

688 ・**エルサレムの「岩のドーム」の建設**［〜691］

▲預言者ムハンマドが夜の旅〈イスラー〉に旅立った場所、またアブラハムが息子イサクを犠牲に捧げようとした場所とされる「聖なる岩」を取り囲むように建設されている

PICK UP 1 権力を持った宮宰ピピン

宮宰とは、ローマ帝国末期から民族大移動に至る時期のゲルマン諸国家及び諸侯の宮廷職の首位を占める職で、王家や諸侯の私的な家事の管理者であった。その後、フランク王国メロヴィング朝の宮宰であったピピン1世が、王領地の管理や王の側近の従士団の長を兼ねるようになり、王家の権限が弱まると共に、国政面で王の代理として行政、裁判、戦争に参加するようになった。751年には当時宮宰だったピピン3世が貴族たちに推挙されて王位に就いたため、宮宰の職はいったん消滅した。

▲ピピン3世

PICK UP 2 スンニ派とシーア派

イスラム教には2大宗派あり、その対立はイスラム社会では問題となっている。両派の対立は4代目カリフであるアリーが、3代目カリフであるウスマーンを殺害したグループにより擁立されたため、ウスマーン支持者〈スンニ派〉とアリー支持者〈シーア派〉の対立に端を発している。その後、シーア派がカルバラにおいて壊滅し、ウマイア朝が成立する過程で、ウマイア朝が、シーア派を弾圧したため、シーア派内に、強い反発心を根付かせた。さらに、スンニ派の一族が、シーア派の反発を利用し、ウマイア朝を倒しアッバース朝を起こすが、カリフの地位につくと、シーア派を弾圧し始めた。このことが、シーア派の反発を呼んだ。両派の対立は教義内容ではなく、過去の遺恨が現在まで続いているのが原因である。

日本は律令国家へ向かう

601〜700

7世紀

インド・東南アジア

606 •**ハルシャ王がヴァルダーナ朝を起こす**

612 •**ヴァルダーナ朝が北インドを統一**

633 •**ソンツェン・ガンポ王がチベットに吐蕃王朝を開く**

▲ラサのポタラ宮

7世紀半ばに吐蕃王朝がマルポリの丘に築いた宮殿の遺跡を増補、拡充して建設された。

642 •**ハルシャ王が没しインド分裂**

650 •**詩人バーナが「ハルシャチャリタ《王行伝》」を著す**

650頃 •**インドでヴェーダンタ哲学が発展する**

670頃 •**スマトラにシュリーヴィジャヤ王国が栄える**

スマトラ島のマレー系海上交易国家で、7世紀のマラッカ海峡の交易ルートを広く支配し、多くの港市国家をしたがえる交易帝国。東はスマトラ島のパレンバン、西はマレー半島西岸のクダないし北スマトラと、海峡の両端に二つの拠点を持っていた。この海上帝国は、スマトラからマレーにまたがる連合国家で、中国やインドともさかんに通商をおこなった。

北・東アジア

605 •**東都洛陽を建設**

6〜7kmの城壁に囲まれ、運河が貫いていた巨大な都城。

618 •**隋の煬帝が江都で殺され、唐の時代へ**

629 •**唐の玄奘がインドへ出発**

◀玄奘三蔵
646年、全12巻からなる見聞録・地誌〈大唐西域記(だいとうさいいきき)〉を記した

660 •**百済の滅亡**

唐の蘇定方(そていほう)将軍の軍と新羅軍の攻撃により義慈王(ぎじおう)が降伏する。

668 •**高句麗の滅亡**

唐と新羅の連合軍により攻撃され宝蔵王(ほうぞうおう)が降伏する。

676 •**唐の朝鮮半島放棄により新羅が朝鮮統一**

690 •**武韋の禍**

高宗(こうそう)の皇后の則天武后(そくてんぶこう)と中宗(ちゅうそう)の皇后の韋后が、一時的に政権を奪い周を建てる。[〜705年]

698 •**震国成立**〈後に渤海となる〉[〜926]

唐の武韋の禍に乗じて、高句麗の残党が現在の極東方面に震国を成立させる。

日本

603 •**冠位十二階を制定**

厩戸皇子《聖徳太子》が中央集権国家への基礎として設けた身分制度。

•**広隆寺建立**〈弥勒菩薩像〉

本尊が厩戸皇子の京都最古の寺院。

604 •**憲法十七条を制定**

官僚や貴族に対する道徳的規範。

607 •**遣隋使**〈小野妹子〉

隋に国書〈「日出処天子(ひいずるところのてんし)」で始まる〉を持参したとされている。

•**法隆寺建立**〈薬師如来像〉

薬師如来像の光背には推古天皇の銘があるが、実際の制作は7世紀後半といわれている。

622 •**厩戸皇子死去**

623 •**法隆寺金堂建立**〈釈迦三尊像、百済観音像〉

630 •**遣唐使**〈犬上御田鍬〉

645 •**乙巳の変**

PICK UP 3 •**大化の改新**

646 •**改新の詔**

4カ条14項からなる政令を発布。

663 •**西国に防人を置く**

九州沿岸の防衛のため設置された辺境防備の兵。

672 •**壬申の乱**

PICK UP 4

694 •**藤原京遷都**

飛鳥時代

PICK UP 3 大化の改新

飛鳥時代の孝徳天皇により発布された改新の詔(かいしんのみことのり)に基づく政治的改革。後の天智天皇の中大兄皇子(なかのおおえのみこ)らが蘇我入鹿を暗殺し蘇我氏を滅ぼした〈乙巳の変〉後に行われたとされる。都を飛鳥から難波宮に移し、蘇我氏など飛鳥の豪族を中心とした政治から天皇中心の政治へと移っていった転換点となった。

▲乙巳の変
江戸時代、住吉如慶・具慶(じょけい・ぐけい)の合作によって描かれたもの。左上は皇極(こうぎょく)女帝。〔談山神社所蔵「多武峰縁起絵巻」〕

PICK UP 4 壬申の乱

天智天皇の太子・大友皇子(おおとものみこ)に対し皇弟・大海人皇子(おおあまのみこ)〈後の天武天皇〉が地方豪族を味方に付けて反旗をひるがえしたものである。天智天皇は百済へ出兵して新羅・唐連合軍と戦うが、大敗した。このため天智天皇は国防施設を玄界灘や瀬戸内海の沿岸に築くと共に百済難民を東国へ移住させ、都を飛鳥から近江宮(おうみのみや)へ移したが、豪族や民衆に新たな負担を与えることとなる。特に東国地方の豪族による不平の高まりが、壬申の乱の背景となった。

▲壬申の乱の時に大海人皇子が兜をかけたとされる兜掛石〔岐阜県不破郡関ケ原町松尾〕

ヨーロッパや西アジアが激しく変動する頃、

ギリシア・ローマ・ヨーロッパ

711 **•西ゴート王国が滅亡**

サラセンの将であるタリクの率いる軍がイベリア半島へ進入し、712年にトレドを落し、713年セビージャ、714年サラゴサと次々に陥落させた。西ゴート王国の貴族は、イベリア半島北西部に逃れ、在地の勢力と結んで、アスツリアス王国を建てた。

732 **•トゥール・ポワティエ間の戦い**

フランス西部のトゥールとポワティエの間の地で起きた。フランク王国のカール・マルテルとウマイヤ朝のアル・ガーフィキーとの戦い。ウマイヤ朝のアル・ガーフィキーが戦死したことにより、フランク王国の勝利に終わる。結果イスラム勢力による西ヨーロッパへの侵攻は食い止められた。

▲トゥール・ポワティエ間の戦い〔ヴェルサイユ宮殿美術館所蔵〕

768  **•カール大帝がカロリング朝フランク王国の国王に即位**

774 **•カール大帝がランゴバルド王となる**

ランゴバルドの首都パヴィアを占領し、デシデリウス王を捕え「鉄の王冠」を奪う。ポー川流域一帯を掌握し、自らランゴバルド王となってローマ教皇領の保護者となった。

778 **•カール大帝がスペインのカタルーニャに遠征**

この時のカールの遠征を題材にしたのが11世紀成立の古フランス語叙事詩「ローランの歌」である。

800 **•カール大帝がローマで載冠しローマ皇帝となる**

東ローマ帝国はカールのローマ皇帝位を承認せず、僭称（せんしょう）とみなした。

オリエント・西アジア・アフリカ

750 **•アッバス朝が成立しウマイヤ朝が滅亡する**

751 **•タラス河畔の戦い**

現在のキルギス共和国、タラス河畔で唐とアッバス朝の間で行われた中央アジアの覇権を巡る戦闘でアッバス朝が勝利する。製紙法が西方に伝播した戦いとして有名。

◀タラス川古戦場跡

747 **•アブー・ムスリムの乱**

756 **•後ウマイア朝が成立しイスラム帝国が分裂**

コルドバ地方にアッバス朝に対抗した後ウマイヤ朝が起こった。

762 **•新都バグダードが建設始まる**［〜766］

アッバス朝の第2代カリフ〈イスラムの最高指導者〉マンスールによって直径2.35kmの正円の城壁を持った都市が建設された。マディーナ・アッサラーム《平安の都》と言われた。

786  **•アッバス朝第5代カリフにハールーン・アッ・ラシード即位**

アッバス朝の最盛期にあたり、「千夜一夜物語」などで全盛期のアッバス朝に君臨した帝王として語り継がれている。

ハールーン・アッ・ラシード▶

PICK UP 1 カール大帝の載冠

ローマ教皇座には「コンスタンティヌスの定め」という有名な文書が伝承されており、その文書によれば、ローマ皇帝を任命する権利は教皇にあるとされていた。これは偽文書だったが、この時代には教皇庁でこの文書は本物であると信じられていた。偽文書には、教会が国家をつくり、その国家を教会が支配しようとする意図が隠されている。西ローマ帝国が滅亡したあとも生き残ったローマ教会は、カール大帝に冠をかぶせることにより「神の国」を西ローマ帝国の跡地に建設しようとしたのである。

▲載冠式と冠をしたカール大帝

PICK UP 2 ハールーン・アッ・ラシード

千夜一夜物語では夜な夜なバグダードに繰り出す風流な君主として登場するが、実際のハールーン・アッ・ラシードは以下のような人物であった。在位中の4分の3近くを宰相のヤフヤーを始めとするバルマク家の者がハールーンの治世を支えた。803年には権勢を握りすぎたバルマク家の追放を決意し、バルマク家の財産を没収、カリフによる直接統治を開始した。見かけ上はカリフの権威は絶頂に達したが、現実のカリフ政権の支配力は急速に低下していった。晩年には実の息子たちをも信用できず、疑心暗鬼のうちに異郷に倒れる。冷酷非情で、疑い深く統治能力に欠ける人物であったが、文化の面では学芸を奨励しイスラム文化の黄金時代の土台を築いたことでアッバス朝随一の名君扱いされている。

日本は多くの書物を編纂 《701～800》

8世紀

インド・東南アジア・中央アジア

717 **古マタラム王国が起る**
インドネシアのジャワ島のジョグジャカルタ周辺に8～9世紀に繁栄したヒンドゥー王国。

▲ラトゥボコ遺跡

750 **デカン半島北東部にパーラ朝起こる**［～1130頃］

752頃 **シャイレーンドラ朝が起こる**
インドネシアのジャワ島中部の大乗仏教を中心とした国。

◀ムンドゥッ寺院の如来倚座像

753 **デカン半島中部から南西部にラーシュトラクータ朝起こる**［～973］
ドゥルヴァとゴーヴィンダ3世のときが全盛でエローラ石窟のカイラーサ寺院を建造している。

778 **デカン半島北部にプラティハーラ朝起こる**［～1018］

北・東アジア

712 **玄宗皇帝の開元の治**
玄宗が行った政策は仏教僧達の身分の見直し、税制改革、節度使制の導入。

玄宗▶

744 **東突厥が滅びウイグル可汗国が起こる**

745 **楊貴妃が玄宗の皇后となる** PICK UP 3
楊貴妃は735年玄宗の子寿王李瑁（じゅおうりぼう）の妃であったが、玄宗が奪う形で皇后となった。

◀楊貴妃

755 **安史の乱**［～763］
范陽を始めとする北方の辺境地域の三つの節度使を兼任する安禄山と腹心の部下史思明及びその子供達によって引き起こされた大規模な反乱。

766 **青苗銭が行われる**
安史の乱以後に税収を補うために設置された税。

780 **両税法が行われる**
唐中期から明中期まで行われた税制のことで、夏と秋の2回徴税される。均田制・租庸調（そようちょう）制に代わって施行された。

日本

飛鳥時代

701 **大宝律令が発令される**

708 **和同開珎が使用される**
日本初の流通貨幣。

奈良時代

710 **平城遷都**
元明天皇により藤原京より遷都された。

712 **古事記が献上される**

713 **風土記の編纂始まる**

720 **日本書紀の完成**

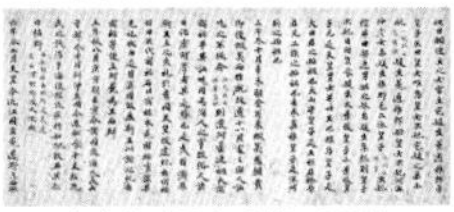

▲日本書紀〈平安時代の写本〉

723 **三世一身法の発布**

757 **養老律令施行**

759 **万葉集が成立する** PICK UP 4

平安時代

794 **平安遷都**
桓武天皇により平城京より遷都された。

797 **坂上田村麻呂が征夷大将軍となる**

▲菊池容斎作、前賢故実の坂上田村麻呂

楊貴妃

才色すぐれ歌舞をよくし、初め玄宗の皇子の妃となったが、玄宗の寵愛（ちょうあい）をうけて貴妃とされた。安史の乱を引き起こしたと言われ、傾国（けいこく）の美女とも呼ばれる。後に安史の乱の責任を取らされ、高力士（こうりきし）に縊死（いし）させられた。古代中国4大美人〈楊貴妃・西施（せいし）・王昭君（おうしょうくん）・貂蝉（ちょうせん）〉の1人とされる。また世界3大美女〈クレオパトラ・楊貴妃・ヘレネ〉の1人とされている。楊貴妃死後50年頃に、玄宗と楊貴妃の物語を題材にして白居易が長編の漢詩である「長恨歌（ちょうごんか）」を、陳鴻（ちんこう）が小説の「長恨歌伝」を制作している。現在の調査では、楊貴妃は政治介入、ほかの后妃（こうひ）への迫害などはほとんどなく、連帯責任のみが原因で死に至ったとされている。

万葉集を飾った人物

天皇、貴族から下級官人、防人など様々な身分の人間が詠んだ歌を4,500首以上も集めたもの。そのいくつかを紹介。

●天智天皇《中大兄皇子（なかのおおえのみこ）》
秋の田のかりほの庵の苫をあらみ
我が衣手は露にぬれつつ

●万葉集の代表的歌人の1人、柿本人麻呂（かきのもとのひとまろ）
あしびきの 山鳥の尾の しだり尾の
ながながし夜を ひとりかも寝む

●奈良時代の歌人で三十六歌仙の1人、山部赤人（やまべ の あかひと）
田子の浦ゆうち出でてみれば真白にぞ
富士の高嶺に雪は降りける

ヨーロッパではフランク王国が分裂、日本では

ギリシア・ローマ・ヨーロッパ

814 •**フランク王国のルイ《ルートヴィッヒ》1世が即位**

父カール大帝は庶民感覚を忘れないように、多くの歌物語を収集して記録させていたが、ルイ1世は信仰心が極めて厚く、キリスト教的ではないとして焼却してしまっている。

817 •**ルイ1世が帝国計画令を発布**

帝国の領土を3人の子供に分け与えることとし、長男のロタールにはイタリアを含む広範な領土を、2男ピピン1世にはアクイタニア、3男ルートヴィヒ2世にはバイエルンの統治を委ねることとした。その後、823年に誕生した末弟カール2世がアクイタニアを獲得することになった。長男ロタールを共同皇帝とし、下の2人を副帝として皇帝の統制に従うことを定め、これが王国分裂の原因となった。

▲ルイ1世

829 •**エグバートがイングランドを統一**

サクソン人のウェセックスの王エグバートは825年エランダンの戦いでマーシア王国に勝ち諸王国を統一。

841 •**フォントノワの戦い**

843 •**ベルダン条約でフランク王国を三分する**

862 •**ノヴゴロド公国が起こる**

870 •**メルセン条約で中フランク王国が再分割される**

884 •**カール3世がフランク王国を一時的に統一**

879年	カールマンからイタリア王位の譲位を受ける
880年	リブモン条約によってロタリンギア北東部を領有
881年	カール2世〈西フランク王〉の跡を継いで西ローマ皇帝に戴冠
882年	死去したルートヴィヒ3世の遺領〈東フランク全土〉を相続
884年	西フランク王カルロマンの死去を受けて西フランク王に即位。これにより、カール3世はフランク王国の統一を達成した

▲肥満王の異名を持つカール3世

オリエント・西アジア・アフリカ

821頃 •**トマスの反乱〈東ローマ帝国〉**

アナトリコン・テマ長官のトマスが大規模な反乱を起こした。トマスはコンスタンティノープルを2年以上にわたって包囲を続けた。ミカエル2世はトマスを捕虜とし処刑した。ミカエル2世はトマスの反乱の鎮圧には成功したものの、この混乱により地中海の重要拠点であるクレタ島をイスラム帝国に占領され、シチリア島もイスラム帝国の攻撃を受けている。

821 •**ターヒル朝[～873]の成立**

イスラム帝国内で初めて成立した最初のイラン系イスラム王朝。初代君主はアラブ戦士集団の有力者出身のターヒル1世。首都はニーシャプール。

830 •**知恵の館《バイト・アル・ヒクマ》の設立**

アッバス朝の第7代カリフ・マームーンが、バグダードに設立した図書館で、天文台も併設されていた。ギリシア文献の翻訳などをしていた。

861 •**サッファル朝[～1003]の成立**

イラン南東部およびアフガニスタン南西部を支配したスンニ派のイスラム王朝。873年にターヒル朝を滅ぼす。

864 •**アリー朝[～928]の成立**

イラン北部のカスピ海南岸地域を支配したシーア派の一派ザイド派のイスラム王朝。

868 •**トゥールーン朝[～905]の成立**

エジプト及びシリアを支配したイスラム王朝。870年には全エジプトを統治下におき、首都フスタート〈現在のカイロ〉を拡張してイブン・トゥールーン・モスクや病院を建設する。

イブン・トゥールーン・モスク▶

873 •**サーマン朝[～999]の成立**

中央アジア西南部のトランスオクシアナとイラン東部のホラーサーンを支配したイラン系のイスラム王朝。

PICK UP 1 ノヴゴロド公国〈古代ロシア〉の成立

中世のルーシ〈古代ロシア〉の主要な都市国家の一つ。ノヴゴロドは、公が支配する公国であるが、実態は貴族共和制であった。君主には実質的な公権は無く、貴族の利権にそぐわなければ罷免されることもあった。ノヴゴロド公国において公は傭兵隊長としてのみ期待されていた。公が自分の領土から連れてくる従士団は兵力に乏しいノヴゴロド公国にとって貴重な戦力であった。一方、選挙によって選ばれていたノヴゴロドの市長の権限は軍事以外の多くの政務を市長が掌握していた。

▲交易都市のノヴゴロド公国

PICK UP 2 フランク王国の分割

ルイ1世はフランク人の伝統に即し、3人の息子が王国を分割統治するよう遺言した。ルイ1世の時は彼のみ生存していたため、そのまま全領土が継承された。しかしルイ1世が死亡した時は3人の息子が生存していた。長子ロタール1世が権力を掌握して皇帝となったものの、2人の弟ルートヴィヒ2世とカール2世は兄に反旗を翻して、841年のフォントノワの戦いで軍事的勝利を得、842年にストラスブールの誓いで改めて兄に対抗するための同盟を組んだ。その結果843年、ベルダン条約が結ばれ、フランク王国は東、中、西の三つに分割された。その後一時期、カール3世が王国を再統一したこともあるが、彼は度重なる外敵の侵入に対処できず廃位され、この統一国家はごく短期間で崩壊した。これは、実質的なフランク王国の終焉を意味した。

藤原氏が勢力を増す

《801~900《

9世紀

インド・東南アジア・中央アジア

802 •**クメール王朝《アンコール王朝》[~1431]の成立**
ジャヤーヴァルマン2世、神聖カンボジア王を自ら名乗る。現在のカンボジアの元となった国。

821 •**吐蕃と唐が和解の盟約**
長安に使節を送り、唐の大臣たちと和解の盟約を行う。822年、唐の使節劉元鼎(りゅうげんてい)がラサを訪れ、吐蕃の大臣たちと盟約を行い、823年ラサの大昭寺の前に唐蕃会盟碑を建立。

832 •**シャイレーンドラ朝〈ジャワ島中部〉が滅亡**

845 •**チョーラ朝[~1279]の成立**
南インドを支配したタミル系のヒンドゥー王朝。

859 •**南詔王の世隆、皇帝を自称し、国号を大礼国と名乗る**
東南アジアのビルマ、タイ、ラオス、カンボジア、ピュー王国などを攻め、勢力を拡大した。

877 •**吐蕃王朝の滅亡**

豆知識 **アンコール・トムの建設**
この頃からアンコール・トム〈城砦(じょうさい)遺跡〉の建築が始まる。アンコール遺跡の中で最古のものは879年建立のプリア・コー寺院と言われている。

北・東アジア

815頃 •**新羅の農民反乱激化、内乱状態となる**

817 •**裴度と韓愈が呉元済の乱を鎮圧**
辺境警備隊隊長〈節度使(せつどし)〉の呉元済が起こした反乱。節度使は中央から離れた場所の軍権を握る存在なので、自立性志向は高く巨大な武力を蓄えていた。

830 •**牛李の党争が起こる**
牛僧孺(ぎゅうそうじゅ)・李宗閔(りそうびん)が争い、政治が混乱する。

豆知識 **東洋文学に影響を与えた「白居易」**
現存する文集は71巻、詩と文の総数は約3800首と唐代の詩人の中で最多を誇り、詩の内容も多彩である。日本や朝鮮のような周辺諸国でも愛好され、「枕草子」や「源氏物語」にも白居易のことが登場している。

875 •**黄巣の乱が起こる[~884]**
塩の密売人であった黄巣率いる密売業者が中心となった反乱。当時朝廷の専売だった塩の価格急騰がきっかけとなった。

890頃 •**羅漢画の貫休、山水画の荊浩活躍**
▶荊浩作、匡盧(ぎょうろ)図

日本

801 •**坂上田村麻呂が蝦夷地を平定**

804 •**空海、最澄、霊仙、円基らが唐に向かう**

805 •**最澄帰朝し、806年天台宗を創設**

806 •**空海帰朝し、816年真言宗を創設**

810 •**初の蔵人所を置く**
蔵人とは天皇の秘書的役割を果たした役職。

816 •**検非違使を置く**
非違〈非法、違法〉を検察する天皇の使者の意味で刑事・民事・行政に介入し治安維持に携る。

833 •**令義解を編纂**
淳和天皇の勅(ちょく)により清原夏野(きよはらのなつの)や菅原清公(すがわらのきよきみ)らによって編纂された令の解説書。

866 •**藤原良房が皇族以外で初めて摂政となる**
PICK UP 3 •**応天門の変が起こる**

887 PICK UP 4 •**藤原基経が初めて関白となる**

893 •**滝口武士が置かれる**
蔵人所の下で天皇御所の警備にあたっていた武士。

894 •**菅原道真の建議により遣唐使廃止**

平安時代

応天門の変

応天門の炎上を巡る事件。大納言伴善男(とものよしお)は左大臣源信(みなもとのまこと)の仕業と唱えて処罰を主張したが、藤原良房らによってかえって善男の子中庸(なかつね)の放火とされ、善男父子は遠流(おんる)となった。藤原氏の摂関政治確立へとつながった事件。これにより、古代からの名族伴氏は没落した。藤原氏による他氏排斥事件の一つとされている。

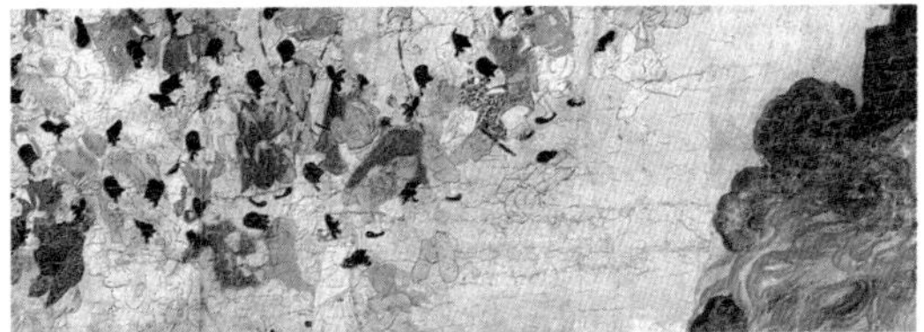

▲応天門炎上の場面〈伴大納言絵詞より〉

藤原基経と阿衡事件

宇多天皇(うだてんのう)は即位[887年]に際して、藤原基経を関白に任じる詔勅(しょうちょく)を出したが、その中の一文に基経を「阿衡の任」につけるとあった。基経は「阿衡は位貴(とうと)くも、職掌(しょくしょう)なし」と解し、怒りを表し、以後出仕をやめ一切政務を見なくなってしまった。基経は起草者の左大弁(さだいべん)橘広相(たちばなのひろみ)をとがめ、論争に発展。翌年に宇多天皇が勅書(ちょくしょ)の非を認め、橘広相を処罰して事態を収拾した。この時、藤原氏は橘広相へのさらなる厳罰を求めたが、菅原道真の説得により事件は収拾した。この事件により、藤原氏の権力の強大さを世に知らしめ、基経は関白としての政治的立場を強化することになった。阿衡の紛議とも呼ばれる。

神聖ローマ帝国の誕生と宋の中国統一、日本は

ギリシア・ローマ・ヨーロッパ

911 •**西フランク王国に侵入したノルマン人が領地を与えられる**

922 •**西フランク王国にロベール1世即位**

ロベールは922年6月29日にランスで西フランク王として戴冠。923年6月15日にシャルル3世とソワソンの近くで会戦。ロベール1世はシャルル3世を破ったものの自身は戦死した。

936 •**東フランク王国でオットー1世が即位**

955 •**レヒフェルトの戦い**

オットー1世指揮下の東フランク王国軍が、侵入してきたマジャル《ハンガリー》人を撃退した戦い。

962 PICK UP 1 •**オットー1世が神聖ローマ帝国〈ドイツ帝国〉を成立させ、ローマ皇帝の位に就く**

961年、イタリアの統治を委せていたベレンガーリオとアダルベルトの父子がローマ教皇ヨハネス12世を攻撃し、教皇はオットー1世に救援を要請。オットー1世はイタリアへ遠征し、ベレンガーリオ父子を成敗した。962年2月にローマにおいて教皇から皇帝の冠を授かった。

オットー1世▶

豆知識　神聖ローマ帝国はいつから

「神聖ローマ帝国」の国号が使われ出したのは13世紀以後のことだが、世界史ではこの時をもって神聖ローマ帝国の誕生としている。

983 •**オットー3世が3歳で王位継承**

996 •**グレゴリウス5世がドイツ人初のローマ教皇となる**

オットー3世の従軍司祭であったグレゴリウス5世はオットー3世によって推薦され教皇となった。グレゴリウス5世、24歳の時である。

•**オットー3世がローマ教皇より神聖ローマ帝国の帝冠をうける**

オリエント・西アジア・アフリカ

909 •**北アフリカにファーティマ朝が成立**［～1171］

シーア派の一派、イスマーイール派が建国したイスラム王朝。始祖はウバイドゥッラー。

932 •**西イランにブワイフ朝が成立**［～1062］

イラン・イラクを支配したシーア派のイスラム王朝。

935 •**エジプトにイフシード朝が成立**［～969］

エジプトを支配したイスラム王朝。始祖はムハンマド・イブン・トゥグジュ。

945 PICK UP 2 •**ブワイフ朝のムイッズッダウラが大アミールに任命される**

バグダードに入城し、アッバス朝のカリフからイラク地方の世俗支配権を持つ大アミールに任命された。これ以降、イラク政権の君主が大アミールを世襲し、カリフはイラクの実権をまったく持たなくなる。

969 •**ファーティマ朝、カイロ市を建設**

カイロにアル・アズハール・モスクの建設を始める。987年にはシーア派最高教育機関である大学となる。現存する世界最古の大学でもある。

アル・アズハール大学▶

973 •**チュニスにズィール朝起こる**［～1148］

980頃 •**サハラ南部のガーナ王国隆盛**

981 •**ファーティマ朝がバグダード占領**

996 •**ファーティマ朝の第6代カリフにハーキムが即位**

ハーキムはシーア派を強調し、自らイマーム《指導者》として積極的に教義の研究や、宣教活動を推進した。宗教施設の建設、寄進を盛んに行い、ファーティマ朝時代を代表する建築物と言われるカイロのハーキム・モスクを始めとする多くのモスクが建設された。

PICK UP 1　教皇ヨハネス12世

ヨハネス12世はオットー1世により新たに教皇領を寄進されたが、同時に皇帝に忠誠を宣誓してからでなければ教皇職には叙任されないと定められた。これに反意を抱き今度は敵だったベレンガーリオと手を結んだが、オットー1世の臣下によって事態が露見してしまう。963年にヨハネス12世はオットー1世によって廃位が宣告され、後任にレオ8世が即位した。オットー1世がローマを離れるとヨハネス12世はレオ8世を追放して復位を宣言したが、間もなく27歳の若さで死去した。ヨハネス12世の治世下、ローマ教会と教皇の権威は急落した。

▲ヨハネス12世

PICK UP 2　ブワイフ朝の経済

ブワイフ朝の樹立を支えたのは、精強な歩兵である山岳民族ダイラム人の軍事力であったが、後にはほかの王朝と同じように、白人の奴隷身分出身の軍人マムルークを採用するようになった。これらの軍人に対する俸給を支払うためムイッズッダウラは、946年に特定の土地からあがる税を徴収する権利を軍人に授与するイクター制を導入。以後、イクター制はイスラム世界の諸王朝で広く導入され、軍事・徴税制度の基本となる。しかし、ブワイフ朝の段階ではイクターの法制化に不備があり、徴収されるべき税の限度額が定められていなかった。イクター制の導入は結果的に、過重な税の徴収と、それによる農村の荒廃を招き、ブワイフ朝の衰退を早める。

武士が勢力を持ち始める

《901〜1000》

10世紀

インド・東南アジア・中央アジア

902 •南詔が滅び鄭買嗣が大長和国[〜928]起こす〈雲南地方〉

928 •大長和国が滅び、趙善政が大天興国[〜929]起こす〈雲南地方〉

929 •大天興国が滅び、楊干真が大義寧国[〜937]起こす〈雲南地方〉

930 •南漢の介入によって曲氏の南越支配は終焉〈北ベトナム〉

937 •大義寧国が滅び、段思平が大理国[〜1254]を起こす〈雲南地方〉

939 •呉権が呉王朝[〜965]を建てる〈北ベトナム〉

949 •ラーシュトラクータ朝、チョーラ朝の北部を併合〈インド〉
ラーシュトラクータ朝のクリシュナが、チョーラ王パラーンタカ1世を破る。

968 •丁部領が丁朝[〜979]を建てる〈北ベトナム〉

973 •マールケードが焼かれ、タイラ2世によってラーシュトラクータ朝滅ぼされる〈インド〉
•タイラ2世が西チャールキヤ朝[〜1190]を起こす〈インド〉

981 •黎利が黎朝を建てる〈北ベトナム〉

北・東アジア

907 PICK UP 3 •唐の滅亡〈五代十国時代へ〉
中国の唐の滅亡から宋の成立までの間に黄河流域を中心とした華北を統治した五つの王朝《五代》と、華中・華南と華北の一部を支配した諸地方政権〈十国〉とが興亡した時代。

916 •契丹の建国〈中央アジア〉

918 •高麗の建国〈朝鮮〉

926 •契丹が渤海を滅ぼし東丹国とする〈中央アジア〉
930年東丹国滅亡し契丹に統合される。

935 •新羅の滅亡〈朝鮮〉

960 •宋の建国[〜1279]
君主独裁的官僚制国家の成立で貴族社会が没落していく。

963 •高麗が宋に服従

979 •宋の太宗が中国統一

▲北宋の第2代皇帝、太宗

日本

902 •荘園整理令が出される
日本最初の荘園整理令は、国家の収入を維持するため、地方民から権門寺社（けんもんじしゃ）への田地（でんち）舎宅の寄進が禁止された。

905 •古今和歌集成る
歌数は総勢1111首。最初の勅撰和歌集で紀貫之（きのつらゆき）が中心となって編纂され醍醐天皇に奏上（そう

▲紀貫之

939 PICK UP 4 •天慶の乱が起こる
ほぼ同時期に関東と瀬戸内海で起きた平将門の乱（たいらのまさかどのらん）と藤原純友の乱（ふじわらのすみとものらん）の総称。

平安時代

950頃 •伊勢物語の完成
•竹取物語の完成

▲土佐広通、土佐広澄作、月へ帰って行くかぐや姫

969 •安和の変
藤原氏による他氏排斥事件。左大臣源高明（みなもとのたかあきら）が失脚した。

五代十国とは

唐が完全に滅亡した907年から、960年に宋ができるまでに起こった国。

	国名	興亡年	始祖
五代	後梁（こうりょう）	907年〜923年	朱全忠（しゅぜんちゅう）
	後唐（こうとう）	923年〜936年	李存勗（りそんきょく）
	後晋（こうしん）	936年〜946年	石敬トウ（せきけいとう）
	後漢（こうかん）	947年〜950年	劉知遠（りゅうちえん）
	後周（こうしゅう）	951年〜960年	郭威（かくい）
十国	前蜀（ぜんしょく）	907年〜925年	王建（おうけん）
	後蜀（こうしょく）	934年〜965年	孟知祥（もうちしょう）
	呉（ご）	902年〜937年	楊行密（ようこうみつ）
	南唐（なんとう）	937年〜975年	李ベン（りべん）
	荊南（けいなん）	907年〜963年	高季興（こうきこう）
	呉越（ごえつ）	907年〜978年	銭鏐（せんびょう）
	閩（びん）	909年〜945年	王審知（おうしんち）
	楚（そ）	907年〜951年	馬殷（ばいん）
	南漢（なんかん）	909年〜971年	劉隠（りゅういん）
	北漢（ほくかん）	951年〜979年	劉崇（りゅうすう）

天慶の乱

武士階級が起こした初めてのクーデター事件。

【藤原純友の乱】
藤原純友は、西国で海賊討伐を命ぜられていたが、936年、自ら海賊を率いて朝廷に反抗、瀬戸内海横行の海賊の棟梁となり略奪・放火を行って、淡路・讃岐の国府（こくふ）、大宰府を襲う。941年、小野好古（おののよしふる）によって反乱は鎮圧され、純友は敗死した。

【平将門の乱】
将門は同族間で私闘を続け、935年伯父の国香を殺し、939年、常陸国司（ひたちくにのつかさ）に抵抗した藤原玄明（ふじわらのはるあき）を助けて常陸の国府を襲撃。関東を手中に収め、新皇と称したが、翌年、平貞盛との戦いで敗死した。

ヨーロッパでは第１回十字軍の遠征が始まり、

ギリシア・ローマ・ヨーロッパ

1016 •**イングランドをカヌート《クヌーズ1世》が支配**
［～1035］
カヌートはデンマーク王スヴェン1世の子。父の死後、跡を継いで勢力を拡大。1016年、イングランド王に推挙されて即位し、その後デンマーク・ノルウェー王も兼任し大王と称され広大な北海帝国を築いた。

1056 •**神聖ローマ帝国でハインリヒ4世が王に即位**
［～1105］〈ドイツ〉
神聖ローマ帝国は、現在のドイツ、オーストリア、チェコ、イタリア北部の地域に存在した。首都はなく、帝国というよりは大小の国家連合体であった期間が長く、後のオーストリア帝国やプロイセン王国などドイツ諸国家が成長していった。

1066 •**ノルマン朝がイングランドを征服**

1077 •**聖職者の任命権を巡って「カノッサの屈辱」事件が起きる**〈イタリア〉
聖職叙任権を巡ってローマ教皇グレゴリウス7世と対立していた神聖ローマ皇帝ハインリヒ4世が、教皇による破門の解除を願ってカノッサ城に赴いて許しを願ったことをいう。

▶カノッサの屈辱
ハインリヒ4世〈中央〉
トスカーナ女伯マティルデ〈右〉
クリュニー修道院長〈左〉

1095 

•**クレルモンの宗教会議、十字軍の遠征が決定する**〈フランス〉

クレルモンの宗教会議▶

1096 •**第1回十字軍遠征**

オリエント・西アジア・アフリカ

1038 •**セルジュク朝が成立**〈トルコ〉［～1157］
現在のイラン、イラク、トルクメニスタンを中心に存在したイスラム王朝。トルコ《テュルク》系遊牧民の君侯セルジュクを始祖とする一族、セルジュク家に率いられた遊牧集団により建国された。

1055 •**セルジュク軍がバグダードに入城し、西アジアを支配**〈イラク〉
イスラム教徒であったセルジュク朝初代君主トゥグリル・ベグは、バグダードにいるアッバス朝のカリフ〈イスラムの最高指導者〉に書簡で忠誠を誓い、シーア派に脅かされるカリフを擁護する大義名分を獲得した。1055年、カリフから招かれたトゥグリル・ベグはバグダードに入城、正式にスルタン〈権力者〉の称号を授与された。この時スルタンという称号がイスラム世界において公式の称号として初めて認められた。

1098 •**対十字軍戦争が始まる**

▶中世の写本に描かれた
第1回十字軍のエルサレム攻撃

1099 •**十字軍兵士がエルサレム王国を建国**〈イスラエル〉
第1回十字軍遠征の際にエルサレムを占領し、指導者となっていたゴドフロワは「聖墓の守護者」に任ぜられた。ゴドフロワがエルサレムで没すると、弟のエデッサ伯ボードゥアン《ボードゥアン1世》が跡を継いで「エルサレム王」を名乗った。こうしてエルサレム王国が誕生した。

▶エデッサに入城する
ボードゥアン

PICK UP 1　第1回十字軍遠征の始まりと経緯

中央アジアで起こったセルジュク朝は急激に勢力を増し、ビザンツ帝国を圧迫。ビザンツ皇帝でありギリシア正教会教皇であったアレクシオス1世は、ローマ教皇ウルバヌス2世を通じて、東西ヨーロッパの王や諸侯に救援を求めた。ウルバヌス2世は中部フランスのクレルモンで会議を招集、聖職者・諸侯・騎士・民衆たちに「東方で同じキリストを信じる人々が、異教徒に苦しめられている。神のために正義の闘いに邁進せよ」と演説した。この教皇の呼びかけは熱狂を持って迎えられた。そしてキリスト教諸国によるイスラム勢力への大遠征が行われることになった。これが歴史上名高い十字軍の始まりである。十字軍はこの後7回にわたり派遣され、ヨーロッパ社会に大きな影響を与えることになる。

【悲惨な少年十字軍】

十字軍に参加したのは諸侯や騎士ばかりでなく、民間人も多かった。エルサレムまでたどり着けず悲惨な結果に終わる場合が多く、最も悲惨であったのが1212年の少年十字軍である。大勢の少年少女が集まり、「無料で船を提供しよう」という商人に従ったところ、エジプトのアレキサンドリアに連れて行かれ奴隷としてイスラム教徒に売られてしまった。

▲ギュスターヴ・ドレ作「少年十字軍」

日本では藤原氏が栄華を極めた

1001〜1100

インド・東南アジア・中央アジア

1001頃 ・**ガズニ《ガズナ》朝のインド侵略開始**
イスラム王朝ガズニ朝は第7代君主マフムードの時代に17回にも及ぶインド遠征を行った。インドに大きく勢力を拡大すると共に、ヒンドゥー教の寺院などを破壊・略奪して戦利品として莫大な富を持ち帰った。

1010 ・**安南(あんなん)の李朝(りちょう)[〜1225]、都をハノイ《昇龍》に定める〈ベトナム〉**
李朝は初代皇帝・太祖の時代から第4代仁宗の時代にかけて全盛期を迎えた。李朝は越人王朝として初めて国王として中国から認められ、民族意識が高まった。

1044 ・**ビルマにバガン朝が起こる**
[〜1287]

▲バガン王朝の都、バガン。バガンとは広くこの遺跡群の存在する地域を指し、ミャンマー屈指の仏教聖地である

1099頃 ・**雲南(うんなん)で大理国が再興される**
[〜1254]
937年に白蛮〈チベット系のペー族〉の段思平が樹立し、現在の中国雲南地方を主な領域として統治していた国家。

北・東アジア

1038 ・**西夏(せいか)が宋の西に成立**
[〜1227]

▲西夏文字
西夏王朝初代皇帝・李元昊(りげんこう)の時代に制定された文字

1069 PICK UP 2 ・**宋で王安石(おうあんせき)の改革が始まる**
当時、宋では国家財政が逼迫(ひっぱく)しており、こうした状況を打開する必要に迫られた第6代神宗は王安石を宰相に抜擢。王安石は大地主らの特権をおさえる「王安石の新法」を実施。しかし官僚や大地主の抵抗にあい、ついに王安石は失脚させられ改革は失敗に終わった。

▲王安石

・**韓国では高麗[〜1392]の時代が続く**
開城旧市街、手前に古い韓屋の町並みが残る。開城は高麗の首都であった。

日本

1017 ・**藤原道長が太政大臣(だじょう)に就く**
・**清少納言「枕草子」や紫式部「源氏物語」が書かれる**

▲「源氏物語絵巻第38帖鈴虫」[12世紀]〔五島美術館所蔵〕

1019 ・**刀伊(とい)の入寇(にゅうこう)**
満洲を中心に分布した女真(じょしん)族と見られる海賊船団が壱岐・対馬に襲来。

1028 ・**平忠常(たいらのただつね)の乱《長元(ちょうげん)の乱》が起こる**
[〜1031]
房総3カ国〈上総国、下総国、安房国〉で起きた反乱。平将門の叔父・平良文の子孫にあたる平忠常が乱を起こし、朝廷は討伐軍を派遣するも鎮圧に3年を要した。

1052 ・**藤原頼通(ふじわらのよりみち)が平等院鳳凰堂を建立**
藤原道長の別荘を改修したもの。

▲藤原頼通

1073 ・**白河天皇が即位**

1086 PICK UP 3 ・**堀河天皇が即位、白河上皇が院政を始める**
太政大臣による摂関政治が衰退し、白河天皇の譲位をきっかけに院政が始まった。天皇が実権を握るこの政治形態は3代100年に渡った。

11世紀

平安時代

宋代の文化の発展

宋代では経済や文化が活性化した。初めて紙幣〈交子〉が登場したのもこの時代である。「宋代の三大発明」として、活版印刷・火薬〈黒色火薬はすでに使用されていた〉・羅針盤がある。これらは13世紀以降ヨーロッパに伝播し、ルネサンス期三大発明に発展する。また、唐代に始まったとされる水墨画が最盛期を迎えて山水画・花鳥画が増え、芸術性の高い白磁器や青磁器が作られる、精神性を反映した書道が発展するなど、この時期の文化的意義は高い。

▲宋代の白磁器[11世紀]〔フリーア&サックラーギャラリー所蔵〕
photo by PericlesofAthens

院政の始まり

院政とは、天皇が上皇〈譲位後の天皇〉や法皇〈出家した上皇〉となって実権を握り、国を治めた政治形態である。摂関政治が衰退し、院政が開始されたのは8歳の息子・善仁(よしひと)天皇《堀河天皇》に譲位した白河上皇が院庁を開設した時である。白河上皇が堀河・鳥羽・崇徳(すとく)の3天皇の間43年に渡って「治天の君」と呼ばれ君臨した。その横暴ぶりはすさまじく、「思い通りにならぬのは、賀茂川の水、双六のサイ、僧兵だけ〈天下三不如意(ふにょい)〉」と豪語したという話もある。

▲鳥羽天皇〔安楽寿院所蔵〕
白河法皇の死後院政を敷いた

十字軍の遠征が続くヨーロッパ、その頃日本では

ギリシア・ローマ・ヨーロッパ

1130 •**南イタリアにシチリア王国が起こる**[〜1860]
シチリア伯ロジェール2世が南イタリアを合わせて建国。

1138 •**コンラート3世が神聖ローマ皇帝となり、ホーエンシュタウフェン朝が始まる**〈ドイツ〉

1147 •**第2回十字軍の遠征**[〜1148]

1154 •**フリードリヒ1世がイタリアへ遠征**

1163頃 •**パリのノートルダム寺院建設始まる**

パリのノートルダム寺院▶
photo by Sanchezn

1170頃 •**イギリスのオックスフォード大学の始まり**
〈講義の始まりは1096年〉

1180 •**フランス王国、フィリップ2世が即位する**[〜1223]

1189 •**イギリス国王《リチャード1世》、フランス国王、神聖ローマ帝国皇帝が参加し、第3回十字軍遠征**
[〜1192]
PICK UP 1 PICK UP 2

1198 •**ローマ教会でインノケンティウス3世が即位する**
[〜1216]

1199 •**ドイツ騎士団が公認される**

▶
ドイツ騎士団の創始者
ヘルマン・フォン・ザルツァ

オリエント・西アジア・アフリカ

1132 •**中央アジアに西遼が起こる**[〜1211]
トルキスタンに存在した国の中国史料での呼び名。金に滅ぼされた遼の皇族・耶律大石が西に逃れ建てたのでこう呼ばれる。イスラム史料からはカラ・キタイと呼ばれる。この語は黒い契丹の意味とされるが詳細は不明。天山山脈の南北のシルクロードルートを押さえ、中継貿易で栄えた。首都はベラサグン。

▶
ブラナの塔
ブラナ地域はかつての都市ベラサグンの西の端。ブラナ地域にはブラナの塔の遺跡が存在している。ブラナの塔は11世紀に建てられたミナレット〈礼拝時刻を知らせる塔〉で、現存するものは1970年代に修復されたもの

1169 •**エジプトにアイユーブ朝**[〜1342]**が起こる**
サラーフッディーン《サラディン》が、ファーティマ朝の軍最高司令官と宰相の地位を兼任し、エジプトにおける全権を掌握して、アイユーブ朝を創設した。1171年、ファーティマ朝の第14代カリフ・アーディドが死去すると、ファーティマ朝を完全に滅ぼし、名目上はアッバース朝に臣従するという形式のもとにスルタンを称した〈このため、アイユーブ朝の成立は1171年説もある〉。エジプトのほか、シリア、メソポタミアなどを支配した。「アイユーブ」は創始者の父親の名に由来。

▲アイユーブ朝始祖サラーフッディーン

1187 •**サラーフッディーンがエルサレムに侵攻、ハッティンの戦いに勝利**
この勝利により約90年ぶりに十字軍からエルサレムを奪回。

PICK UP 1 獅子心王・リチャード1世

リチャード1世[1157〜1199年]はプランタジネット朝第2代イングランド王[在位1189〜1199年]である。ヘンリー2世の第4子。生涯の大部分を戦闘の中で過ごし、その勇猛さから獅子心王と称され、中世騎士道物語の典型的な英雄であったが、イングランドに滞在することわずか6カ月で、統治能力は未知数であった。即位すると城や所領、官職などを売却して十字軍遠征資金を集めた。父王が得たスコットランドの臣従を1万マルクで売り渡し、「買い手があればロンドンでも売る」と言ったとされる。中世騎士道の華として偶像化され、ロビン・フッド物語などでは主人公を助けるヒーローとして登場する。

▲リチャード1世

PICK UP 2 第3回十字軍

イスラムの英雄・サラーフッディーン《サラディン》により、1187年におよそ90年ぶりにエルサレムがイスラム側に占領、奪還された。教皇グレゴリウス8世は聖地再奪還のための十字軍を呼びかけ、イングランドの獅子心王リチャード1世、フランス王フィリップ2世、神聖ローマ皇帝フリードリヒ1世が参加した。フリードリヒ1世は1190年にキリキアで川を渡ろうとしたところ落馬し、鎧の重みのために溺死した。跡を継いだイングランドとフランスの十字軍が1191年にアッコンを奪還した。その後フィリップ2世は帰国し、リチャード1世がサラーフッディーンと休戦協定を結んだことで聖地エルサレムの奪還は失敗に終わった〈エルサレムの首都アッコンを確保したことでエルサレム巡礼の自由は保障された〉。

鎌倉幕府が開かれる

《1101〜1200《

12世紀

インド・東南アジア・中央アジア

1112 •**アンコールワットの建設が始まる**［〜1152］
アンコール王朝スーリヤヴァルマン2世によって、ヒンドゥー教寺院として30年余の歳月を費やし建立された。カンボジアのアンコール遺跡の一つで、遺跡群を代表する寺院建築。サンスクリット語でアンコールは王都、クメール語でワットは寺院を意味する。クメール建築の傑作と称えられ、カンボジア国旗の中央にも同国の象徴として描かれている。

▲アンコールワット
photo by Bjørn Christian Tørrissen

1150頃 •**ゴール朝がカンダハール付近の戦いで、ガズナ朝に大勝**
ゴール朝は現在のアフガニスタンに起こり、北インドに侵攻してインドにおけるムスリム《イスラム教徒》最初の安定支配を築いたイスラム王朝［11世紀初頭〜1215年］。

1163 •**ゴール朝の最盛期**
王位に就いたギヤースッディーンがゴールを支配し、弟のシハーブッディーンがガズナを支配した12世紀後半から13世紀初頭に、ゴール朝は最盛期を迎えた。兄弟は連携して領土を広げた。

1186 •**ガズナ朝がゴール《グール》朝によって滅ぼされる**

北・東アジア

1115 •**中国で金(きん)の建国**［〜1234］
中国北半分を支配した女真族の王朝。遼・北宋を滅ぼし、西夏を服属させ、南宋と対峙したが、後にモンゴル帝国《元》に滅ぼされた。

1119 •**金、女真(じょしん)文字(もじ)を制定**
14世紀に金王朝の歴史を編纂した「金史」によれば、金の太祖阿骨打の命により、契丹文字や漢字を参考に女真大字が作成されたとある。

1120 •**海上(かいじょう)の盟(めい)**
北宋と金の間で遼《契丹》を挟撃するために締結された軍事同盟。遼を駆逐することに成功したものの、北宋は同盟継続中であったにも関わらず外交方針は無策を極めたため、怒った金はついに開封〈北宋の首都〉を攻撃した。

1125 •**金が遼(りょう)を滅ぼす**

1126 •**靖康(せいこう)の変が起こり、金が北宋を滅ぼす**
漢民族の支配する北宋が、女真族の金に敗れて、政治的中心地であった華北を失った事件。靖康は当時の宋の年号である。

1127 •**南宋が建国**［〜1279］
南京に逃れた高宗〈北宋の第8代皇帝であった徽宗(きそう)の9男〉が立国。その地で哲宗の皇后であったが廃立され尼となっていた孟氏を利用し、指名を得て皇帝に即位した。

▲高宗

日本

1124 •**奥州藤原氏(おうしゅうふじわらし)が中尊寺金色堂を建立**
奥州藤原氏は源頼朝に滅ぼされるまで、陸奥平泉を中心に東北地方に勢力を張った豪族である。1105年に最初院〈後の中尊寺〉を建立。

1156 •**保元の乱が起こる**
地位を巡る確執から後白河天皇と兄の崇徳上皇が対立し、武力衝突に至った政変。

1159 •**平治の乱が起こる**
平清盛は保元の乱で後白河天皇の信頼を得、平治の乱で勝利し、武士で初めて太政大臣に任ぜられる。娘を高倉天皇に入内させ「平氏にあらずんば人にあらず」と言われる時代を築いた〈平氏政権〉。

平安時代

1167 •**平清盛が太政大臣になる**

▶「天子摂関御影」の清盛〈南北朝時代の絵巻〉

1175 •**法然が浄土宗を開く**

1180 •**源平合戦が起こる**

1185 •**壇ノ浦の戦いで平家が滅びる**

1192 •**源頼朝が征夷大将軍に就任**

鎌倉時代

PICK UP 3 源平の戦い〜平氏の滅亡

平清盛率いる一門の独裁政治に不満を持った源頼政が、以仁(もちひと)王〈後白河法皇の皇子〉を奉じて京都で兵を挙げたのが源平争乱の始まり。以仁王らは討ち死にするが、王の平氏追討の令旨(りょうじ)を受け、源氏一族は次々に蜂起、内乱は全国に拡大した。

1180年	• 平氏打倒を目指して源頼政が挙兵するが宇治平等院の戦いに敗れる • 源頼朝が関東で挙兵、石橋山の戦いに破れ安房に敗走 • 源《木曽》義仲が挙兵 • 富士川の戦いで頼朝が勝利
1181年	• 横田河原の戦いで源義仲が勝利
1183年	• 倶利伽羅(くりから)峠の戦いで平氏軍壊滅 • 源義仲が入京〈しかし義仲は狼藉を働いて人心を失い、後に義経軍に敗れ近江粟津で討たれる〉
1184年	• 一ノ谷の戦い
1185年	• 屋島の戦い • 壇ノ浦の戦い〈平家の滅亡〉
1189年	• 奥州平泉にて源義経殺害される

▲「源平合戦図屏風」〔赤間神宮所蔵〕
中央に福原の御所、右方は生田の森の争い、上部は一ノ谷、左方は須磨の浦での戦いの様子が描かれている

チンギス・ハンのモンゴル帝国が世界を圧倒、

ギリシア・ローマ・ヨーロッパ

1202 •**第4回十字軍遠征**[～1204]

1215 •**第1次バロン戦争**[～1217]、**イギリスでマグナカルタ《大憲章》の制定**

マグナカルタとは英国史上最も悪評が高いジョン王の権限を限定する内容の法。すべての条文はその後廃止されたが前文だけは現行法として残っており、現在でもイギリスにおいて憲法を構成する法典の一つ。王の実体的権力を契約、権力の行使には適正な手続を要するといった点は現代に続く「法の支配」の原型となった。

1241 •**モンゴル軍がシレジアに侵攻、ワールシュタットの戦い《レグニツァの戦い》が起こる**〈ポーランド〉

モンゴルのポーランド侵攻において、バトゥを総司令官としたモンゴル帝国のヨーロッパ遠征軍のバイダル率いる分隊と、シロンスク公ヘンリク2世が激突した戦いである。「ワールシュタット」とはドイツ語で、死体の山という意味。

ワールシュタット会戦▶

1243 •**キプチャク・ハン国が起こる**〈カザフスタン〉

1264 •**第2次バロン戦争**

1265 •**シモン・ド・モンフォールの議会**

ヘンリー3世の失政に怒った第6代レスター伯シモン・ド・モンフォールが挙兵したのが第2次バロン戦争。1265年にはヘンリー3世とその弟コーンウォール伯リチャードを捕らえて勝利し、イングランドの実権を握った。イングランドの諸侯や聖職者、騎士から都市の代表などによる議会を召集して政治改革を行なおうとした。これが現在のイギリス議会の基礎となった。

1273 •**神聖ローマ帝国でルドルフ1世が即位**〈ハプスブルク家皇帝の始まり〉

オリエント・西アジア・アフリカ

1210頃 •**モンゴル民族が進出**

1219 •**チンギス・ハンの西征**[～1223]

1220頃 •**チンギス・ハンによりホラズムが滅ぼされる**

ホラズムは中央アジア西部に位置。チンギス・ハンの攻撃により首都ウルゲンチは徹底的に破壊。1231年には旧市のそばにウルゲンチが再建され、モンゴル帝国のもとで早々にホラズムの復興が始まり、チンギス・ハンの長男ジョチの領有になった。

1250 •**エジプトにマムルク朝が起こる**

1258頃 •**イル・ハン国の成立**〈イラン〉

この政権の建設者はチンギス・ハンの孫フレグ〈イル・ハンの称号で呼ばれた〉。

▲フレグと筆頭正妃ドクズ・ハトゥン〈「集史」パリ本より〉

1258 •**サラセン帝国が消滅する**

1295 •**イル・ハン国のイスラム化**

第7代ハンに即位したガザンはイスラム教に改宗。これによってイラン国内のモンゴル諸部族にも増えつつあったムスリムの支援を受けたため、イラン在住の各部族がこれに従ってイルハン朝はイスラム化を果たした。

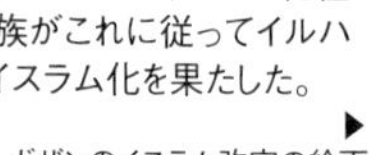

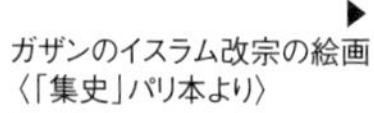

ガザンのイスラム改宗の絵画〈「集史」パリ本より〉▶

1299 •**オスマン帝国が起こる**〈トルコ〉

PICK UP 1 ドイツ随一の王家ハプスブルク家

ハプスブルク家は、現在のスイス領内に発祥したドイツ貴族の家系。古代ラテン貴族であるカエサル家の末裔を自称し、政略結婚により広大な領土を獲得、大貴族に成長した。中世～20世紀初頭まで中欧で勢力を誇り、オーストリア大公国、スペイン王国、ナポリ王国、トスカーナ大公国、ボヘミア王国、ハンガリー王国、オーストリア帝国などの君主を輩出した。また、ほぼドイツ全域を統べる神聖ローマ帝国《ドイツ帝国》の皇帝位を中世以来世襲し、その解体後もビスマルクによる統一ドイツ帝国から除外されるまで形式的には全ドイツ君主であった。

▲1915年の4ダカット金貨
photo by Karl Gruber
ハプスブルク家の紋章である双頭の鷲〈右〉の二つの頭は東と西を現すとされる

PICK UP 2 モンゴルの英雄 チンギス・ハン

モンゴル帝国の初代皇帝チンギス・ハン[在位1206～1227年]。チンギス・ハンの生まれたモンゴル部族は、バイカル湖の方面から南下してきてモンゴル高原の北東部に広がり、11世紀には君主〈ハン、カン〉を戴く有力な集団に成長した遊牧民であった。チンギス・ハンの生涯を描いたモンゴルの伝説的な歴史書「元朝秘史」によれば、遠祖は天の命令を受けてバイカル湖のほとりに降り立ったボルテ・チノ〈「灰色まだら模様の狼」の意〉とその妻であるコアイ・マラル〈「白い鹿」の意〉であったとされている。チンギス・ハンの幼名はテムジンと言い、チンギス・ハンという名は皇帝として即位した時に、ココチュ・テプテングリというシャーマン《巫者》がテムジンに奉った尊称である。チンギス・ハンはそれまで大小様々な集団に分か

日本も元の襲来に脅かされる

《1201〜1300《

インド・東南アジア・中央アジア

1224 •**オゴデイ・ハン国成立**〈新疆(しんきょう)ウイグル自治区・中国〉

オゴデイの即位▶

1225 •**李朝が滅び、ベトナム北部に陳朝が起こる**[〜1400]
ベトナム李朝は第7代皇帝高宗時代に入ると、次第に衰えた。特に高宗の晩年には反乱が発生し、この時鎮圧のために外戚である陳氏の力を借りたため、陳氏の李朝における勢力が台頭。陳守度は甥の太宗を李昭皇(りしょうこう)〈ベトナム唯一の女帝〉と結婚させて帝位につけ、自らは太師として実権を掌握した。こうして陳朝が成立した。

1227 •**オゴデイ・ハン国の南にチャガタイ・ハン国が成立**
モンゴル帝国を構成した遊牧民の政治的集団〈ウルス〉の一つで、中央アジアを支配した遊牧国家。チンギス・ハンの次男チャガタイを始祖とするチャガタイ・ウルスから発展。統一政権を打ち立てるのはほかの諸ウルスと比べると遅く、14世紀初頭にチャガタイの子孫であるドゥアの時代であると見なされている。

1267 •**南インドにパンドヤ王国が成立**

1277 •**元によるビルマ侵攻**

1287 •**ビルマにタウングー朝が起こる**

北・東アジア

1206 •**モンゴル帝国をチンギス・ハンが建国**[〜1227]
PICK UP 2

1227 •**チンギス・ハンが西夏を滅ぼす**

1234 •**金がモンゴル帝国によって滅ぼされる**

1259 •**朝鮮の高麗がモンゴルに服属する**

1271 •**元が建国される**
中国とモンゴル高原を中心とする東アジアを支配したモンゴル帝国第5代皇帝のクビライ《フビライ》は国号を元《大元》と改称し、漢人官僚を集めた行政府である中書省を新設。北宋崩壊以来の中国統一政権であるが、制度や政治運営の特徴において、モンゴル帝国より受け継がれた遊牧国家特有の性格が強い。

▲クビライ

1279 •**元によって南宋が滅びる**
クビライが侵攻、南宋が国土防衛の拠点とした襄陽(じょうよう)を5年にわたる包囲戦で陥落。一部の軍人と官僚は幼少の親王を皇帝に擁立し、南走して徹底抗戦を続けたが広州湾で元軍に撃滅。完全に滅びた。

日本

1219 •**北条氏の執権政治が始まる**
執権とは鎌倉幕府の役職名で、源実朝没後に執権が鎌倉幕府の実権を掌握してからの体制を執権政治と呼ぶようになった。

1221 •**承久(じょうきゅう)の乱**
後鳥羽上皇が鎌倉幕府に対して討幕の兵を挙げて敗れた乱。幕府軍が上皇軍に圧勝、後鳥羽上皇は隠岐へ流される。

1232 •**北条泰時が御成敗式目51カ条を制定**〈武家法の元になる〉

1274 •**文永の役で元・高麗軍が日本に襲来するが失敗**

▲竹崎季長作、「蒙古襲来絵詞」前巻、絵七【文永の役】[1293年頃]

1281 •**弘安の役、元軍が再度日本を襲来するが失敗**
PICK UP 3
博多沿岸の約20kmにも及ぶ防塁と暴風雨により日本側の勝利で終わる。

▲竹崎季長作、「蒙古襲来絵詞」前巻、絵十六【弘安の役】[1293年頃]

鎌倉時代

13世紀

モンゴル遊牧民にして、人類史上最大規模の世界帝国の創始者。

れてお互いに抗争していたモンゴルの遊牧民諸部族を一代で統一し、中国北部・中央アジア・イラン・東ヨーロッパなどを次々に征服して、最終的には当時の世界人口の半数以上を支配する規模の「モンゴル帝国」の基盤を築き上げた。

チンギス・ハンの死後その帝国は百数十年を経て解体されたが、その影響は中央ユーラシアにおいて生き続け、遊牧民の偉大な英雄として賞賛された。特に故国モンゴルにおいては神となり、現在のモンゴル国において国家創建の英雄として称えられている。

▲チンギス・ハン

PICK UP 3 元寇(げんこう)〜日本に対する初の侵略

モンゴル高原に現れその勢力を拡大したチンギス・ハン。殺りくの限りを尽くして西へと勢いを膨張、ついにヨーロッパにまで至るモンゴル帝国を築いた。その孫クビライは日本までも征服しようともくろんだ。1274年、朝鮮から3万の大軍を送り出し、対馬・壱岐を侵攻、博多湾に上陸した。鉄球などに火薬を詰めた「てつはう」という武器の爆発音に、武士らは肝をつぶしたという。夜襲を警戒した元軍は夕刻船へと引き上げていったが、暴風雨のため船は全滅。1281年の弘安の役で今度は14万という大軍が派遣された。しかし再び海上で夜を過ごすうちに台風で元軍は壊滅。これ以来、日本は神国であり、いざという時には神風が吹いて窮地を救ってくれるという不敗信仰が誕生した。クビライは再々出征を計画したが、各地での反乱が相次ぎ実現せず死没した。

英仏の百年戦争が起こりヨーロッパは混乱、

14世紀

ギリシア・ローマ・ヨーロッパ

1302 • 三部会《身分制議会》がフランスで起こる

1313 • ダンテ「神曲」を著す〈イタリア〉
地獄篇・煉獄篇・天国篇の3部から成る韻文による長編叙事詩。

1320 • ポーランドが独立王国となる

1339 • 英仏間で百年戦争が起こる[～1453]

1347 • ヨーロッパ全域でペスト《黒死病》が大流行[～1353]

1348 • ボッカチオ「デカメロン」を執筆
ペストの流行から逃れるために邸宅に引きこもった10人が退屈しのぎの話をするという趣向で、全100話から成る。

1356 • 神聖ローマ帝国カール4世が「金印勅書」を発布、ドイツ皇帝選挙の手続きを定める

1360 • プレティニーの和〈百年戦争の一時講和〉

両国は教皇インノケンティウス6世の仲介により、仮和平条約締結を行った。この後カレー条約として本締結された。

1364 • 英仏が再び開戦

1378 • ローマ教会の大分裂〈西方大離教〉

1381 • ワット・タイラーの農民一揆〈イギリス〉
指導者は神父ジョン・ボールや屋根屋ワット・タイラー。百年戦争の国家財政赤字による課税強化や、ペスト大流行の結果労働力不足に悩んだ領主が農民の移動の自由を奪ったため農民の反乱が相次いだ。

1399 • ランカスター朝のヘンリー4世が即位〈イギリス〉

オリエント・西アジア・アフリカ

1353 • オスマン帝国のヨーロッパ侵入が始まる

豆知識　オスマン帝国の建国

13世紀末に、東ローマ帝国とセルジューク朝の国境地帯であったアナトリア西北部ビレジクにあらわれたトルコ人の遊牧部族長オスマン1世が率いた軍事的な集団がオスマン帝国の起源である。小アジアの片隅に生まれた小君侯国から発展したオスマン朝は、やがて東ローマ帝国などの東ヨーロッパのキリスト教諸国、マムルク朝などの西アジア・北アフリカのイスラム教諸国を征服して地中海世界の過半を覆い尽くす世界帝国たるオスマン帝国へと発展する。

▲オスマン1世

1369 • チャガタイ・ハン国の武将ティムールが中央アジアを統一、ティムール帝国の建国[～1500]

▲バヤズィトのもとへ訪れるティムール[1878年]
バヤズィト1世は、オスマン帝国の第4代皇帝

1380 • ティムールがペルシアを討つ[～1393]

1392 • ティムールがバグダードを侵略

1395 • ティムール帝国による西アジアの統一が完成

1396 • オスマン帝国のバヤズィト1世がドイツ皇帝軍をニコポリスで破る

PICK UP 1　百年戦争の始まり

百年戦争は、フランス王国の王位継承を巡るヴァロワ朝フランス王国と、プランタジネット朝及びランカスター朝イングランド王国の戦い。現在の英仏の国境線を決定した戦争であり、両国の国家体系はこの戦争を通じて形成された。

戦争の前半においては、イングランド側が優勢であった。

1328年	それまで仏を支配していたカペー朝が断絶、ヴァロワ家フィリップ6世が即位〈ヴァロワ朝〉
1337年	フィリップ6世、ギュイエンヌ公領〈フランス国内のイングランド領有地〉没収宣言、イングランド王エドワード3世は猛反発する
1339年	イングランド軍、フランス北部に侵攻〈百年戦争勃発〉
1340年	スロイス沖海戦〈英の勝利〉
1346年	クレシーの戦い〈英の勝利〉
1356年	ポワティエの戦い、英軍が仏国王ジャン2世を捕虜にする〈ジャン2世の王子シャルル5世が即位〉

▲クレシーの戦い

日本では室町幕府が誕生する 《1301〜1400《

14世紀

インド・東南アジア・中央アジア

1320 •**インドでハルジー朝が倒れ、トゥグルク朝が起こる**

1336 •**南インドにヴィジャヤナガル王国が起こる**[〜1646]

▶ハンピーの都市遺跡 photo by Ajar
ハンピーはヴィジャヤナガル王国首都であった

1351 •**タイにアユタヤ朝**[〜1767]**が起こる**

アユタヤ王朝は現在のタイ中部を中心に展開したタイ族による王朝。創設者はラーマーティボーディー1世《ウートーン王》。中国とインド、ヨーロッパ方面を結ぶ中間に位置する地の利を生かし、貿易が国の富として重要であった。アユタヤ王朝でも王家を中心として、独占的な貿易が行われた。主に中国への米の輸出で国力をつけたほか、日本などの東アジア国家、東南アジア、アラブ・ペルシア方面や西洋と活発に貿易を行い、莫大な富を蓄えた。

▲アユタヤ王宮・サンペット宮殿

1398 •**ティムール帝国がインドのデリーを占領**

北・東アジア

1351 •**白蓮教徒によって紅巾の乱が起こる**[〜1366]

白蓮教の起こした宗教的農民反乱。白蓮教を紐帯とし、目印として紅い布を付けたことからこの名がある。この大乱の中から明の太祖朱元璋（しゅげんしょう）が登場した。

1368 •**元を倒し明が建国される**

▲明朝初代皇帝　朱元璋（しゅげんしょう）《洪武帝》

1392 •**李成桂が朝鮮を建国**

▲李成桂

1399 PICK UP 2 •**燕王が靖難の変**[〜1402]**を起こし、南京を占領**

「靖難」とは、「君難を靖（やす）んじる」という意味で、乱を起こした燕王〈後の永楽帝〉が挙兵する際に掲げた主張に基づく。

日本

鎌倉時代

1324 •**正中の変**

後醍醐天皇の鎌倉幕府打倒計画が発覚して、六波羅探題（ろくはらたんだい）が天皇側近日野資朝らを処分。

1331 •**元弘の変**

天皇は幕府からの退位の圧力が強まったため再度倒幕を計画するも側近の密告により発覚。京都脱出を決断、三種の神器を持って挙兵した。笠置（かさぎ）山に籠城するが、圧倒的兵力を擁した幕府軍の前に落城、捕らえられる。

1333 •**鎌倉幕府が滅びる**

1334 •**後醍醐天皇による「建武の新政」が開始される**

▲後醍醐天皇〔清浄光寺所蔵〕

室町時代

1336 •**後醍醐天皇が吉野に移る**〈南朝〉

1338 •**足利尊氏が光明天皇〈北朝〉を立て、征夷大将軍に任命され室町幕府を開く**

1392 •**足利義満が南北朝廷を一つにまとめる**

1397 PICK UP 3 •**足利義満による金閣寺の造営**

PICK UP 2 紫禁城

紫禁城《故宮》は、北京市に所在する明及び清朝の旧王宮である歴史的建造物。「北京と瀋陽（しんよう）の明・清王朝皇宮」の一つとしてユネスコの世界遺産となっている。面積は725,000㎡あり、世界最大の宮殿遺構。現在は、博物館《故宮博物院》になっている。元が建造したものを明の成祖永楽帝が改築し、1421年に北京へ遷都してから、清朝滅亡まで宮殿として使われた。1644年李自成の乱で明代の紫禁城は焼失したが、清朝により再建され清朝皇宮として政治の舞台となった。

▲紫禁城・太和殿
photo by Jacob Ehnmark

PICK UP 3 60年間続いた南北朝の動乱

建武政権に反抗した足利尊氏は、一度は敗れ九州に逃れたが、1336年に再起し天皇軍を撃破。光明天皇〈北朝〉を立てて、室町幕府を開いた。後醍醐天皇は尊氏と和睦したものの吉野〈奈良県〉へ逃げ、南朝を立てる。1339年に後醍醐天皇が死ぬと次の後村上天皇は12歳であったため、南朝は弱体化。だが武士の相続争いがあると、北朝・南朝に加担する者がそれぞれ出たため、南朝は続いた。1368年に足利義満が第3代将軍になり、南朝に統一を提案。ようやく南北朝時代が終結したのだった。

▲吉野山 photo by Tawashi 2006
吉野山は南朝の中心地であった

コロンブスがアジアへの西廻り航路を目指し、

ギリシア・ローマ・ヨーロッパ

1401 •**この頃、イタリアでルネサンス最盛期**

ルネサンスとは、14世紀～16世紀にイタリアを中心に西欧で起こった古典文化を復興しようとする歴史的文化運動のこと。

▲レオナルド・ダ・ヴィンチ作、最後の晩餐〈サンタ・マリア・デッレ・グラツィエ教会壁画〉
ダ・ヴィンチもこの時代の寵児の1人

1436 •**フランス軍がパリを奪還**

1438 •**神聖ローマ皇帝アルブレヒト5世が即位**〈ハプスブルク朝〉

1453 •**百年戦争が終結**

1455 •**イングランド王国で薔薇戦争が始まる**［～1485］

イングランド中世封建諸侯による内乱。ランカスター家とヨーク家の間で戦われた権力闘争。

•**ネーデルラント、ハプスブルク領になる**

1477 •**フィレンツェでメディチ家の世襲が確立**〈イタリア〉

1479 •**イスパニア王国**〈スペイン王国〉**が成立**

1480 •**モスクワ大公国がキプチャク・ハン国から独立**

1492 •**クリストファー・コロンブスの第1回航海、アメリカ**〈サンサルバドル島〉**に到達**

PICK UP 2

コロンブス▶

オリエント・西アジア・アフリカ

1402 •**アンカラの戦い**〈トルコ〉

ティムール率いるティムール朝とオスマン帝国バヤズィト1世によるアンカラ近郊での戦い。バヤズィト1世が敗れて捕虜となる。そのため1413年までオスマン帝国は空位状態が続いた。

1409 •**ティムール朝3代君主シャー・ルフによるティムール朝の再統一**

40年近く続いたシャー・ルフの治世には明との外交が樹立されて商業活動が振興。国際商業とオアシスの豊かな農業生産に支えられた繁栄を背景に、イスラム文化が発展した。

1413 •**メフメト1世**〈バヤズィトの子〉**がオスマン帝国の再統合に成功**

> **豆知識　オスマン帝国の君主継承争い**
>
> バヤズィト1世亡き後の小アジアは、オスマン朝成立以前のような、各君侯国が対立する状態となった。なお、バヤズィト1世は即位に際し兄弟を殺害している。以降、オスマン帝国では帝位争いの勝者が兄弟を殺害する慣習が確立された。

1453 •**オスマン帝国のメフメト2世がコンスタンティノープルを陥落、東ローマ帝国**《ビザンツ帝国》**が滅亡**〈トルコ〉

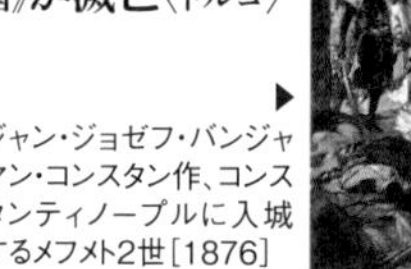

▶ジャン・ジョゼフ・バンジャマン・コンスタン作、コンスタンティノープルに入城するメフメト2世［1876］

1456 •**アテネ公国がオスマン帝国によって滅ぼされる**

1475 •**オスマン帝国がクリミア・ハン国を服属させる**

1500 •**ティムール帝国が滅亡**

ジャンヌ・ダルクと百年戦争の終結

百年戦争は初めは英軍の優勢であったが、シャルル5世が仏王に即位してから反撃が始まり、制圧された地域を取り戻していった。

1415年	イングランド軍によるノルマンディー上陸作戦敢行、ヴァロワ朝の混乱に乗じて仏王位継承権を獲得
1422年	ヘンリー6世が英仏両国の王として即位
1429年	オルレアンの包囲〈ジャンヌ・ダルクの登場〉ジャンヌは英軍を撃破、さらに英軍拠点ランスを陥落、シャルル7世の仏国王即位を実現させた
1430年	反国王派に捕らえられたジャンヌは英国に引き渡される
1431年	ジャンヌは宗教裁判の結果火刑で死す〈ジャンヌの死後、シャルル7世は名誉回復裁判を行っている〉
1453年	シャルル7世は英軍をフランスから駆逐することに成功、戦争は終結

【ジャンヌ・ダルク《オルレアンの乙女》】

［1412～1431年］フランス北部の農家に生まれた。信仰心が厚く、13歳の頃「祖国フランスを救え」という神の声を聞くようになったと言う。イングランドがオルレアンへの攻勢を強めると男装してシャルル7世に対面。数千の軍勢を与えられて英軍を撃破した。

▶ドミニク・アングル作、シャルル7世の戴冠式におけるジャンヌ・ダルク〔ルーヴル美術館所蔵〕［1854年］

日本では室町幕府が衰退していく 《1401〜1500》

15世紀

インド・東南アジア・中央アジア

- この頃、ジャワやスマトラのイスラム化が進む

1402 **マレー半島にマラッカ王国が起こる**［〜1511］
マレー半島南岸に栄えたマレー系イスラム港市国家。香料貿易の中継港としてインド、中東からイスラム商船が多数来航し、このため東南アジアにおけるイスラム布教の拠点ともなった。当初から中国明王朝の朝貢国で、琉球王国とも通好があった。

1414 **サイイド朝が起こる**
デリー・スルタン朝の4番目の王朝。北インドの一部を4代37年に渡って支配した。名称は、建国者のヒズル・ハーンが「サイイド」、即ちムハンマドの子孫であると称したことに由来する。

1451 **インド・デリーのサイイド朝が滅び、ロディ朝が起こる**［〜1526］
初代スルタンはバフロール・ロディー。ガンジス上流域とパンジャブ地方を中心に北インドを支配したイスラム王朝。デリー・スルタン朝最後の王朝で唯一のアフガン系王朝とされる。

1498 **ポルトガル人のヴァスコ・ダ・ガマがインド航路を発見**

ヴァスコ・ダ・ガマ▶

北・東アジア

1405 **明の第3代皇帝・永楽帝が鄭和の率いる大艦隊をインド洋に派遣**

永楽帝▶

豆知識　7度の大航海をした鄭和
鄭和は、雲南でイスラム教徒として生まれた。故郷が元の討伐を受け少年だった鄭和は捕らえられ、宦官として当時燕王だった朱棣〈後の永楽帝〉に献上された。軍功をあげて重用され、インド洋への7回の大航海の指揮を委ねられた。

1421 **明が都を北京に移す**

1429 **沖縄島が統一され、琉球王国が誕生**
琉球王国は、日中双方の文化や制度を受け入れつつ、独自の文化を育んでいた。また、中国に認められたことで、東シナ海での中継貿易の中心の一つを担うようになり、経済基盤を作り上げた。

▲琉球王国の行政の中心・首里城跡〈世界遺産〉

日本

（室町時代）

1407 **南蛮船が来航する**
現在の福井県小浜港に明王朝から足利義持への献上品の象を乗せ来航した。

1418 **世阿弥「風姿花伝」を書く**
室町時代初期の猿楽（さるがく）師。父の観阿弥とともに猿楽〈現在の能〉を大成し、多くの書を残した。

1428 **正長の土一揆**
農民が起こした初めての一揆。これをきっかけに近畿地方で一揆が頻発。

1457 **太田道灌〈扇谷上杉氏の家臣〉が江戸城《千代田城》を築く**

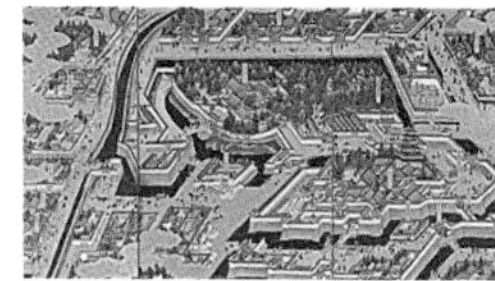
▲江戸城

（戦国時代）

1467 **応仁・文明の乱**［〜1477］
足利義政の跡継ぎ争いなどから発生し、室町幕府管領家の細川勝元と山名持豊《山名宗全》ら守護大名が争い、全国に拡大。幕府の衰退が加速化し、戦国時代に突入するきっかけとなった。

1482 **足利義政が銀閣を建立**（PICK UP 3）

1493 **明応の政変**
足利将軍廃立事件。近年戦国時代の始期をこの事件に求める説が有力である。

PICK UP 2　コロンブスによる大航海

コロンブスはフィレンツェの医師・トスカネリの地球球体説を信じ、西廻りならば東廻りの約半分でアジアに着けると考えた。1492年にスペイン王に援助を要請、支援を得てサンタ・マリア号ほか3隻の艦隊を率いスペインを出発。70余日の航海を経てバハマ諸島のグワナハニ島に到着、「サンサルバドル《聖なる救済者》島」と名付けた。翌年彼は一大艦隊を率いて「黄金の島」ジパング〈実際はエスパニョーラ島周辺〉を目指すが、当然黄金は見つからなかった。

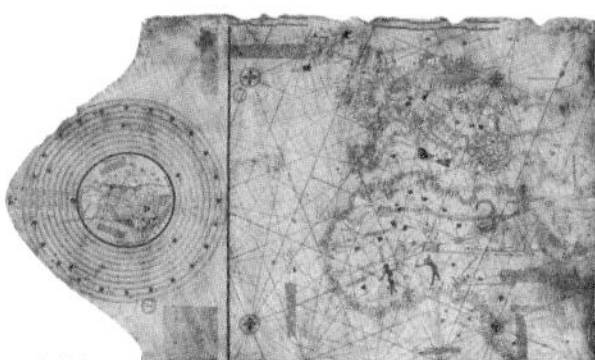
コロンブスの地図［1490年］▶

PICK UP 3　東山文化の開花

8代将軍義政の時代に栄えた東山文化は、禅宗の影響を強く受けて「侘び寂び」と呼ばれる簡素で深みのある美を重んじる点に特徴があった。代表とされる慈照寺の銀閣《東山山荘の観音殿》が銀箔を貼られておらずむしろ静かで落ち着いた美しさをたたえた建物であることがその象徴と言える。また、この時期には東山山荘の東求堂（とうぐどう）に見られる建築様式「書院造」も誕生。さらにそこから生け花、茶の湯など新たな文化が発祥した。

▲銀閣

ヨーロッパでプロテスタントとカトリックの争い、

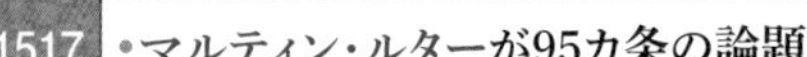

16世紀

ヨーロッパ	南北アメリカ

ヨーロッパ

1517 •**マルティン・ルターが95カ条の論題発表**

95カ条の論題はルターが当時のカトリック教会の免償理解に疑問であるとして発表した文章《テーゼ》。ルター自身は神学上の論争と考えていたため、当時の民衆にはほとんど読めなかったラテン語で書かれている。ドイツにおける贖宥状(しょくゆうじょう)の大量販売にはドイツ諸侯の思惑もからんで、ルターのテーゼがもたらした議論は一大政治論争へ発展。「プロテスタント」と呼ばれる新しいキリスト教グループを生み出すことになった。

1519 •**カール5世が神聖ローマ帝国皇帝に即位**〈スペイン国王も兼ねていた〉

1521 •**イタリア戦争が始まる**[～1544]

ハプスブルク家〈神聖ローマ帝国・スペイン〉とヴァロワ家〈フランス〉がイタリアを巡って繰り広げた戦争。

1524 •**ドイツ農民戦争**[～1525]

西南ドイツのシュヴァーベン地方の修道院の農民反乱から始まった大規模な反乱。諸侯たちはシュヴァーベン同盟を結成して、農民軍の鎮圧にあたった。戦争の結果は10万人の農民が殺されて農民軍の敗北に終わり、一層農奴的抑圧下に置かれることになった。

1525 •**パヴィアの戦い**〈イタリア戦争の戦いの一つ〉

イタリアのパヴィア城で行われた戦い。ドイツ軍がイスパニア軍と協力してフランス軍を撃破した。

ベルナールト・ファン・オルレイ作、パヴィアのつづれ織りの一部[1531年頃]

1534 •**イギリス国教会が成立、イギリスの宗教改革始まる**

1541 •**ジュネーブにおけるカルヴィンの宗教改革**

1545 •**トリエント**《トレント》**公会議**[～1563]

教皇パウルス3世によって1545年トリエント〈現在のトレント〉で召集され、1563年ピウス4世のもとで第25総会を最後に終了したカトリック教会の公会議。宗教改革に対するカトリック教会の姿勢を明確にし、刷新と自己改革の原動力となった。

南北アメリカ

1501 •**この頃、インカ帝国が栄える**

南アメリカのペルー、ボリビア〈チチカカ湖周辺〉、エクアドルを中心にケチュア族が作った国。前身となるクスコ王国が13世紀に成立し、1438年のパチャクテク即位による国家としての再編を経て、1533年にスペイン人のコンキスタドールに滅ぼされるまで続いた。最盛期には、80の民族と1600万人の人口を抱え、現在のチリ北部から中部、アルゼンチン北西部、コロンビア南部にまで広がっていた。インカ帝国は、メキシコ・グアテマラのアステカ文明[15～16世紀]、マヤ文明[300～900年頃]と対比する南米の原アメリカの文明として、インカ文明と呼ばれることもある。

インカ帝国首都・クスコの要塞サクサイワマン
photo by Christophe Meneboeuf

1532 •**ピサロによるペルーの征服**

1533 •**インカ帝国の滅亡**

1545 •**ポトシ**〈アンデス山脈中ボリビアの都市〉**銀山の発見**

スペイン統治下で、中南米三大銀山に数えられた。しかし銀の掘削は、生き残った場合は高額の賃金が支払われるものの、インディオの奴隷により行われた。一説には、800万人が犠牲になったといわれ、人を食う山として恐れられた。

1549 •**ポルトガルがブラジルのサルヴァドールに総督府を置く**

ブラジルは1500年にポルトガル人ペドロ・アルヴァレス・カブラルに発見され、「ヴェラ・クルス島」と呼ばれポルトガルの植民地となった。総督府が置かれたのは、ヴァロワ朝フランス王国の侵入に対処するためであった。

ブラジルの発見者
ペドロ・アルヴァレス・カブラル

プロテスタントの誕生と宗教改革

16世紀、メディチ家出身の教皇レオ10世は、ローマのサン・ピエトロ大聖堂を改築する資金を集めるため、ドイツで贖宥状(しょくゆうじょう)〈免罪符とも言い、羊皮紙でできた教会発行の書状。これを購入すれば善行を積んだことになり、死後天国に行けると説明された〉を発売。それに対しドイツの神学教授ルターはヴッテンベルク教会の門扉にラテン語で書いた「95カ条の論題」を張り出し、「信仰によってのみ人は救われる」と贖宥状の無効を訴えた。それがドイツ語に訳され、全土に広まり民衆の支持を得た。この主張を無視できなくなった教皇は撤回を迫る。ルターは破門され、神聖ローマ帝国皇帝カール5世からも迫害を受ける。しかし反皇帝派諸侯や都市の住民など広範な人々が彼を支えた。ルターは聖書に拠りどころを求めてドイツ語に訳し、プロテスタント《新教》を創始。万人祭司主義により特権階級としての聖職者を否定した。ルター派諸侯は同盟を組織し、カトリック《旧教》と抗争を繰り返すが、1555年ついにカール5世は「アウグスブルクの宗教和議」を出し、諸侯と自由都市がプロテスタント〈ルター派のみ〉を選択することを認めた。一方カトリック側でも教皇の至上権を確認し、宗教裁判で対抗。フランシスコ・ザビエルなど宣教師集団「イエズス会」が結成される。彼らはヨーロッパでの失地回復を目指しつつアジア・アメリカでの布教に取り組んだ。

ルーカス・クラナッハ作、マルティン・ルター[1529年]

日本では戦国武将の時代が到来 《1501〜1550》

オリエント・インド・東南アジア

1501 •イラン・サファヴィー朝が成立する[〜1736]

1510 •ポルトガル軍がインド・ゴアを占領

1517 •スルタン・カリフ制度が始まる〈トルコ〉
オスマン帝国のスルタンはアッバス家最後のカリフからカリフ権の禅譲を受け、スルタンとカリフを兼ね備えた君主であるという伝説が生まれた。

1526 •ムガル帝国の基礎ができる〈インド〉
ティムールの子孫であるバーブルは、インドの奪取を狙い1526年のパーニーパットの戦いでデリー・スルタン朝最後の王朝ロディー朝を破り、デリー、アーグラを制圧してインドにおけるティムール王朝としてムガル朝を建設した。これが後のムガル帝国になる。

ムガル帝国初代スルタンバーブル

•トルコ軍がオーストリアを侵略[〜1532]

1531 •トゥングー朝が起こる[〜1752]〈ミャンマー〉

北・東アジア

1517 •ポルトガル人が広州付近に入る

1519 PICK UP 2 •寧王(ねいおう)の乱を王陽明(おうようめい)が平定
寧王が帝位を狙い挙兵した事件。この後も王陽明は地方の農民反乱などをことごとく鎮圧した。1527年、広西で大規模な反乱が起きると、王陽明に討伐の命が下った。彼は辞退したが許されず、病気をおして討伐軍を指揮し、それらを平定し、その帰途、結核が重くなって船中で死去した。

1521 •明・嘉靖帝(かせいてい)《世宗(せいそう)》が即位[〜1566]
1521年に死去した正徳帝の子が早世していたため、最も血筋の近い皇族ということで傍系でありながら即位。このため大礼の議問題が発生した。嘉靖帝は即位後、宮中の官員を整理し先代の悪習を一新した。そのため先代皇帝の廷臣たちと論争、意見の異なる臣下を200人余りも解任または投獄した。

嘉靖帝

1525頃 •この頃中国に対するモンゴル民族と倭寇の脅威〈北虜南倭(ほくりょなんわ)〉
北虜南倭に基づく軍事費の負担によって明の国力は消耗し、滅亡の一因ともなった。

日本

1521 •足利義晴が将軍になる[〜1546]

足利義晴

1526 •今川氏親、家法33条を定める
•後奈良天皇が即位[〜1557]

1536 •伊達稙宗(たねむね)分国法「塵芥(じんかい)集」を制定

豆知識 分国法とは
戦国大名が領国内を統治するために制定した法律規範のこと。分国法には、先行武家法である御成敗式目及び宇建武式目の影響が見られる一方、それぞれの分国支配の実情を反映した内容となっている。

1543 PICK UP 3 •ポルトガル人が種子島に来航、鉄砲の伝来

1547 •武田信玄が民政55カ条を策定

1549 •ザビエルが鹿児島でキリスト教を伝える

フランシスコ・ザビエル〔神戸市立博物館所蔵〕[17世紀初期]

16世紀 戦国時代

PICK UP 2 王陽明による「陽明学」

王陽明は、仏教、武芸、詩学など、様々な才能に秀で儒学を志した。28歳の時科挙に合格して官吏になったが、儒学の勉強を続けた。35歳の時、宦官の独断政治を批判する上奏文を皇帝武宗に提出したが受け入れられず、宦官の恨みを買って僻地龍場に左遷された。彼は、言葉も風俗も異なる少数民族の住む地にあっても思索を続け、「龍場の大悟」といわれる陽明学〈学問のみによって理に到達することはできないとして、仕事や日常生活の中での実践を通して心に理を求める実践儒学〉を誕生させた。

▲晩笑堂竹荘畫傳に出てくる王陽明[1921年]

PICK UP 3 日本への鉄砲伝来

日本の種子島に伝来した事件を指す。鉄砲現物のほか、その製造技術や射撃法なども伝わった。「鉄炮記」によれば、種子島西之浦湾に漂着した中国船に同乗していたポルトガル人が鉄砲を所持しており、鉄砲の実演を行い島主がそのうち2挺を購入・研究を重ね、刀鍛冶に命じて複製を研究させた。

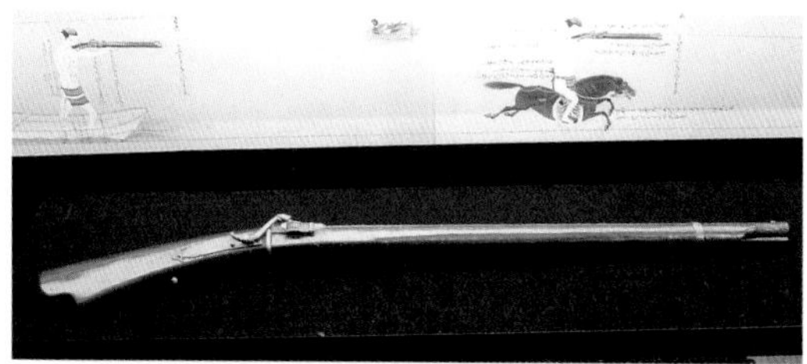
▲種子島火縄銃 愛知万博のポルトガル館展示物 photo by Gnsin

アメリカ大陸の開拓と植民が進み、日本では

ヨーロッパ

1558 •**イングランド王国でエリザベス1世が即位**［〜1603］

イングランドとアイルランドの女王。テューダー朝第5代にして最後の国王である。

エリザベス1世▶

1562 •**フランス王国でユグノー戦争**〈カルヴィン派とカトリック派の戦い〉**が始まる**［〜1598］ PICK UP 1

1572 •**サン・バルテルミの虐殺**

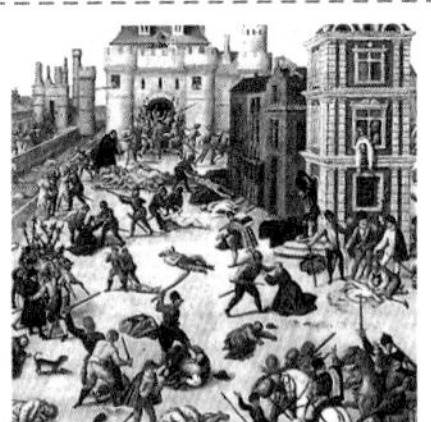
▶フランソワ・デュボア作、サン・バルテルミの虐殺

1581 •**イスパニア領のオランダ**《ネーデルラント共和国》**が独立宣言**

1588 •**アルマダの海戦、イングランド王国がイスパニアの無敵艦隊を破る**

▶フィリップ・ジェームズ・ド・ルーテルブール作、アルマダの海戦を描いた「無敵艦隊の敗北」［1797年］

1598 •**フランス王国、ナントの勅令で信仰の自由が容認される**

南北アメリカ

1554 •**サンパウロ市が建設される**〈ブラジル〉

1565 •**リオデジャネイロ市の建設**〈ブラジル〉

ポルトガルの植民地となったブラジルでのサトウキビ栽培は、黒人とインディオを利用した奴隷労働により北東部で栄え、一気に主要産業となっていった。

1572 •**イエズス会がアメリカ大陸で伝道を始める**

豆知識　アメリカにおけるイエズス会の伝道

アメリカ大陸におけるイエズス会の宣教活動はヨーロッパ諸国〈特にスペインとポルトガル〉の利害と関わってしまったため、様々な議論を巻き起こすことになった。イエズス会は主として当時のアメリカ大陸でネイティブ・アメリカンの権利を主張し、奴隷制に抗議していたからである。イエズス会員はキリスト教徒になったインディオを他部族やヨーロッパの奴隷商人の襲撃から守るためブラジルとパラグアイに保護統治地をつくった。インディオを保護しようとするイエズス会員は奴隷商人や利権を得る政府高官に目障りであったため、後にポルトガルからの迫害が始まることになる。

▶パラグアイにあるイエズス会のラ・サンティシマ・トリニダー・デ・パラナ伝道所遺跡

1576 •**イギリス人ラブラドルによるハドソン湾地方探検**

1584 •**イギリス人がバージニア・ロアノーク島**〈現在のノースカロライナ州〉**の植民地化を目指すが失敗**［〜1587］

数度の植民地建設が試みられたが、どれも放棄されるか開拓者が死亡するかした。最後の開拓者集団は英西戦争のため本国からの補給がないまま3年間が経過した後消失し、「失われた植民地」と呼ばれた。

1598 •**スペイン人がニューメキシコ、カリフォルニアなどに進出**

ユグノー戦争と30年戦争

新旧キリスト教の対立は、ついに国を巻き込んだ戦争へと発展した。1562年フランスにおけるカルヴィン派の新教徒《ユグノー》とカトリックの争いにメディチ家の策謀がからんでユグノー戦争が起きる。この戦争ではドイツの新教諸侯、イギリス、オランダが新教側、ローマ教皇、スペイン王が旧教側に加担し介入。1572年には盛大な祭りの日にささいなきっかけから旧教徒が新教徒を襲い、歴史的な大虐殺の日になってしまった。戦争は長期化したが、ブルボン朝を開いたアンリ4世が1598年に出した「ナントの勅令」〈ユグノーなどの新教徒に対してカトリック教徒とほぼ同じ権利を与え、近代ヨーロッパでは初めて個人の信仰の自由を認めた内容〉でようやく終結した。

▲虐殺跡を視察するカトリーヌ・ド・メディシス［1880年］

また、この時代の大きな宗教戦争は30年戦争［1618〜1648年］で、デンマーク、スウェーデン、フランスなどの介入で長期化。ドイツの中心部は荒廃し、人口が1800万人から700万人に激減した。

ナントの勅令▶

群雄が割拠する戦国の乱世へ

1551〜1600

オリエント・インド・東南アジア

1556 •**ムガル帝国でアクバル大帝が即位**［〜1605］

アクバル大帝はムガル帝国の第3代君主。アラビア語で「偉大」を意味するアクバルの名にふさわしく、中央アジアからの流入者であった祖父バーブルの立てたムガル朝を真に帝国と呼ばれるにふさわしい国家に発展させた。

アクバルが率いた戦象隊▶

1571 •**スペインがマニラ市を建設**

「東洋の真珠」とも呼ばれるマニラは、フィリピンがスペイン人によって植民地化されて以降フィリピンの首府〈独立後も首都〉である。

1574 •**アクバル大帝がベンガル及びビハール〈インド北東部〉を征服**

1588 •**アッバース1世が即位**［〜1629］〈ペルシア〉

サファヴィー朝の第5代シャー《王》。この頃王朝はオスマン帝国の侵攻にあい、衰退していた。アッバース1世は17歳の若さで即位し、まずは内政改革を整え、対外遠征に臨んだ。サファヴィー朝の黄金時代を築き上げた名君として賞賛された。

アッバース1世▶

1600 •**イギリスが東インド会社を設立**

北・東アジア

1557 •**明がポルトガル人のマカオ居住を許す**

中国大陸における唯一のヨーロッパ人居留地となった。この時期のマカオの領有権はポルトガルではなく明にあり、明がマカオに税関を設置するなど主権を有していた。

1563 •**福建の倭寇が平定される**〈この後、倭寇の勢いは衰退〉

倭寇とは、13〜16世紀にかけて朝鮮・中国沿岸部などで活動した日本人の海賊、密貿易商人を言う。

倭寇▶

1566 •**隆慶帝(りゅうけい)が即位**［〜1572］

隆慶帝は即位後、嘉靖（かせい）帝の政治を改革すべく、先帝時代に諫言により罪になっていた人材を登用し、それまで朝廷で権勢をふるっていた道士を一掃した。また疲弊する国庫を建て直すため、海外貿易を開放。しかし自身は凡庸であり、政務は大学士に代行されていた。享楽生活のため若くして崩御。

隆慶帝▶

1572 •**万暦帝即位**

1580 •**全国の土地測量を命ずる**［〜1582］〈中国〉

日本

1553 •**川中島の戦い・第1次合戦**

戦国大名・甲斐の武田信玄と越後の上杉謙信との間で、北信濃の支配権を巡って行われた数次の戦いをいう。最大戦となった第4次の戦いの場所から総称として川中島の戦いと呼ばれる。

1560 •**織田信長が桶狭間で今川氏を滅ぼす**

1568 •**織田信長が京に入る**

1573 •**室町幕府が滅びる**

（戦国時代）

1582 •**甲斐の武田氏が滅ぶ**

PICK UP 2 •**本能寺の変で織田信長が倒れる**

当時、天下人の地位に最も近かった織田信長を、有力家臣であった明智光秀が亡き者にするという日本史上においても最重要事件の一つ。

▲錦絵本能寺焼討之図〔名古屋市所蔵〕［明治時代］

1590 •**豊臣秀吉が天下を統一**

1592 •**豊臣秀吉が朝鮮出兵**

PICK UP 3

1598 •**豊臣秀吉が亡くなる**

1600 •**関が原の戦い**

関が原における決戦を中心に、日本全国で戦闘が行われた。徳川家康の覇権を決定付けた戦い。

（安土・桃山時代）

16世紀

PICK UP 2 安土桃山文化の開花

安土桃山時代には、豪商《新興商人》が成長し、豪華で大掛かりな文化傾向が見られる。また、仏教主義的な作品が減り、代わりに人間中心の現世的な作風が見受けられる。茶の湯が流行し、唐物の名物茶道具が珍重された一方で、対抗としての侘茶（わびちゃ）も発達した。また、絵画では狩野派の絵師が織田信長、豊臣秀吉などその時々の権力者と結び付いて画壇の中心を占めた。

▲狩野永徳作、「檜図屏風」〔東京国立博物館所蔵〕

PICK UP 3 豊臣秀吉の朝鮮出兵

天下統一を果たした豊臣秀吉は、東アジアに目を向けたが十分な海軍力を持たなかったため、朝鮮を通って陸路による中国進出を考えた。手始めに朝鮮に対し、日本への入貢と明へ道案内をする旨の要求を伝えた。朝鮮に拒否されたため、1592年と1597年、2度にわたる朝鮮への出兵が行われた。しかし出兵は豊臣政権の財政を圧迫、多大な犠牲を払い失敗に終わった。

豊臣秀吉［1537〜1598年］▶
生まれは百姓。織田信長に仕官、次第に頭角を表す。信長が本能寺の変で明智光秀に討たれると、京へと戻り山崎の戦いで光秀を破る。その後天下統一を果たし「戦国一の出世頭」と評された

宗教戦争により混迷するヨーロッパ、オランダは海を

17世紀

ヨーロッパ

1602 •シェークスピアが「ハムレット」を上演

1603 •イギリスでスチュアート朝となる［～1714］

1609 •**オランダでアムステルダム銀行が設立される**

北ヨーロッパ初の公立銀行。世界初の為替取引銀行として知られているヴェネツィアのリアルト銀行を模倣して設立されたとされている。多種多様な貨幣が流通し、市場混乱が発生していた状況を打破するために設立され、あらゆる種類の貨幣を預金として受け入れ、預金者への払出しを法定換金率で換算した銀行通貨グルテンで行い、オランダの通貨を安定させる役を担っていた。

1613 •ロシアでミハイル・ロマノフが即位、ロマノフ朝となる

「イパチェフ修道院のミハイル」〔トレチャコフ美術館所蔵〕

1618 •ドイツ、30年戦争〈新教徒と旧教徒の戦い〉が始まる［～1648］

1640 •イギリス革命〈王党派と議会派の内戦〉が始まる

1643 •フランスでルイ14世が即位［～1715］

リゴー作、ルイ14世の肖像〔ルーヴル美術館所蔵〕［1701年］

1649 PICK UP 1 •**イギリスでチャールズ1世が処刑され共和制となる**〈ピューリタン革命〉

南北アメリカ

1605頃 •**フランス人によるカナダ植民地化が始まる**

フランスの探検家サミュエル・ド・シャンプランは、1605年に初めてのヨーロッパ人定住地をポートロイヤルに築き、1608年にはケベックを造っている。

1607 •**イギリスがバージニア植民地を設立**

1607年にイギリスのバージニア会社によって設立され、1624年に王領植民地となった。

1614 •オランダがニューネーデルラントを占領

1620 •**ピューリタン《清教徒》の一団がメイフラワー号でアメリカに渡り、ニューイングランド植民地の基礎を作る**

豆知識 メイフラワー誓約《契約》

メイフラワー号によって北アメリカにやってきた、ピルグリム・ファーザーズらがプリマス植民地で作成したアメリカ最初の憲法である。誓約は1620年11月20日、ケープコッドに近い現在のプロビンスタウン港で、メイフラワー号に乗っていた乗船客のうち41人によって署名された。

1636頃 •**ハーバード大学の創立**

アメリカで最も古い高等教育機関であり、現在に至るまでオバマ大統領を含め7人のアメリカ合衆国大統領を輩出している。

ハーバード大学▶
photo by Muns

1638頃 •**コネチカット基本法の成立**

政府の原則、権力及び構造を決めたもの。これらは1639年にコネチカット委員会に採択され、トマス・ウェルズによって公式記録に書き写された。

PICK UP 1 ピューリタン《清教徒》革命

イギリスでは14～15世紀に百年戦争と薔薇戦争という二つの戦争により国王の力が強まっていた。折しも、大西洋交易の毛織物の需要が高まっており、羊毛の主産国イギリスは好況下にあった。しかしエリザベス1世の死により、国王と議会の対立が激化。議会を支配するジェントリー《地主など》が暴政を非難すると、国王は武力弾圧に出て内戦になった。初めは国王側が有利だったが、クロムウェルがピューリタンの鉄騎隊を組織したことから議会派が勝利。国王チャールズ1世は処刑され、イギリスは共和制に移行した。しかし軍を掌握したクロムウェルは議会を解散、独裁者となってしまう。

▲クロムウェル

PICK UP 2 海上帝国と呼ばれたオランダ

オランダ海上帝国とは、17～18世紀にかけてオランダが本国・植民地を拡大して築いた交易体制を指すもの。17世紀初頭にオランダ東インド会社を設立、東インドでの香料貿易をポルトガルから奪い、植民地を拡大し黄金時代を迎えた。しかし、オランダの富の源泉はほぼヨーロッパ域内の貿易であり、海外植民地は維持費がかさみあまり利益をもたらさないのが実情であった。そして、度重なる英蘭戦争で北アメリカ植民地を奪われ、さらに南アフリカ植民地もイギリスに敗れ失うなど、列強としてのオランダの国際的地位は凋落していった。

▲旧VOC《オランダ東インド会社》アムステルダム本社
photo by lijjccoo

制し、日本では家康が江戸幕府を開く

《1601～1650《

17世紀

オリエント・インド・東南アジア

1602 PICK UP 2 •オランダが東インド会社を設立

1616 •トルコのイスタンブールにスルタンアフメト・モスク《ブルーモスク》完成

イスタンブールを代表するモスクで、世界文化遺産であるイスタンブール歴史地域の歴史的建造物群の一つ。オスマン帝国第14代スルタン・アフメト1世によって7年の歳月をかけて建造された。世界で最も美しいモスクと評される。

1619 •オランダがジャワに総督を置く

1623 •アンボイナ事件が起こる

モルッカ諸島のアンボイナ島にあるイギリス商館をオランダが襲い、商館員を全員殺害した事件。このためイギリスの香辛料貿易は頓挫し、オランダが同島の権益を独占した。

▲アンボイナ島における英蘭の領土を描いた銅版画［1655年］

1632 PICK UP 3 •ムガル帝国でタージ・マハルの築造開始［1653年完成］

北・東アジア

1616 •後金《清》が建国される〈中国東北部〉

女真を統一したヌルハチは国号を金《後金》と改め、また同じ頃に女真の民族名を文殊菩薩にちなんだ満州と改めた。

ヌルハチ▶

1621 •後金、明の遼陽(りょうよう)・瀋陽(しんよう)を占領

1624 •台湾がオランダに占領される

明軍と8カ月に及ぶ衝突を繰り返し、その結果オランダと明の間で講和が成立、澎湖（ほうこ）の要塞と砲台を破棄する代わりに、オランダが台湾に進出することを認められた。

▲ゼーランディア城《安平古堡（あんぴんこほう）》［1635年］オランダが台湾統治の拠点とした

1636 •後金が国号を清と改める

1637 •朝鮮が清に服属

1644 •李自成(りじせい)が北京を攻略、明が滅びる

•清の中国支配が始まる

日本

1603 •徳川家康が征夷大将軍となり、江戸幕府を開く

▲狩野探幽作、徳川家康〔大阪城天守閣所蔵〕

1612 •幕府直轄領にキリスト教の禁止令が発布される

1614 •大坂冬の陣が起こる

1615 •大坂夏の陣で豊臣家が滅亡

江戸幕府が豊臣家を滅ぼした戦いである大坂（おおざか）冬の陣と大坂夏の陣をまとめて「大坂の役」とも言う。

▲大坂夏の陣図屏風・右隻〔大坂城天守閣所蔵〕

•武家諸法度が制定される

1616 •徳川家康が没する

1637 PICK UP 4 •島原の乱が起こる

1639 •ポルトガル船の来航を禁止、鎖国に入る［～1854］

1641 •オランダ商館を長崎出島に移す

江戸時代

PICK UP 3 世界遺産 タージ・マハル

タージ・マハルはインド北部アーグラにある総大理石造の霊廟（れいびょう）建築で1632年着工、1653年竣工。1983年にユネスコの世界遺産に登録された。ムガル帝国第5代皇帝シャー・ジャハーンが、ペルシアやアラブ、果てはヨーロッパから2万人もの職人を集め、22年の歳月をかけ建造させたと言われているインド・イスラム文化の代表的建築。名前の由来はよく分かっていないが、王妃の名ムムターズ・マハルを縮めたものではないかという説が有力である。

▲タージ・マハル photo by J. A. Knudsen

PICK UP 4 キリスト教禁止と島原の乱

家康は貿易の利を重視し当初キリスト教を黙認していたが、1612年直轄地に禁教令を出した。これを受けて残酷なキリシタン弾圧が始まったため、1637年島原でキリシタンの間でカリスマ的な人気を得ていた当時16歳の少年天草四郎〈本名は益田四郎時貞、天草は旧来天草の領主だった豪族の名〉を一揆軍の総大将とする農民2万人が反乱を起こした。しかし幕府軍によって島原のキリシタンはほぼ根絶された。幕府はこれを機に信徒の一掃を目指し、鎖国制度を完成させ、賞金や連帯責任制などの方法を取って隠れキリシタンをあぶり出した。

▲天草四郎像 photo by Chris 73

フランスでルイ14世が強大な権力を振るい、日本では

17世紀

ヨーロッパ

1651 ・**イギリスが航海条例《航海法》を制定、中継貿易のオランダに打撃を与える**

航海条例はクロムウェルが実権を握っていたイングランド共和政府が発布した条例で、オランダ商人による中継貿易の排除を目的とした。英蘭戦争のきっかけとなり、またイギリス商業革命の要因ともなった。

1652 ・**第1次英蘭戦争が起こる**

17世紀後半の3次にわたるイングランドとオランダの戦争である〈18世紀の戦争も同様に呼ばれる〉。海戦が中心で双方とも相手方の本土に侵攻することはなく終わった。

▲エイブラハム・ストーク作、第2次英蘭戦争中の海戦

1660 ・**イギリスのチャールズ2世が即位し王政が復古**［～1685］

1667 ・**フランスのルイ14世がオランダと戦争**［～1668］

1672 ・**フランスが再びオランダに侵入**

1682 PICK UP 1 ・**ルイ14世がヴェルサイユ宮殿に王宮を移す**

ヴェルサイユ宮殿鏡の間▶ photo by PlusMinus

1687 ・**ニュートンが万有引力の法則を発表**

1687年著書「自然哲学の数学的諸原理《プリンキピア》」の中で万有引力の法則と運動方程式について述べ、古典力学《ニュートン力学》を創始。

1688 ・**イギリスで名誉革命が起こる**［～1689］ 
・**大同盟戦争**

1698 ・**ロンドン株式取引所創設**

南北アメリカ

1664 ・**イギリスがオランダの植民地を奪い、ニューアムステルダムを「ニューヨーク」と改名**

▶1650年代のニューアムステルダム

1670頃 ・**イギリスがハドソン湾会社を設立**

ハドソン湾会社は、北米大陸におけるビーバーなどの毛皮交易のため設立された英国の国策会社であり、現在はカナダ最大の小売業を中心とする企業である。

▶ハドソン湾会社の「ザ・ベイ」モントリオール店 photo by Montrealais

1674 ・**オランダとイギリス間でウェストミンスター条約が締結**

1673～1674年の第3次英蘭戦争時にオランダは短期間ニューネーデルラントを取り戻したが、ウェストミンスター条約でイングランドに返還した。

1682 ・**フランスがルイジアナを植民地化**

仏領カナダから南下したフランス人ロベール・カブリエ・ド・ラ・サールがこの地をルイ14世にちなみルイジアナと命名。

1689 ・**ウィリアム王戦争**〈欧州の大同盟戦争に対応する植民地戦争〉

オーストリア、スペイン、オランダ、スウェーデンなど欧州諸国はルイ14世に対抗するためアウクスブルク同盟を結成し、名誉革命によって即位したウィリアム3世が1689年に参加したことによって「大同盟」と呼ばれた。北米ではカナダの仏軍とインディアン同盟軍が優勢で、ニューイングランド海岸地帯を侵略、ニューイングランド軍はケベック市包囲攻撃に失敗。1697年のレイスウェイク条約によって戦争は終結した。

太陽王・ルイ14世

ルイ14世は、ブルボン朝第3代のフランス国王［在位1643～1715年］。ブルボン朝最盛期の王で太陽王と呼ばれた。父の死後幼くして即位し、宰相マザランの補佐を得てフロンドの乱を鎮圧。1661年に親政を開始するとコルベールを登用して中央集権と重商主義政策を推進した。対外戦争を積極的に行い、領土を拡張して権威を高めると、絶対君主制を確立した。ヴェルサイユ宮殿を建設するなど文化の繁栄も見たが、治世後半のアウクスブルク同盟戦争、スペイン継承戦争では苦戦し、晩年には仏は深刻な財政難に陥った。

▲「ルイ14世とその家族」［1710年］

イギリス名誉革命

1660年穏健派の議会はフランスに亡命していた王族を呼び戻して王政を復活させた。しかし国王チャールズ2世は議会と協調しようとしなかったため、1688年に国王を廃位し、新教徒のオランダ総督ウィリアム3世《ウィレム3世》とそのもとに嫁いだ王の娘・メアリーを新王にすることを決定した。この無血の政治革命を「名誉革命」と呼ぶ。新王は「権利の章典」を出して、議会中心の立憲王政の基礎を確立した。

▲メアリー2世

▲ウィリアム3世

綱吉の生類憐れみの令が世間を揺るがす 《1651～1700》

オリエント・インド・東南アジア

1658 **•ムガル帝国で第6代皇帝アウラングゼーブ即位**［～1707］
兄2人を殺して皇位継承争いに勝利したアウラングゼーブは父シャー・ジャハーンを幽閉、皇位についた。熱心にスンナ派のイスラム教を信仰した彼は、大規模な外征を行い、インド南部の多くの有力王朝を滅ぼし、1691年には帝国最大の領土を獲得した。一方、宗教政策では他宗教に厳しい弾圧を行ったため反乱が激化し、1674年にはシヴァージーがヒンドゥー教徒のマラータ王国を建国するなど、帝国は次第に分裂に向かっていった。

1661 **•ポルトガルがイギリスにボンベイを譲る**
ポルトガルのカタリナ王女がイギリスのチャールズ2世と結婚する際、ボンベイは持参金として委譲された。1668年、英国王家はこれを10ポンドでイギリス東インド会社に貸し付け、対岸に良港があったことからインドにおける拠点となった。

1664 **•フランスが東インド会社を再興**

1668 **•フランスがスラットに商館を設置**

1672頃 **•フランスが南インド・ポンディシェリ市を建設**

1679 **•ムガル帝国でジズヤ**〈非イスラム教徒に課せられた人頭税〉**が復活**

北・東アジア

1661 **•清で康熙帝が即位**
順治帝の第3子で、8歳で即位。先帝の遺命により重臣4人による合議制だったが、そのうちの1人が専横を振るうようになったため、康熙帝はその者を粛清し15歳で親政を始めた。

康熙帝▶

1673 **•三藩の乱**〈雲南・広東・福建の藩王が抵抗、1681年に鎮圧〉**が起こる**

1683 **•清が鄭氏を滅ぼし、台湾を取得**
鄭氏政権［1662～1683年］は、漢民族の政権で、鄭成功が台湾を制圧することで成立した。台湾で初めて漢民族政権による統治が行われたが、清朝の攻撃によって短命に終わった。

鄭成功▶

1689 **•清とロシア、国境を定めたネルチンスク条約を結ぶ**
清とロシア間初の対等な条約で、満洲での国境を黒竜江・外興安嶺〈スタノヴォイ山脈〉の線に定めたもの。

日本

1651 **•第4代将軍に徳川家綱が就く**［～1680］

▲徳川家綱

1657 **•明暦の江戸の大火が起こる**
死者数は推計約10万人とも言われている。江戸の大半が被災し江戸城天守閣も焼失した。江戸時代最大の被害を出した大火である。

1680 PICK UP 3 **•第5代将軍に徳川綱吉が就く**［～1709］

▲徳川綱吉

1687 **•徳川綱吉が生類憐れみの令を発令**

1693 **•井原西鶴が死去**

▶井原西鶴像
江戸時代の浮世草子・人形浄瑠璃作者、俳人
photo by KENPEI

1694 **•松尾芭蕉が死去**

江戸時代

17世紀

徳川綱吉による生類憐れみの令

徳川綱吉は、貞享4年［1687年］殺生を禁止する法令を制定した。生類憐れみの令は、その名の成文法が存在するものではなく、複数のお触れを総称して呼ぶ。出された理由について従来、徳川綱吉が跡継ぎがないことを憂い、母桂昌院が寵愛していた隆光僧正の勧めで出したとされてきた。しかし最初の生類憐みの令が出された時期に、まだ隆光は江戸に入っていなかったため、現在では隆光の関与を否定する説が有力。当初は「殺生を慎め」という精神論的法令であったが違反者が減らないため、ついには犬を登録制度にし、犬目付職を設けて犬への虐待が取り締まられ、1696年には犬虐待への密告者に賞金が支払われることとなった。このため監視社会と化してしまい、「悪法」として一般民衆からは幕府への不満が高まったと見られている。

1687年 2月	魚鳥類食料禁止
1688年10月	鳥が巣を作った木を切り、武蔵国新羽村の村民が処罰される
1691年10月	犬・猫・鼠に芸を覚えさせて見世物にすることを禁止
1695年 5月	大久保・四谷に犬小屋が作られる。住民は強制的に立ち退き
1695年10月	法令違反として大阪与力始め11人が切腹、子は流罪。元禄の大飢饉の最中、中野の16万坪の犬小屋が完成
1696年 8月	犬殺しを密告した者に賞金30両と布告

▲綱吉の母・桂昌院〔長谷寺所蔵〕

ヨーロッパで英仏の争いが激化する一方、

ヨーロッパ

1700頃 ●この頃、ロシアでピョートル1世《大帝》の独裁

1701 ●スペイン継承戦争〈イギリス・オランダ・ドイツ対フランス・スペインの戦い、1713年のユトレヒト条約で終結〉 

●北ドイツにプロイセン王国が成立

1707 ●イギリスがスコットランドと合同、グレートブリテン王国〈ウェールズも含む〉と称する

1603年にステュアート朝ジェームズ1世がイングランドとスコットランドの王を兼ねて以来両国は同君連合の関係にあったが、アン女王時代の「1707年連合法」により、両国の議会は統一されて一つの国家となった。

1713 ●ユトレヒト条約締結される

1714 ●ラシュタット条約〈ユトレヒト条約に続く、スペイン継承戦争の講和条約〉

1721 ●イギリスで責任内閣制度の始まりとなるウォルポール内閣が発足[〜1742]

ロバート・ウォルポール▶

PICK UP 2 ●スウェーデンとの大北方戦争に勝利したピョートル1世が国号を「ロシア帝国」と改める

ピョートル1世▶

南北アメリカ

1701 ●イェール《エール》大学創設

コネチカット州ニューヘイブン市に本部を置く私立大学。

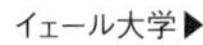

イェール大学▶

●デトロイト市が建設される

1702 ●アン女王戦争〈スペイン継承戦争に対応した植民地戦争〉が起こる[〜1713]

アン女王▶

1709頃 ●ドイツのアメリカ植民が始まる

イギリス人植民者によってバージニアのジェームズタウン開拓地が設立され間もなく、そこへドイツ人移民が始まった。ドイツ人植民者は北アメリカで初めての抄紙(しょうし)工場を建設し、イギリスよりも早くアメリカで聖書を印刷した。

1718 ●フランスがニューオーリンズ市を建設

ニューオーリンズは、ルイジアナ州南部に位置する州最大の都市。メキシコ湾に通じる重要な港湾都市であり、工業・観光が発展した。フランス語名ラ・ヌーヴェル・オルレアン《新オルレアン》は、ルイ15世の摂政オルレアン公フィリップ2世にちなむ。かつては仏領ルイジアナの首府であり、市内のフレンチ・クオーターと呼ばれる地区には、今なおフランス植民地時代の雰囲気を残している。

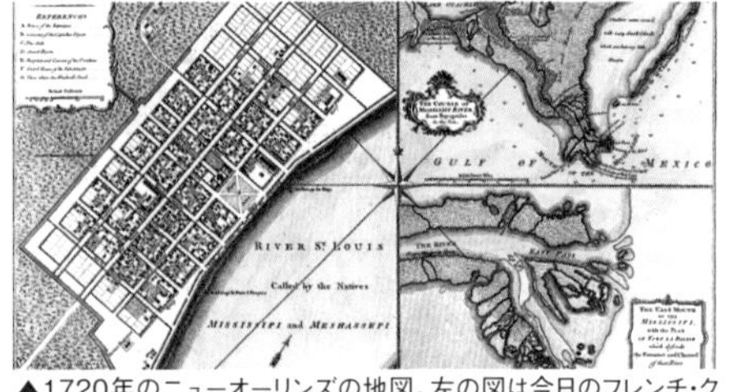

▲1720年のニューオーリンズの地図。左の図は今日のフレンチ・クオーター地区にあたる

1720 ●フランスがセントルイス市を建設

PICK UP 1 スペイン継承戦争

太陽王と称されたルイ14世の皇后がスペイン・ハプスブルク家のマリー・テレーズであったため、1700年にスペイン王が亡くなり継承問題でフランス・スペイン・オーストリアの思惑が交錯した。ルイ14世の孫にあたるフィリップがスペイン王フェリペ5世として即位したため、フランスの勢力拡大を恐れたイギリス・オランダ・ドイツが宣戦布告した。結果的には、ユトレヒト条約と続くラシュタット条約により、フランスは優位を失いイギリスは各地に領地を得た。

▲ビーゴ湾の戦い〈スペイン継承戦争の海戦の一つ。イングランド・ネーデルラント連合とスペイン・フランス連合の間で戦われ、英蘭連合艦隊が勝利した〉

PICK UP 2 大帝と呼ばれたピョートル1世

ピョートル1世はモスクワ・ロシアのツァーリ《君主》であり、初代ロシア皇帝。大北方戦争での勝利により、大帝と称される。スウェーデンからバルト海海域世界の覇権を奪取してバルト海交易ルートを確保。また、黒海海域をロシアの影響下におくことを目標とした。このため治世の半ばを大北方戦争に費やし、行政改革、海軍創設を断行。さらに正教会を国家管理下におき、帝国全勢力を皇帝の下に一元化した。また西欧化を推進し、国家体制の効率化に努めた。ロシアを東方の辺境国家から脱皮させた功績は大きい。

▲ひげ刈りの風刺画[18世紀初め]ピョートルはロシアの伝統的な長いひげを伸ばした貴族に税を課した

日本では享保の改革が行われる 《1701~1730》

オリエント・インド・東南アジア

1702 •イギリスが新旧東インド会社の合併を行う

1706 •アウラングゼーブがアフマドナガルに逃れる

1707 •アウラングゼーブの死によりムガルの王位継承争いが起こる。バハードゥル・シャー1世が即位

▲バハードゥル・シャー1世

1710 •シク《シーク》教徒の反乱

グル・ナーナク〈シク教の教祖〉▶

1714 •ムガル帝国・マラータの執政が始まる

豆知識 マラータ同盟

マラータ同盟［1708年~1818年］はインド・デカン高原周辺地域に、マラータ王国の宰相を中心に結成されたヒンドゥー教徒マラータ族諸侯の連合体。18世紀にはムガル帝国の衰退に乗じて、一時はインドの覇権を握ったが、18世紀末~19世紀初頭の3次にわたるイギリスとの衝突で衰退した。

1721 •ビルマに初めてキリスト教が伝来

•この頃、ムガル帝国の支配地が次第に縮小し、衰退に向かう

北・東アジア

1706 •典礼問題が発生〈清におけるイエズス会以外のキリスト教布教禁止〉

典礼問題とはカトリック教会内で、中国の伝統文化《典礼》とキリスト教のバランスをどのように取るかという問題を巡って論争になったこと。

1715 •イギリスが広東に商館を設置

1717頃 •康熙帝が地丁銀（ちていぎん）制の税を実施

地丁銀制は、明代の一条鞭（いちじょうべん）法に代わって実施された。地銀〈田畑の所有に対して課された税〉の中に丁銀〈16~59歳の成年男子に課された人頭税〉を繰り込み、一括して銀納させた。しかしこの税制には弊害も生じたため、次の雍正帝は、事実上の丁銀の廃止を全国で実施した。

1722 •清で第5代皇帝雍正帝（ようせいてい）が即位［~1735］

雍正帝▶

1724 •雍正帝がキリスト教の布教を禁止

1727 •清がロシアとキャフタ条約〈国境と商業に関する取り決め〉を締結

日本

1707 •富士山が噴火する

歌川広重作、浮世絵に見る宝永火口▶

1709 •徳川綱吉が死に、生類憐みの令は解かれる

PICK UP 3 •第6代将軍・家宣（いえのぶ）が新井白石を登用〈正徳の治〉

新井白石▶

1716 PICK UP 4 •第8代将軍に徳川吉宗が就き［~1745］享保の改革を行う

徳川吉宗〔徳川記念財団所蔵〕▶

1721 •目安箱の設置

目安箱は施政の参考意見や社会事情の収集などを目的に、庶民の進言の投書を集めるために設置した箱と制度のことである。

1724 •倹約令が出される

吉宗は倹約令で消費を抑える一方、新田開発による米の増産などを行った。このため吉宗は「米将軍」と称された。

18世紀 江戸時代

PICK UP 3 新井白石による正徳の治

正徳の治とは正徳年間を中心に進められた政治改革である。正徳は江戸時代の6代将軍家宣・7代家継の治世の年号で、主に将軍侍講（じこう）〈政治顧問〉の新井白石と側用人の間部詮房（まなべあきふさ）らが実際の政権を担った。白石は自らが主張することに信念を抱き、誰が反対しても臆することなく最後には「上様の御意」でその意見が通るので、旧守派の幕臣からは「鬼」と呼ばれ恐れられるようになった。白石は儒学思想を基に文治主義と呼ばれる諸政策を推進したが、理想主義・形式主義な部分も多く、現実問題に対応しきれず吉宗が将軍になると失脚、引退した。

▲徳川家継〔徳川記念財団所蔵〕

PICK UP 4 8代目将軍吉宗の享保の改革

江戸中期になると貨幣経済が発達し、借金で困窮する武士が増加。幕府の財政も逼迫（ひっぱく）した。この危機に吉宗は、有能な人材を登用して「享保の改革」を断行。大名の参勤交代を緩和する代償として、米穀の上納を義務付け〈上米（あげまい）の制〉、農民の年貢負担を増やすと共に、新田開発や殖産興業を奨励、収入の増加に努めた。この結果、幕府の財政は好転した。また、旗本や御家人の貧窮対策として、「相対済し（あいたいすまし）令」が発布された。「今後幕府は金銭貸借訴訟を受理しない。当事者同士で解決せよ」という法令で、そのため武士の借金の踏み倒しが続出、金融界は混乱に陥った。

吉宗の政策で幕府財政は安定したため、「中興（ちゅうこう）の祖」とされ、後代の模範とされた。

ヨーロッパでプロイセンが台頭を始め、日本

ヨーロッパ

1735 •**ウィーン和約でポーランド継承戦争**[1733～]**終結**

1740 •**オーストリア継承戦争**〈プロイセン・フランス・スペインなどがオーストリア・イギリスと戦う〉

▶フランツ・シュテファン大公とマリア・テレジア大公女

•**プロイセン、フリードリヒ2世《大王》が即位**[～1786]

フリードリヒ2世▶

•**オーストリア、女王マリア・テレジアが即位する**[～1780]

マリア・テレジアは父王の死後、家督を継承。対外抗争の中、16人の子供を産み各国に影響力を広めた。「女帝」と称された。

1748 •**アーヘンの和約**〈オーストリア継承戦争の終結〉

オーストリアは一部の領地を奪われたが、上オーストリア、ベーメン、オーストリア領ネーデルラント、ミラノなどをすべて奪い返してハプスブルク領を保持し、神聖ローマ皇帝位も確保した。フランスの企ては見事に失敗し、英国との植民地戦争も中途半端に終わった。プロイセンのフリードリヒ2世のみが数々の戦闘で軍事的才能を発揮し、「大王」とうたわれることになった。

1756 •**7年戦争が始まる**〈イギリスの支援を受けたプロイセンと、宿敵だったフランスと手を組んだオーストリアとの争い、プロイセンが勝利する〉[～1763]

南北アメリカ

1732 •**北米のイギリス植民地が13州になる**

1742 •**イギリスがフランス植民地を攻撃**

1744 •**ジョージ王戦争が起こる**[～1748]

ジョージ王戦争は欧州のオーストリア継承戦争に対応する北米大陸の植民地戦争である。当時イギリスを統治していたジョージ2世の名にちなむ。

ジョージ2世▶

1750 •**マドリード条約が結ばれる**

南米におけるスペイン及びポルトガルの領土の境界を定めた条約。

1754 •**フレンチ・インディアン戦争**〈ヨーロッパの7年戦争より2年早く始まった北米のイギリスとフランスの植民地戦争〉[～1763]

フレンチ・インディアン戦争は、欧州の7年戦争に呼応して英仏間で争われた北米大陸での植民地戦争。インディアンと同盟を結んだフランス軍を相手にイギリス人が戦ったところからこの呼称がある。オハイオ川の支配を巡って起きた。

▲フレンチ・インディアン戦争「アブラハム平原の戦いで倒れるウルフ将軍」

啓蒙君主フリードリヒ2世

プロイセンの第3代国王フリードリヒ2世の信条は、「君主は国家の僕(しもべ)」であった。優れた軍事的才能と合理的な国家経営でプロイセンの強大化に努め、啓蒙専制君主の典型とされる。また、フルート演奏をはじめとする芸術的才能の持ち主でもあり、優美な宮廷人らしい万能ぶりを発揮した。フランス文化を尊重した彼は、日常生活でもフランス語を使い、ポツダムにロココ式の宮殿サンスーシ〈フランス語で無憂の意味〉を建設。フランスの啓蒙思想家ヴォルテールとも親交を持っていた。その功績を称えてフリードリヒ大王と尊称されている。

▲ウンター・デン・リンデンにあるフリードリヒ大王騎馬像
photo by Andreas Steinhoff

「女帝」マリア・テレジア

マリア・テレジア[1717～1780年]は、18世紀中ごろのオーストリア大公妃。父カール6世の定めたハプスブルク家の家督継承法によってハプスブルク家の家督を相続し、1740年にオーストリア大公妃兼ボヘミア王、ハンガリー王に即位した。プロイセンのフリードリヒ2世とオーストリア継承戦争を戦うが敗れてシュレジェンを割譲したが、次に外交革命によってフランスと結び、再び七年戦争で戦う。多民族国家であるオーストリア帝国の中央集権化を図るなど、女帝ではないという説もあるが、事実上の女帝としてオーストリアを統治した。

▲マリア・テレジア

では大飢饉のため一揆が起こる

オリエント・インド・東南アジア

1742 **•ムガル帝国で英仏の植民地戦争が起こる**

1752 **•ビルマにアラウンパヤ朝が起こる**［〜1885］

1757 **•プラッシーの戦い**〈インドにおけるイギリス勢力の確立〉

インドベンガル地方プラッシーで行われた、イギリス東インド会社と、連合軍〈ムガル帝国ベンガル太守率いる土侯軍と後援するフランス東インド会社〉間の戦い。英仏間の植民地を巡る戦いの一つ。英軍人クライブは、東インド会社の軍隊を率いて、フランス勢力と組んだベンガル太守のスィーラジュ・アッダウラとカルカッタの北方プラッシーで交戦。英国側の勝利に終わった。

▲英国軍人ロバート・クライブ

1758 **•ジャワにオランダの勢力が進出**

オランダ東インド会社は、当初港と商館を中心とする交易独占によって利益をあげていたが、この頃からジャワ島内陸部へ進出し、領土獲得に熱意を見せるようになった。当時の有力商品であるコーヒーなどを栽培し、これを輸出することで利益をあげる目的であった。

北・東アジア

1732 **•軍機処が設置される**

軍機処は清代の政治制度で皇帝の最高諮問機関であった。

▲軍機処 photo by Gisling

1735 PICK UP 4 **•清の第6代皇帝乾隆帝（けんりゅうてい）が即位する**［〜1795］

乾隆帝は「十全武功」と呼ばれる10回の外征〈ジュンガル、金川、グルカ、回部、台湾、ビルマ、安南に計10回遠征〉を誇った。この功績により清の版図は最大規模に広がった。

▲ジュゼッペ・カスティリオーネ作、儀礼用甲冑を着けた乾隆帝

1754 **•ジュンガル部のアムルサナがチョロス部のダワチに敗れ清に亡命**

1757 **•清が貿易制限令を発して外国貿易を広州1港に限定**〈公行制〉

•乾隆帝の遠征により、ジュンガル部崩壊

日本

1732 **•享保の飢饉が起こる**

江戸四大飢饉の一つに数えられる。中国・四国・九州地方の西日本各地、とりわけ瀬戸内海沿岸一帯が凶作に見舞われた。長雨が約2カ月間にも及び冷夏をもたらしたため、イナゴなどの害虫が大発生し、稲作に甚大な被害をもたらした。

1733 **•享保の打ちこわし**(江戸での米一揆)

1749 **•会津藩で大一揆が起こる**

1760頃 **•第10代将軍徳川家治（いえはる）が田沼意次（おきつぐ）を登用**〈米を中心とする経済の限界、商業資本重視の経済政策を行う〉

▲徳川家治〔徳川記念財団所蔵〕

豆知識 田沼時代

田沼時代とは、江戸時代中期老中の田沼意次が幕政を主導していた時代を指す[1767〜1786年]。幕府が重商主義的政策をとった時代でもある。同業者組合である株仲間を奨励、商人に専売制など特権を与えて保護した。また、貨幣の統一などを行い、不安定だった通貨制度を安定させた。

江戸時代

18世紀

アメリカに対する英国支配

アメリカではバージニアを手始めに、1732年にジョージア植民地が形成され、イギリスによる13州の植民地ができた。これらは自主の気風に富み自らの手で農地を耕す自営農が主体であった。イギリスは植民地に対して本国並みの課税はせず、植民地が輸入する商品に高い関税をかけたり鉄などの植民地における生産を禁止することで、本国の市場・原料供給地として確保する「重商主義」政策を取った。政治的には植民地議会を中心とする自治が認められていた。当時、カナダとミシシッピ川流域以西《ルイジアナ》を支配する英仏間の激しい争いが展開されており、本格的な植民地支配が不可能だったのである。両国の対立は7年戦争でイギリスが勝利し、フランスから北米の植民地をすべて奪うことで、決着を見た。

清の3人の皇帝による繁栄

第4代康熙帝は男35人、女20人の子だくさんであり最初は第2子を皇太子としたが、政争や非行が明らかになり退けた。世継ぎが決まらず、帝は臨終の床で侍臣の手のひらに「4」と書いて指名したという〈実は14であったとか10であったという噂も流れた〉。そこで新たな皇帝となった雍正帝は、あらかじめ皇太子の名を錦箱に入れておき、死後開かせるという帝位継承法を定めた。このため後継者争いが起こることもなくなった。

こうして清は康熙・雍正・乾隆3人の皇帝が支配した130年間に史上最大の帝国を築き、300年も続いた。

▲清の国旗

アメリカ13州が独立宣言を行い、日本では

ヨーロッパ

1763 **・イギリスとフランスの争いが終わり、パリ条約が締結される**

パリ条約は、ヨーロッパの7年戦争と北米大陸のフレンチ・インディアン戦争の講和条約。イギリス、フランス、スペインの間で締結された。フランスはカナダ・ルイジアナの領土をイギリス・スペインに譲渡、また一部の商業都市を除いたインドの植民地を放棄し北米とインドの植民地から事実上撤退することになった。そのほか、イギリスはスペインにマニラとハバナを返還するかわりにフロリダを獲得した。

1769 PICK UP 1 **・ジェームズ・ワットが蒸気機関を改良し動力として利用される、紡績機械の発明など**
〈イギリス産業革命〉

1772 **・オーストリア・プロイセン・ロシア間の第1次ポーランド分割が行われる**

ポーランド分割とは、ポーランド・リトアニア共和国の領土が3度にわたって周囲三つの大国プロイセン、ロシア帝国、オーストリアに奪われ、最終的に完全に領土を失って滅亡したことを指す。

1783 **・パリ条約でイギリスがアメリカの独立を承認**

パリ条約は、アメリカ独立戦争を終結させた条約の一つでアメリカとイギリスの間で結ばれた。イギリスがアメリカの独立を承認し、ミシシッピ川より東をアメリカ領とした。アメリカに与したスペイン及びフランスとの間にはヴェルサイユ条約が結ばれた。

1789 PICK UP 2 **・バスティーユ《バスチーユ》牢獄の襲撃が起こり、フランス革命が始まる**

パリ市の民衆が同市にあるバスティーユ牢獄を襲撃した事件で、フランス革命の始まりとされる。

バスティーユ襲撃▶

南北アメリカ

1763 **・パリ条約により、フランスはアメリカの植民地からほぼ撤退する**

1765 **・印紙法《印紙条例》を発布するが、植民地人の反対で翌年撤回**

イギリスがアメリカ植民地に対して課した印紙税を定めた法を発布。新聞・パンフレットなどの出版物、法律上有効なあらゆる証書、許可証、トランプのカードなどに印紙を貼ることを義務付けたもの。7年戦争などを経て財政難に陥っていたイギリスは、植民地への課税によってこれを乗り切ろうとしたが植民地人の反発をまねき、アメリカ独立戦争への端緒となった。

1773 **・ボストン茶会事件が起きる**

イギリス本国議会の植民地政策に憤慨した植民地人の組織が、アメリカ・インディアンに扮装して、港に停泊中のイギリス船に侵入、イギリス東インド会社の船荷の紅茶箱をボストン湾に投棄した事件。

1775 PICK UP 3 **・アメリカ植民地で独立戦争が起こる**

1776 **・アメリカ13州が独立宣言を行う**

▶ジョン・トランブル作「独立宣言への署名」
この絵は、2ドル紙幣の裏面図版に使用されている

1789 **・初代大統領ジョージ・ワシントンが就任する**

アメリカ最初の大統領選挙は1789年2月4日に行われた。選挙人を選ぶ方法の決定は各州に任され、13州中5州だけが大統領選出の一般投票を行った。選挙人投票で100%の票を得た大統領は、現在までワシントンだけであり、今後もこの記録は破られないと思われる。

▲ジョージ・ワシントン

PICK UP 1 イギリス産業革命

イギリス議会は、1770年に伝統産業の毛織物を保護するためインド産綿布の輸入を禁止。これが生産を育てる結果となり、インド産綿花を原料とする国内生産が始まった。ハーグリーヴス、アークライト、クロンプトンなどにより次々と紡績機械の改良発明が成され〈技術革命〉、さらにワットの蒸気機関の改良で紡績機を蒸気で動かせるようになった〈動力革命〉。その後も新たな発明が成され、工業の発展が進んだ。

▲ワットの蒸気機関

PICK UP 2 フランス革命

フランス革命は、国家財政の窮乏を背景に三部会の開催を求める貴族の反乱から始まった。アメリカ独立戦争支援のため財政を悪化させた政府は、貴族が持っていた免税特権廃止を求めるが、貴族は三部会での議決を求めた。ヴェルサイユ宮殿で三部会が開催されると、第三身分である市民は憲法の制定を求めて譲らずついに単独で国民議会を組織。これを国王が弾圧すると、7月、食料危機に陥っていたパリで市民が、大量の火薬が貯蔵されているという噂のあったバスティーユ牢獄を襲い占拠した。

▲国王により議場を閉鎖された第三身分《一般市民》の議員

大規模な一揆や打ちこわしが頻発 《1761～1790》

18世紀

オリエント・インド・東南アジア

1761 •パーニーパットの戦いでアフガン勢力《ドゥッラーニー朝》に大敗、マラータ同盟弱体化

1762 •イギリスがフィリピンのマニラを占領

1764 •協定が結ばれ、マニラは再びスペインの管轄化に入った

1571年以降マニラを含むフィリピン諸島の大部分はスペイン領であった。

豆知識 イントラムロス

イントラムロスは16世紀にスペイン人によって建てられた、フィリピン首都マニラの最古の地区。その名称はスペイン語で「壁の内側で」の意で、壁で囲まれた都市や要塞を意味する。

▲マニラにあるイントラムロスのコロニアル様式の家屋

1775 •インド地域で第1次マラータ戦争〈マラータ同盟に英仏が介入して交戦〉[～1782]

1782 •ラーマ1世の即位でチャクリー王朝〈現タイ王朝〉が発祥

ラーマ1世▶

北・東アジア

1765頃 •清の雲南にビルマ軍が侵入

1773 •三角貿易が始まる

三角形の頂点にあたる地域は、イギリス・インド・清の三つの国。辺にあたる貿易ルートは実際には両方向通行であり、またインドの中継貿易の形をしているが、手形の流通によって三角形となっている。

1777 •清、甘粛(かんしゅく)の人にウルムチ地方の開拓を命じる

豆知識 ウルムチ

天山山脈北麓のジュンガル盆地東南縁に位置。清朝乾隆帝によるジュンガル部親征を経て、18世紀後半に城壁が設けられ、古くから周辺の遊牧民族と漢民族による領土の奪い合いが行われてきた。ウルムチという言葉はジュンガル部の言葉で「美しい牧場」を意味する。

1781 •清で「四庫全書」完成する

乾隆帝の勅命により編纂された、中国最大の漢籍叢書。全体の構成が隋以来の四部分類《経・史・子・集》によって分類整理されているため、四庫全書という。

1784 •甘粛の回民(かいみん)《イスラム教徒》の反乱が起きる

反乱を清に鎮圧された後その一部はロシア帝国領に渡って中央アジアに定住した。彼らの子孫はドンガン人と呼ばれる民族集団となって現在もカザフスタンやキルギスタンに居住している。

日本

1764 •関東の農民20万人の大一揆が起こる〈伝馬(てんま)騒動〉

当時の主要街道の一つであった中山道沿いで発生した一揆。一揆の範囲が上野国、武蔵国、信濃国と広範囲に及んだこと、村役人が多数参画したこと、一揆の原因となった要求を幕府が取り下げたことから、幕府の威信が低下する一因となった。

▲中山道五十五里塚跡下諏訪宿
photo by 663highland

江戸時代

1782 •この頃、各地で一揆が起こる
•天明の大飢饉が起こる[～1788]

1784 •蝦夷地の開拓が進む
•天明の打ちこわしが起きる

豆知識 打ちこわし

江戸時代の民衆が、不正を働いたと見なされた者の家屋などを破壊した行為のこと。主に買占めなどによる物価高騰の原因の不正をした者に対して行われたことが多いが、領主の悪政と結びついた特権商人や村役人に対して行われることもあった。最初の打ちこわしは、1703年長崎で発生。

1787 •松平定信が老中となり、「寛政の改革」を行う PICK UP 4

PICK UP 3 アメリカ独立戦争

印紙条例に続いてイギリスは茶条例〈植民地で東インド会社が無税で茶を独占販売できる特権〉を発布。これに反発してボストン茶会事件が勃発。1775年本国軍と植民地民兵《ミニットマン》が衝突。ジョージ・ワシントンは植民地側司令官として戦った。1776年トマス・ペインによる「コモン・センス」〈独立を主張する内容〉が出版され、戦争目的が国としての独立に転換していった。欧州諸国はイギリスを叩く好機ととらえ、フランス・オランダ・スペインが植民地側を支援、ロシアなども間接的に支援した。

▲ジョン・トランブル作「コーンウォリスの降伏」ヨークタウンの戦いでの英国敗北により、独立戦争は事実上終結した

PICK UP 4 寛政の改革

第11代将軍家斉（いえなり）の治世前半に政務を担った老中・松平定信は、財政再建を目指し「寛政の改革」を行った。朱子学に基づいた重農主義により、出稼ぎに都市部へやってきた農民の帰村を促し〈旧里帰農（きゅうりきのう）令〉、囲い米や社倉・義倉制度による食料備蓄を命じて飢饉に備えさせた。また、倹約令を発布して旗本や御家人の贅沢を禁止、棄捐（きえん）令を出して6年より前の借金を帳消しにし貧困を救おうとした。

しかし、これらは単なる復古・反動的政策に過ぎず、貨幣経済の進展に対応できていなかった。

▲松平定信

フランス革命が生んだナポレオン皇帝、この頃から

ヨーロッパ

1793
- ルイ16世 公開処刑
- マリーアントワネットの処刑
- フランス西部でヴァンデの反乱が起きる
- ロベスピエールとジャコバン派による恐怖政治（PICK UP 1）

1794
- テルミドールのクーデター

1795
- ヴァンデミエールの反乱

1796
- イギリスでエドワード・ジェンナー天然痘の予防接種に成功

1799
- ブリュメール18日のクーデター
  ナポレオンが総裁判所を倒したクーデター。ここにフランス革命は終わる。

議員の抵抗をうけるナポレオン▶

1800
- イタリアのボルタが電池を発明

1804
- ベートーベンが交響曲第3番「英雄」の作曲を開始し1年後に完成する
  ナポレオンのために作曲されたこの曲は当初「ボナパルト」という題名であったが、ナポレオンが自ら皇帝に即位したことでフランス革命への共感が失われ、題名が変更された。1805年にウィーンで初演される。

▲ルートヴィッヒ・ヴァン・ベートーベン

- ナポレオンが皇帝に即位
  「ナポレオン法典」を制定。
- ドイツのF・W・A・ゼルチュルナーがモルヒネの抽出に成功

1806
- 神聖ローマ帝国滅亡
- ナポレオン、イギリスとの貿易を禁止する「大陸封鎖令」

1807
- ティルジット条約
- シュタイン・ハルデンベルグの改革［〜1808］

南北アメリカ

1792
- ニューヨークで株取引開始
  24人の株式仲買人と商人によって5銘柄の株が売買された。

1793
- エリー・ホイットニーが綿花機を発明

1800
- アメリカ1800年の革命
  選挙により初の政権交代。

1801
- 3代目合衆国大統領トーマス・ジェファーソン、初めてワシントンで就任式

1803
- フランスからルイジアナを購入

1804
- ハイチが独立宣言

1805
- サカガウェアがルイス・クラーク探検隊に同行

1807
- フルトン、蒸気船の実用化に成功
  フルトンは1800年に潜水艦ノーチラス号を進水させた。フランス軍からの依頼で開発したが戦闘機器としては失敗に終わる。

1808
- 奴隷貿易船禁止令
  1790年代よりカリブ海地域のサトウキビ畑で奴隷による組織的ボイコットが起こるようになり、1807年にイギリスで奴隷貿易廃止法が可決された。それに合わせこの年アメリカでも同様の禁止令が出された。しかし、実際には1865年に憲法修正13条が可決されるまで奴隷制度は続いていた。

1809
- 4代目合衆国大統領ジェームス・マディソンが就任

1810
- メキシコ独立戦争が始まる

▶モンテ・デ・ラス・クルセスの戦い［1810年10月30日］の記念碑

PICK UP 1 恐怖政治の背景

対外戦争の苦戦と、ヴァンデの反乱や連邦主義者の反乱などの内戦が同時に起こり、国家の危機に対し非常手段として憲法を停止し、独裁的な全権を与えた公安委員会を地方に派遣して反革命に強権処置を施したのが始まりである。非常に混迷した時代、殺される前に殺すしか方法がないと被害妄想的な心理状態になり、反革命に対して容赦ない死刑を行うようになったのである。さらに経済テロルとして反革命容疑者法を利用するという考えや、プレリアル法など弁護を禁止する法律を作ったこと、さらには腐敗した派遣議員が同様に財産略取目的の殺害などを行ったことから、歯止めなく容疑者が拡大していき、ギロチン大量処刑の直接的背景となった。

PICK UP 2 ナポレオン1世の数奇な人生

▲サン・ベルナール山からアルプスを越えるボナパルト

日本近海に欧米の船が出没する

《1791〜1810》

オリエント・インド・東南アジア

1797 •**ガージャール朝第2代シャー、ファトフ・アリーがペルシアを統一**

1802 •**嘉隆帝が西山朝を倒しグエン朝を樹立**[〜1945]

西山党(タイソンとう)の乱といわれ、アジア歴史上で最大の民衆蜂起。それまで圧倒的権力を握っていた領主を罰し、財産の再分配や税の廃止、囚人の解放などを行った。この反乱でザン川の両岸に暮らすベトナム人の分断が解消され、現代ベトナムの成立の基礎となった。

1804 •**ガージャール朝がグルジアへ進出し、第1次イラン・ロシア戦争が勃発**

1805 •**ムハンマド・アリーがエジプトにムハンマド・アリー朝を成立させる**

近代エジプトの父と呼ばれるムハンマド・アリーは、旧勢力であるマムルークを廃止し、綿花やサトウキビ、米の国家専売制を導入し、海外輸出により財政を拡大した。それにより農民の反乱を制圧することにも成功したのである。

▲ムハンマド・アリー

北・東アジア

1793 •**イギリスの使節としてジョージ・マッカートニーが北京に来る**

この頃からイギリスによる中国へのアヘン輸出が盛んになる。

三角貿易

イギリス
綿織物
陶磁器、茶、絹
インド
清
アヘン

1796 •**清の嘉慶帝が第7代皇帝に即位**

•**白蓮教徒の乱が起こる**[〜1804]

1801 •**朝鮮で辛酉教獄が起こり、キリスト教徒が迫害され、年間300人を超える犠牲者が出る**

この頃朝鮮では天主《キリスト》教宣教師たちが北京から漢訳した科学書や、望遠鏡、西洋時計などを持ち帰り研究した。しかし、辛酉邪獄で天主教徒と共に多くの学者たちも弾劾され、犠牲となった。王朝は天主教と西洋科学の研究を区別せず西学として共に禁じたため、朝鮮における科学発展の障害となった。

日本

1792 •**ロシアの使節ラクスマンが根室に来航し、通商を求める**

1798 •**本居宣長「古事記伝」を完成させる**

日本の古代を理想的な時代とする「国学」が盛んになった。本居宣長のほか賀茂真淵(かものまぶち)などがいる。

豆知識 日本の近代文化の始まり

この頃より、問屋が各家庭に道具や原料を渡し、商品となったものを集めていた「問屋制家内工業」から一歩進み、工場を建てて行う「工場制手工業」が始まった。

1800 •**伊能忠敬が蝦夷地の測量に向かう**

伊能忠敬は緯度1度の長さを28.2里と算出した。これは、誤差1,000分の1という正確さであった。

1802 •**十返舎一九が「東海道中膝栗毛」を著す**

庶民の生活にもゆとりが生まれ、旅行ブームが起こる。旅のガイドブックとして「弥次(やじ)・喜多(きた)」がもてはやされた。

1808 •**間宮林蔵が樺太を探検**

•**フェートン号、長崎に入港する**

江戸時代

1769年8月15日コルシカ島アジャクシオのイタリア系下級《貧乏》貴族の家に生まれたナポレオン・ボナパルト。
地位も名声もなかったナポレオンがどのように皇帝となり、そしてわずか12年で終焉を迎えたのか。

1796年	イタリア遠征軍司令官に抜擢
1797年	オーストリアを破り、第1回対仏大同盟を崩壊させた
1798年	イギリスとインドの通商を断つためにエジプトに遠征するが、ネルソン率いるイギリス艦隊に敗れ、エジプトに封じ込められた
1799年	第2回対仏大同盟が結成され、統領政府を樹立し、自らが第1統領となる
1802年	第2回対仏大同盟を解体させ、国民投票で終身統領となる
1804年	ナポレオン法典を発布し国民投票で皇帝となる
1805年	ナポレオンはアウステルリッツの戦いでオーストリア、ロシアを破る
1806年	西南ドイツを中心とするライン同盟を結成、神聖ローマ帝国を瓦解させる。さらにプロイセンを破り、大陸とイギリスの貿易を禁止する大陸封鎖令を出した
1808年	イベリア半島に侵攻し、各国に兄弟や親類を配置
1810年	オーストリア皇帝の長女マリー・ルイーズと結婚し、大陸に君臨する皇帝になる
1812年	モスクワ遠征に失敗し、さらに諸国民解放戦争に敗れる
1814年	地中海のエルバ島に流される
1815年	エルバ島を脱出し再び帝位に就くが、ワーテルローの戦いに敗れ、セントヘレナに流される。ここでナポレオンは最期を迎える

■ナポレオンが支配した最大版図

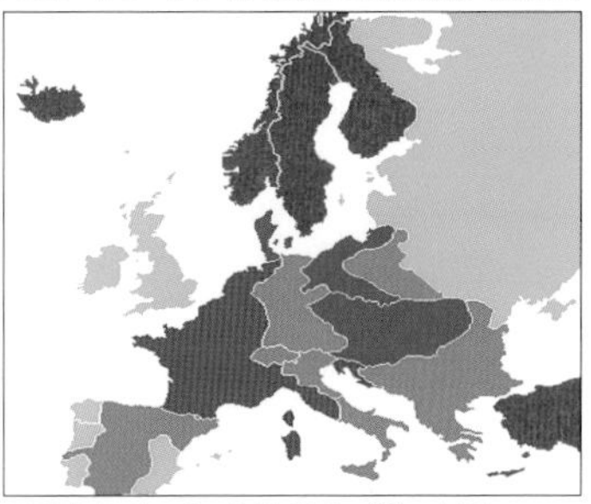

ナポレオンと最後まで戦った国
中立国
ナポレオンと同盟した国〈後に離反〉
フランス本国
フランスの衛星国
ナポレオンに最後まで従属した国

南・中央アメリカでは独立国が現れ、日本では

ヨーロッパ

1812 ・ナポレオン、ロシア遠征に失敗

1813 ・ライプチヒの戦いでナポレオン敗れる

諸国民の戦いとも呼ばれ、ドイツ東部のライプチヒで、ナポレオン1世のフランス軍19万と、プロイセン・ロシア帝国・オーストリア帝国・スウェーデンの連合軍36万の間で戦いが行われた。3日間の激戦の末、圧倒的な兵力差の前にフランス軍は敗北。ナポレオンのドイツ支配が終わった。

1814 ・フォンテーヌブロー条約

フランスとフランス同盟国の間で結ばれた条約で、ナポレオンをエルバ島の小領主として追放した。

・ウィーン会議が開かれる

1815 ・ワーテルローの戦いがおこる

PICK UP 1

エルバ島から脱出したナポレオンとイギリス・オランダ連合軍及びプロイセン軍が戦ったナポレオン最後の戦い。ナポレオンはセントヘレナ島に流された。

▲ワーテルローの戦い

1818 ・アーヘン列国会議でフランスが加入

ロシア・イギリス・プロイセン・オーストリアで締結された軍事的・政治的同盟にフランスが加入。ヨーロッパの現状維持を目的とし、ウィーン体制を強化。

1825 ・ロシア帝国でデカブリストの乱が起こる

武装蜂起の中心となった貴族の将校たちによるツァーリズム《皇帝専制》と農奴解放を要求した闘争。

デカブリストの乱▶

南北アメリカ

1812 ・アメリカがイギリスに宣戦[～1814]

1817 ・ブラジルでペルナンブコの反乱が起こる

新しくポルトガル本国からきた人々の支配に対して旧ポルトガル系住民《ブラジル人》たちは反感を持ち、1817年のペルナンブコの反乱をきっかけに各地で旧ポルトガル系住民と新ポルトガル人の人々の間で争いが起きた。

PICK UP 2

・第1次セミノール戦争が起こる[～1818]

セミノールと総称される様々なインディアンとアメリカ合衆国とのフロリダにおける戦争。

1818 ・チリが独立

1820 ・ミズーリ協定《妥協》が締結される

アメリカ合衆国議会で北緯36度30分以北に奴隷州をつくらないと定める。

1821 ・ペルー独立

・メキシコ独立

1822 ・ブラジル帝国の成立[～1889]

1823 ・モンロー教書が出される

第5代大統領ジェームズ・モンローがヨーロッパ諸国に対して、アメリカ大陸とヨーロッパ大陸間の相互不干渉を提唱した教書で、今後のアメリカ外交の基本方針となった。

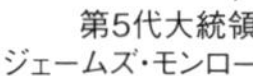

▶第5代大統領 ジェームズ・モンロー

1825 ・ポルトガルがブラジル帝国の独立を認める

ドン・ペドロはポルトガル王位継承権を保ったまま、ブラジル皇帝となった。ポルトガルに絶大な影響力を持つイギリスがブラジルの独立を承認し、アメリカ合衆国の介入を警戒してポルトガルにもブラジルを承認させた。

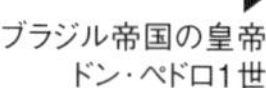

▶ブラジル帝国の皇帝 ドン・ペドロ1世

ナポレオンの最期

エルバ島を脱出したナポレオンは3月20日、パリに入城し、再び帝位に就いた。6月18日のワーテルローの戦いで決定的敗北を喫し、6月22日、ナポレオンは再び退位した。その後ナポレオンはアメリカへの亡命も考えたが、港の封鎖により断念。最終的にはイギリスの軍艦に投降した。彼の処遇を巡ってイギリス政府はウェリントン公の提案を採用し、南大西洋の孤島セントヘレナ島に幽閉した。1821年胃がんのため死去した。ナポレオン52歳。

▲ワーテルローの戦いの後のナポレオン

セミノール戦争

セミノール戦争の原因は入植者によって土地を追われたインディアンが、当時スペイン領だったフロリダに入植するも、1803年ルイジアナ買収によってミシシッピ川の河口がアメリカの手に渡ると、領土問題などでインディアンとアメリカ合衆国がぶつかり合ったことに始まる。1812年にはクリーク族と白人植民者とによるバトンルージュ戦争が、1814年にはクリーク族に大敗したホース・シューベントの戦いがあった。

▲降伏するクリーク族

外国船が次々現れる

《1811〜1825《

オリエント・インド・東南アジア

1812 •**東インド会社の交易停止**〈イギリス議会〉

1814 •**ネパールでグルカ戦争が起こる**
ネパールとイギリス東インド会社の間で行われた戦争。1816年のスゴウリ条約で終結した。

▶この戦いで傭兵としての地位を築いたネパールのグルカ兵

•**シンガポールにイギリス東インド会社のトーマス・ラッフルズが上陸**
当時島を支配していたジョホール王国より商館建設の許可を取り付けた。1824年には植民地としてジョホール王国から正式に割譲が成される。

1821 •**ギリシアの独立戦争始まる**[〜1830]
オスマン帝国からのギリシア独立戦争。1830年ロンドン議定書が締結されたことでギリシアの独立が決定された。

1823 •**ボンベイに、最高法院が設置される**

1825 •**ミソロンギの戦い**
トルコ政府に反対するギリシア人によって、占領されたミソロンギの攻防戦。エジプト軍の支援を受けたトルコ軍が1826年ミソロンギを征服。抵抗者たちはすべて、処刑された。

北・東アジア

1811 •**洪景来の乱**[〜1812]
李氏朝鮮で起きた、農民だけでなく、西北地方への地域差別に反発した没落官僚、新興地主などを巻き込んだ大規模な反乱。

•**朝鮮通信使、対馬で差し止めに合う**
第12回朝鮮通信使が徳川家斉の家斉襲封祝賀(いえなりしゅうほうしゅくが)のため、日本に向かうも、対馬で差し止めに合い、朝鮮側は不服として以降断交となる。

1813 •**済州の反乱**〈李氏朝鮮〉
済州島民が地方官へ起こした反乱。実行直前に発覚、首謀者は逮捕され処刑。

•**天理教徒の反乱**〈清〉
宗教秘密結社であった天理教の教徒が北京及び河南省で蜂起した乱。白蓮教徒の乱の残党により結成された。

1820 •**ジャハーンギール・ホージャの反乱**〈清〉[〜1828]
現在の新疆ウイグル地方においてイスラム教国の復興を目指したジャハーンギール・ホージャによる反乱。

▲清7代皇帝 嘉慶帝
嘉慶帝の時代からイギリスによるアヘンの密輸入が急激に増大していった。鎖国の夢を破る西欧諸国の足音がひしひしと迫ってきた時代の皇帝である

日本

1812 •**浪人取締令出される**

•**豊後百姓一揆**
豊後国東郷に起こった3000人規模の百姓一揆。

•**高田屋嘉兵衛ロシア船に捕まる**

▶江戸時代後期の廻船業者、海商だった高田屋嘉兵衛

•**座頭高利貸しの禁が出される**

1815 •**杉田玄白、蘭学事始**
83歳の杉田玄白が蘭学草創の当時を回想して記し、大槻玄沢に送った手記。

1821 •**伊能忠敬の大日本沿海輿地全図完成**
1800年から1816年にかけて江戸幕府の事業として測量・作製が行われたもので、1816年の第10次測量まで日本全土を歩測した。蝦夷地北部宗谷付近に関しては、測量術の弟子である間宮林蔵の観測結果を採り入れている。伊能は1818年に完成を待たず死去するが、高橋景保が仕上げ作業を監督し、1821年8月7日に完成した。

1823 •**ドイツ人の蘭学医シーボルト長崎に来る**

1825 •**外国船打払令が発令される** PICK UP 3

江戸時代

19世紀

PICK UP 3 日本への外国船来航

元和2年[1616年]から始まった江戸時代の鎖国制度も、この時代になると大きく崩れ始めてくる。1800年頃からはイギリス船の来航が目立ち始め、西欧勢力による圧力で開国の時が迫ってきた。この頃の外国船来航と諸藩の外国船への対抗手段は次の通りである。

▶長崎に現れたフェートン号 この船の来航からイギリス船の来航が相次ぐ

【開国間近の日本。この時代多くの外国船が日本に来航している】※赤字は外国船に対する日本の反応

1804年	ロシアのレザノフ、長崎に来航
1807年	レザノフの部下、蝦夷地を襲撃
1808年	江戸湾沿岸の砲台を修築、起工 イギリスのフェートン号、長崎に来航
1810年	相模・房総に砲台を築く
1813年	イギリス船来航、オランダ商館奪取計画
1816年	イギリス船、琉球に来航
1817年	イギリス船、浦賀に来航
1818年	イギリス人ゴルドン、浦賀に来航
1820年	浦賀奉行、沿岸の防備を固める
1823年	ドイツ人のシーボルトが来日する
1824年	イギリス捕鯨船、常陸・薩摩に来る
1827年	イギリス船、小笠原島に来る

フランスで自由市民による7月革命が起こる、

ヨーロッパ

1829 ・**リバプール・アンド・マンチェスター鉄道にロケット号が採用される**

▲蒸気機関車の父として尊敬されているジョージ・スチーブンソンとロケット号

1830 PICK UP 1 ・**フランス7月革命起こる**

▶ウジェーヌ・ドラクロワ作、「民衆を導く自由の女神」〔ルーヴル美術館所蔵〕［1830年］

1832 ・**ゲーテが「ファウスト」完成、刊行される**

1837 PICK UP 2 ・**ヴィクトリア女王即位**

イギリスで最も輝かしい時代をつくりあげた女王であり、その治世はヴィクトリア朝と呼ばれる。彼女は世界中の王室のモデルとなった。

ヴィクトリア女王▶

1840 ・**ペニー・ブラック〈世界最初の郵便切手〉が発行される**

▶イギリスにおいて発行された世界最初の郵便切手

南北アメリカ

1826 ・**ボルチモア、オハイオ間の馬車鉄道開通**

アメリカ最古の鉄道の一つ。メリーランド州ボルチモアの港から、オハイオ川の港であるウェストバージニア州ホイーリングに向けて西進する路線であった。数年後、やはりオハイオ川に面したウェストバージニア州パーカーズバーグまで延伸した。

1832 ・**ボルチモア大会**

民主党の大統領候補者の指名。ボルチモアで開催された初の民主党全国大会でアンドリュー・ジャクソンがその指名を確保した。

1833 ・**アメリカ奴隷廃止協会設立される**

1837 ・**アメリカ恐慌となる**

関税収入の増加と公有地の売却収益のため財務収入が好調となり、政府は余剰資金を国内開発に振り向けるべきであると判断し、1837年1月から総額約3700万ドルに及ぶ余剰金を各州へと配分しはじめたが、各預託銀行から政府資金が引き出されたために、各地で著しい金融逼迫(きんゆうひっぱく)が生じた。

・**モールス、有線電信機発明**

すでに電気を使った信号の実験に成功していたアメリカの科学者であるジョセフ・ヘンリーは、科学の発展には個人の利益を優先すべきでないとする信条から、自らが改良した電磁石と発明したリレー《継電器》の利用を快くモールスに許諾。モールスは電磁石応用の電信機を発明した。

▲サミュエル・モールス

1839 ・**ハワイ憲法が公布される**

・**カナダでダールム報告が出される**

イギリスのダールム総督が、本国に対してオンタリオとケベックとの統合を勧告する。

1840 ・**ハワイ王国が各国に承認される**

・**カナダ法の成立**

英語圏のアッパー及びフランス話圏のローワー・カナダはカナダ連合に合併した。議会においてフランス系及び英国系カナダ人は共にフランス系の権利の復活のために努力している。

PICK UP 1 フランス7月革命

王政復古［1815年］により王位に就いたルイ18世や弟シャルル10世が、言論の弾圧、旧亡命貴族の保護の強化などを始めた。旧貴族がフランス革命の際に受けた被害の代償を国庫負担にする法律の制定は、市民階級の不満を高めた。1830年シャルルは自由主義者が大きな勢力を持つ議会を強制的に解散させ、選挙権の大幅縮小を命ずる7月勅令を発した。民衆は三色旗を翻してチュイルリー宮殿を占拠。後継政府に「国民王」ルイ・フィリップが立ち、フランスは立憲君主制に移行した。

▲ルイ・フィリップ1世

PICK UP 2 ヴィクトリア女王

ヴィクトリアは18歳で即位し、首相メルバーンの助言により政治を行った。この時代、イギリスは一大植民地帝国を築き上げていたため、ヴィクトリアは「インド女帝」の称号を得ている。「君臨すれども統治せず」の立憲君主制の理念によって議会制民主主義を貫き、後の首相ベンジャミン・ディズレーリや夫であるアルバートの助言によってイギリス帝国を繁栄させた。

▲アルバート公、ヴィクトリア女王と9人の子供たち

日本は天保の大飢饉が発生

1826~1840

オリエント・インド・東南アジア

1828 **•ロシア・トルコ戦争**［~1829］
オスマン・トルコ帝国の衰退と共にロシアがバルカン半島に狙いをつけ、その結果民族運動が激化。ロシアが勝利し、ギリシアの独立、セルビアの自治をオスマン・トルコに認めさせた。

1830 **•ワルシャワ革命**［~1831］
ロシア帝国による支配に対して、民族主義者や自由主義者がワルシャワで革命を起こした〈11月蜂起〉。この革命はロシア軍によって鎮圧された。

▲マルチン・ザレスキ作、ワルシャワ武器庫の奪取

豆知識 ショパンの「革命のエチュード」
ショパンがシュツットガルトに着いたとき、故郷ワルシャワがロシアの攻撃を受けて陥落したことを知る。この時期に書かれたショパンの作品には、その孤独と絶望を表す「革命のエチュード」、前奏曲ニ短調〈作品28—24〉など、攻撃的で激しい曲がいくつかある。

1832 **•ロンドン議定書**
ギリシア王国の独立を列強国が認める。

1838 **•第1次アフガン戦争**［~1842］
イギリスがアフガニスタンに政治介入して起きた戦争。

北・東アジア

1830頃 **•銀の価格が暴騰する**
清の税制である地丁銀は銀納であったが、農民が実際に手にするのは銅銭であるので、納税にあたっては銅銭を銀に換えて税を納めた。そのため銀の価格が2倍に暴騰すると農民の納める税額も2倍となり、農民の生活を圧迫した。

1832 **•趙金竜**(ちょうきんりゅう)**の乱**
湖南省南部で起こった瑤（やお）族住地への漢人資本の進出による生活の圧迫と、瑤族虐待が主な原因。

1839 **•林則徐**(りんそくじょ)**、アヘンを没収し焼却する**
広東でイギリス商人が持っているアヘンをすべて没収し、処分した。これに怒ったイギリス商人たちは林則徐に抗議し、最終的にアヘン戦争を引き起こすきっかけとなった。

1840 **•アヘン戦争が勃発する**［~1842］
林則徐による貿易拒否を口実にイギリスは戦火を開き、清国船団を壊滅させた。「麻薬の密輸」という開戦理由に対しては、イギリス本国の議会でも反対の声が強かったが、イギリス東洋艦隊を編成した。清政府は林則徐を解任し、イギリスに対する政策を軟化させた。

▲中国船を攻撃する鉄甲艦ネメシス号

日本

1828 **•シーボルト事件起こる**
シーボルトの収集品の中に幕府禁制の日本地図があったことから国外追放処分となった事件。

1831 **•長州藩天保一揆が起こる**

1833 **•歌川広重の東海道五十三次、刊行される**

▲歌川広重作、東海道五十三次より「日本橋」

•天保の大飢饉［~1837］
洪水や冷害により米価が急騰。各地で百姓一揆や打ち壊しが頻発し、大塩平八郎の乱の原因にもなった。

1834 **•水野忠邦、老中となる**

1837 **•大塩平八郎の乱** (PICK UP 3)
大坂町奉行所の元与力大塩平八郎とその門人らが起こした江戸幕府に対する反乱。

•アメリカのモリソン号、浦賀に入港〈モリソン号事件〉 (PICK UP 4)

•この頃各地でマニュファクチュア生産が起こる
大坂周辺や尾張の綿織物業、桐生など北関東の絹織物業において、行われていた工場制手工業。

1839 **•蛮社の獄が起こる**
幕府が蘭学者に対して行った言論弾圧事件。

江戸時代

19世紀

PICK UP 3 水野忠邦の天保の改革

天保の大飢饉に伴う一揆や打ち壊し、大塩平八郎の乱といった国内不安や、アヘン戦争、モリソン号事件などの対外的不安が幕府を取り囲む中、経済改革を中心に、綱紀粛正や軍制改革などが実施された。幕府の権威が低下してきたこと、加えて財政のみならず行政面など問題点が多かったため結果的には失敗に終わり、幕藩体制にとっては悪しき先例を残す結果となった。

▲水野忠邦

PICK UP 4 開国を早めたモリソン号事件

浦賀沖に現れたアメリカの商船モリソン号に対し、薩摩藩及び浦賀奉行は異国船打払令に基づき砲撃を行った。しかし、このモリソン号にはマカオで保護されていた日本人漂流漁民7人が乗っており、モリソン号はこの日本人漂流民の送還と通商・布教のために来航していたことが1年後に判明。さらにモリソン号は非武装であったが、イギリス軍艦と勘違いされていた。異国船打払令に対する国内外からの批判が強まり、開国への道をたどっていく。

▲モリソン号

ヨーロッパ諸国に市民革命の波が押し寄せる、

ヨーロッパ

1844 ・**YMCAが設立される**〈イギリス〉

ジョージ・ウイリアムズら異教派の12人のキリスト教徒によって、ロンドンで創立。キリスト教に限らず青年に対する啓蒙などの奉仕組織。

1846 ・**穀物法廃止される**[1815～]〈イギリス〉

1839年に反穀物法同盟が組織されてから資本家層が中心となって反対運動が起こり、廃止に至った。

1848 ・**2月革命が起こる**〈フランス〉

・**ウィーン3月革命起こる**〈ドイツ〉

・**ルイ・ナポレオン大統領となる**〈フランス〉

ナポレオン1世の甥に当たるルイ・ナポレオンは第2共和政のもと12月、大統領に当選する。1852年には国民投票を経て帝政を開始、ナポレオン3世として君臨する。

ルイ・ナポレオン▶

1851 ・**ロンドン万国博覧会が開催される**

水晶宮博覧会とも呼ばれロンドンのハイドパークで5月1日より10月15日まで開催された最初の国際博覧会。

▶水晶宮で博覧会開会を宣言するヴィクトリア女王

1853 ・**クリミア戦争勃発**

黒海沿岸クリミア半島を中心に勢力が衰えつつあったオスマン帝国を巡る利権争い。フランス、イギリス、オスマン帝国を中心とした同盟軍とロシアとの戦い。

▲セヴァストーポリ包囲戦

・**ナイチンゲールの女性看護団が活躍**

クリミア戦争で戦傷やコレラに苦しむ兵士を救護し、クリミアの天使と呼ばれる。

南北アメリカ

1845 ・**テキサス併合**

テキサス共和国がアメリカ合衆国へ加盟する。合衆国の28番目の州としてテキサス州が生まれた。

1846 ・**オレゴン条約**

イギリスとアメリカ合衆国との間で調印された条約。オレゴン州を北緯49度線で南北に分割。アメリカ側をオレゴン準州とした。

・**米墨**(べいぼく)**戦争が起こる**[～1848]

アメリカ合衆国とメキシコの間で戦われた戦争。テキサスを併合したアメリカとメキシコとの国境争いで、アメリカがブラウン砦を築いたことが発端。1848年2月2日グアダルーペ・イダルゴ条約が調印され、カリフォルニア、ネバダ、ユタと、アリゾナ、ニューメキシコ、ワイオミング、コロラドの大半がアメリカ領となり、アメリカはこれに対し18,250,000ドルをメキシコに支払った。メキシコは国土の 3分の1を失う。

1852 ・**アンクル・トムの小屋が発行される**

南北戦争の引き金になったこの作品は、奴隷制廃止論者であるハリエット・ビーチャー・ストウ《ストウ夫人》による、初老の黒人奴隷トムの数奇で不幸な半生を描いたものである。後にエイブラハム・リンカーン大統領が作者のストウ夫人と会見した際、「あなたのような小さな方が、この大きな戦争を引き起こしたのですね」と挨拶したという逸話がある。

UNCLE TOM'S CABIN;
LIFE AMONG THE LOWLY.
VOL. I.
BOSTON:
JOHN P. JEWETT & COMPANY.

▲アンクルトム初版本

◀ストウ夫人

1854 ・**カンザス・ネブラスカ法が成立**

カンザス準州とネブラスカ準州の開拓者達がその領域内で奴隷制を認めるかどうかは自分達で決めることを認めた法律。法を巡る混乱は民主党とホイッグ党を分裂させ、共和党を興隆させることになり、アメリカ合衆国は北部〈共和党〉と南部〈民主党〉という大政治勢力に分かれることになった。

1848年革命 「諸国民の春」と言われたフランスとドイツの革命はヨーロッパ各地へと伝播していった

フランスの2月革命を発端にドイツ、イギリス、イタリア、オーストリアなどヨーロッパ各地で起きた革命運動を総称して1848年革命という。フランス2月革命は、1830年のフランス7月革命の結果一定の選挙権の拡大が行われたもののブルジョワジー寄りの政策をとったため、労働者、農民の身分層までの選挙権拡大は行われなかった。こうした不満の捌け口は改革宴会《革命宴会》という集会により解消されていたが2月22日にある改革宴会が政府の命令によって強制的に解散させられると、これに激高した労働者、農民、学生のデモ、ストライキに発展した。フランス7月革命とは異なり、以前のブルジョワジー主体の市民革命から、労働者主体の革命へと転化した。ドイツで起きた3月革命は、フランスで起こった革命が、ドイツ、オーストリア、ハンガリーに波及して起こった革命で、市民階級を代表するカンプハウゼン内閣が成立したが革命は失敗に終わる。オーストリアでも3月13日にウィーンに暴動が起こり、ハプスブルク帝国は崩壊の危機に瀕したが、こちらも失敗に終わっている。

▲オラース・ヴェルネ作、スフロ通りのバリケード[1848年]

▲ウィーン3月革命

日本は鎖国時代が終わる

1841〜1855

オリエント・インド・東南アジア

1845 **・第1次シーク戦争**
[〜1846]〈インド〉
パンジャブ地方を支配したシーク教国に対するイギリスの帝国主義的征服戦争。「ラホール条約」が結ばれ、東パンジャブはイギリスに併合される。

1848 **・第2次シーク戦争**
[〜1849]〈インド〉
ムルタンでイギリス士官が殺害され、パンジャブ地方が暴動化したのがきっかけ。グジャラートの戦いでシーク軍は全滅し、イギリスが全パンジャブ併合を宣言した。シーク教国滅亡する。

・バーブ教が迫害される
[〜1852]〈イラン〉
イスラム教シーア派の流れをくむバーブ教が、その過激な思想のため迫害を受けた。各地で蜂起運動が起こるも、壊滅の一途をたどる。

1852 **・第2ビルマ戦争始まる**
[〜1853]〈ビルマ〉
イギリスはビルマに侵攻してペグーを占領、海に面した下ビルマをイギリス領に併合した。

1855 **・ペシャワール条約が調印される**〈アフガニスタン〉
イギリスの支配下にあったアフガニスタンの国王ドースト・ムハンマドとイギリス東インド会社との間に結ばれた永久友好条約。

▲ドースト・ムハンマド

北・東アジア

1842 PICK UP 2 **・南京条約が締結される**
アヘン戦争を終結させるため清とイギリスの間で結ばれた講和条約。清はイギリスに対し、香港割譲のほか、江南5港の開港、公行制の廃止、賠償金の支払等を約した。さらに清はアメリカ・フランスとも同じような内容の条約を結ばされ、列強の中国大陸進出は加速していくことになる。

▲アヘン窟

1850 **・太平天国の乱が起こる**
[〜1864]
太平天国とは洪秀全（こうしゅうぜん）の宗教団体を中心にした農村大衆の反清組織によって樹立された国。1851年広西省で挙兵し、湖南に進出、のち南京を占領して天京(てんけい)と改名し首都とした。キリスト教の影響を受け、政治・経済上の平等主義を掲げたが、56年頃から内紛が激化し、曾国藩（そうこくはん）らの郷勇（きょうゆう）やイギリス人ゴードンの常勝軍などの攻撃をうけて64年滅んだ。

▲洪秀全

日本

1842 **・天保の薪水給与令（しんすいきゅうよれい）が出される**
異国船打払い令を廃止し、外国船への物資補給を認める。

・南総里見八犬伝が完結する
滝沢馬琴によって著された読本。1814年に刊行が開始され、28年かけて完結した、全98巻、106冊の大作。江戸時代の戯作文芸の代表作。

1846 **・アメリカ使節ビッドル浦賀に来航**
初めて江戸湾に外国の軍艦が侵入してきた。

1853 **・アメリカ東インド艦隊司令長官ペリー浦賀に来航**
江戸幕府にアメリカ大統領の親書受理と開国を求める。老中阿部正弘は翌年の回答を約束し親書を受け取る。

▲黒船来航

ロシア使節プチャーチン長崎に来航
国境の画定や通商を求める国書を提出する。

1854 PICK UP 3 **・日米和親条約が締結される**
イギリス、ロシア、フランス、オランダとも同様の条約が結ばれ200年以上続いた鎖国体制が崩れた。

江戸時代

19世紀

各国と結んだ不平等条約

清とイギリスの間で締結させた講和条約〈南京条約〉は不平等条約とまでは言えなかったが、追加で結んだ「虎門寨（こもんさい）追加条約」は不平等条約と言える内容となった。関税は、両国の共同の協定によって決めるため関税自主権を喪失した。イギリス人が犯罪を犯した場合、イギリスの官憲が逮捕するといった領事裁判権を認める。清が他国との条約で有利な条件を他国に与えた場合、イギリスにも同一条件を認める片務的最恵国待遇を負うなどの内容であった。この後、対アメリカとも同様の「望厦（ぼうか）条約」を結ぶ。フランスとはフランスのカトリック宣教師が自由な中国入国を規定することを追加した同様の条約「黄埔（こうほ）条約」を結んだ。

日米和親条約の要約

アメリカにとって日本は清を始めとする東アジアとの貿易のための補給港として重要拠点であった。そのため日米和親条約は不平等条約といった内容ではなかった。

【日米和親条約の主な内容】

- アメリカに物資を補給するために下田、箱館を開港すること。
- 漂流民の救助、引き渡し。
- アメリカ人居留地を下田に設定する。
- アメリカ人の移動可能範囲は下田より7里、函館より5里四方に限り、武家・町家に立ち入ることを禁じる。
- アメリカ人に対する暫定的な休息所を了仙寺・玉泉寺に置き、米人墓所は玉泉寺に置く。

初の世界恐慌と、アメリカの奴隷解放、日本では

ヨーロッパ

1856 **・パリ列国会議でパリ条約が結ばれる**
クリミア戦争の講和会議で締結された条約。ポーランド解放やバルカン諸国の安全保障などは見送られる。

1857 **・初の世界経済恐慌が起こる** PICK UP 1

1859 **・チャールズ・ダーウィンの「種の起源」出版される**
13年間にわたり加筆・修正を加えて、1872年の第6版まで継続された。

1860 **・英仏通商条約が締結される**

1861 **・イタリア王国成立**[～1946]
現在のイタリア共和国の前身となるサヴォイア家の王国。1946年に共和制への移行によって崩壊した。
・アレクサンドル2世の農奴解放令発布

1862 **・ビスマルクの執政**〈ドイツ〉
ドイツ統一を目指して鉄血政策と呼ばれる富国強兵、対外強攻策を推進し、普墺（ふおう）戦争や普仏（ふふつ）戦争を主導し勝利。君主主義の保守的な政治家で優れた外交官でもあった。

ビスマルク▶

1864 **・ジュネーブ協定**〈国際赤十字同盟結成〉
・レフ・トルストイの「戦争と平和」が書かれる

1866 **・プロシア・オーストリア戦争**《普墺戦争》

1867 **・北ドイツ連邦成立**
ドイツ北部のプロイセン王国を主体に22の領邦から成る連合体。1871年のドイツ帝国の母体。
・マルクス「資本論」第1巻を刊行〈ドイツ〉
・ノーベルがダイナマイトを発明〈スウェーデン〉
・オーストリアハンガリー帝国成立[～1918]

1870 **・プロシア・フランス戦争**《普仏戦争》[～1871]

南北アメリカ

1861 PICK UP 2 **・エイブラハム・リンカーン第16代アメリカ合衆国大統領に就任**
・南北戦争勃発[～1865]

1863 **・リンカーンの黒人奴隷解放宣言**

1865 **・アメリカ合衆国憲法修正第13条批准される**
憲法上で正式に奴隷解放を唱える。
・リンカーン暗殺される

▲エイブラハム・リンカーン

1868 **・アメリカ合衆国憲法修正第14条批准される**
憲法上で正式に元奴隷の市民権の保護を唱える。
・キューバで第1次独立戦争起こる[～1878]

1869 **・大陸横断鉄道完成**
5月10日に最初の大陸横断鉄道がニューヨークからサンフランシスコ間で開通し、西部開拓の促進に大きく貢献した。

▲プロモントリーサミットでの開通記念式典の模様

・カナダでレッドリバーの反乱が起こる[～1870]
ルイ・リエル率いるメティス〈カナダインディアンとヨーロッパ人の間の混血子孫〉と東部カナダからの新居者との間でレッドリバーの反乱が勃発した。

1870 **・アメリカ合衆国憲法修正第15条批准される**
憲法上で正式に選挙権に関する人種による制限の禁止を唱える。
・アメリカ南部諸州の合衆国再加入完了
アメリカ合衆国からの分離独立を宣言した南部諸州が構成したアメリカ連合国[1861～1865]が消滅し合衆国に再加入した。1870年7月に再加入したジョージア州を最後に11州全てが再加入する。

1857年世界恐慌

恐慌は1825年のイギリスで木綿の生産過剰により初めて起こり、その後も1836年にはイギリスの対アメリカ輸出に関連しての、過剰生産・過剰投資で信用恐慌が、1847年にはイギリスの鉄道建設を巡り恐慌が起きていた。恐慌はイギリス中心で起こっていた。しかし1857年はクリミア戦争による食料不足がイギリス工業へ飛び火し、フランス・ドイツも巻き込む世界恐慌へと拡大。1866年には、米国で起こった南北戦争により綿花栽培が壊滅的な打撃を受け、プロイセン・オーストリア戦争なども重なりイギリス最大の信用機関であったオーバーレンド・ガーニー・カンパニーが破産している。資本主義の発展が世界的な広がりを見せるようになったことの結果と言える。農産業における過剰生産が原因であった。

エイブラハム・リンカーン

アメリカ合衆国国民に最も愛された大統領の1人。1863年の奴隷解放宣言は「アメリカ合衆国に対して叛乱状態にある州や地域の奴隷も解放の対象となる」という内容だった。この後戦争は、連邦統一の為だけではなく、奴隷解放という正義の為の戦争という意味を帯びる。同年ゲティスバーグに新しく建設された霊園においては「人民の、人民による、人民の為の政治」という名文句で、死者達が残した目標を生きている者達が引き継いでいくことを訴えた。南北戦争という国家分断の危機に際して、状況判断を的確に行い戦況の変化に柔軟に対応。連邦維持という目的を明確に掲げ、国民の統率力においても優れた才能を発揮した大統領であった。1865年4月14日、フォード劇場にてジョン・ウィルクス・ブースにより至近距離から拳銃で撃たれ、翌日死亡した。

明治維新が起こる

1856~1870

オリエント・インド・東南アジア

1857 **•インド大反乱**［～1859］
イギリスの植民地支配に対する民族的反抗運動で、イギリス東インド会社のインド人傭兵セポイが反乱を起こし、インド社会全体に広がっていった。

▲インド大反乱

1858 **•ムガル帝国滅亡する**
イギリス東インド会社が廃止され、イギリス本国の直轄統治が始まった。

1862 **•フランスがコーチシナ東部を獲得**〈第1サイゴン条約〉

1865 **•ブータン戦争起こる**
ドゥアール地方の支配権を巡るイギリスとブータンの戦いで、敗北したブータンは翌年、年間5万ルピーの補助金を受け取ることと引き換えに、ドゥアール地方の支配権を放棄した。

1869 **•スエズ運河開通**
建設当初のスエズ運河は全長164km、深さ8mだったが、その後何度かの拡張工事を受け、2010年段階では全長193.30km、深さ24m、幅205mとなった。

▲1860年建設中のスエズ運河〈イスマイリア地区〉

北・東アジア

1856 PICK UP 3 **•アロー戦争**［～1860］
イギリスの利益のためにイギリスが起こした清に対する戦争。

▲略奪直前の円明園

1858 **•天津条約**
清朝が天津でロシア帝国・アメリカ合衆国・イギリス・フランスの4国と結んだ条約で、広範囲な外国の特権を規定した不平等なもので、それ以後の不平等条約の根幹となった。

1860 **•北京条約**
天津条約の結果では英仏は満足していなかった。また清は天津条約に定められた1年以内の批准を拒んだ。このため英仏軍は再び天津に上陸、北京を占領し恭親王（きょうしんのう）に最後通牒を送った。ロシアの仲介で清とイギリス、清とフランスとの間に新たな条約が結ばれ、仲介したことを口実に清とロシアとの間でも新たな条約が結ばれた。いずれも不平等条約であった。

1866 **•丙寅教獄（へいいんきょうごく）が起こる**〈朝鮮〉
パリ外国宣教会から派遣され、朝鮮に潜入して布教に当たっていたフランス宣教師ら8000名に及ぶ信者が処刑された、キリスト教弾圧事件。

▲殉教した宣教師ピエール・アンリ・ドリエ

日本

1858 **•日米修好通商条約に調印**
不平等条約の一つで、同様の条約をイギリス・フランス・オランダ・ロシアとも結んでいる〈安政五カ国条約〉。領事裁判権や関税自主権の喪失などが盛り込まれていた。

•安政の大獄
江戸幕府の大老井伊直弼らは、勅許を得ないまま日米修好通商条約に調印、徳川家茂を第14代将軍継嗣に決定した。これらの強引な諸策に反対した者たちを幕府が弾圧した事件。

•慶応大学が設立
福沢諭吉が慶應大学を設立。

1860 **•桜田門外の変**
水戸藩、薩摩藩の脱藩浪士が大老の井伊直弼を暗殺した事変。

1866 **•江戸、大阪で打ちこわしが頻発する**

1867 **•尊王攘夷運動が盛んになる**
幕末に行われた反幕府運動で、天皇を尊び外国勢力を追い払う意味を持つ運動。

•大政奉還
江戸幕府第15代将軍徳川慶喜が統治権返上を明治天皇に上奏し、翌15日に天皇が上奏を勅許した。

江戸時代

1868 **•王政復古の大号令**
討幕派の計画により「天皇親政」が宣言された政変。これをもって江戸時代が終わる。

•五箇条（ごかじょう）の御誓文（ごせいもん）が布告される

•明治維新

PICK UP 4 **•戊辰戦争が始まる**［～1869］

明治時代

19世紀

アロー号事件

南京条約により、アヘンの輸出も事実上公認させたイギリスであったが、期待した商業利益は上がらず、イギリスでは清との条約を改正するべきだとの意見が強くなってきた。口実とされたのがアロー号事件である。1856年10月8日に清の官憲がイギリス船籍を名乗る中国船アロー号に臨検を行い、清人船員12名を拘束した。イギリスはこれに対しイギリス船籍の船に対する清官憲の臨検は不当であると主張、また逮捕時に清の官憲がイギリスの国旗を引き摺り下ろしたことは、イギリスに対する侮辱だとして抗議した。実際にはすでにアロー号の船籍登録は期限を数日過ぎており、イギリス国旗を掲げる権利は無く、官憲によるアロー号の臨検は全くの合法であった。しかし、事実が判明しないうちにイギリス海軍が広州の砲台を占領し戦争が始まった。

戊辰戦争のあらまし

戊辰戦争は大きく三つの戦いに分けられる。その内容は以下の通りである。

【鳥羽・伏見の戦い】1868年1月27日、薩摩藩長州藩によって構成された新政府軍と旧幕府軍が戦闘状態となる。1月30日夜、徳川慶喜が海路で江戸へ退却し終結。

【東北戦争】1868年東北31藩による奥羽越列藩同盟と会津・庄内両藩の会庄同盟が協力し、新政府軍と戦った。会津藩兵が若松城に篭城し白虎隊の悲劇などが発生、9月24日に庄内藩が新政府に降伏し終結。

【箱館戦争】榎本武揚ら旧幕府海軍を主体とする勢力が蝦夷共和国の成立に向け箱館五稜郭などを拠点にして新政府軍と戦った。1869年6月27日、新政府軍に降伏し戊辰戦争は終結した。

ロシアの南下政策に各国が動く、日本では

ヨーロッパ

1871 ・**パリ・コミューンの崩壊**

パリ・コミューンとは3月26日にパリで民衆が蜂起して誕生した革命政府で、世界初の労働者階級の自治による民主国家。臨時の国防政府による攻撃と北ドイツ連邦軍の封鎖により5月28日、パリは鎮圧され革命政府パリ・コミューンは終焉を迎えた。

コミューンによってパリ市内に築かれたバリケード▶

1877  ・**ロシア・トルコ戦争**［〜1878］

ロシアの勝利で戦争は終わり、サン・ステファノ条約が結ばれ、セルビア、モンテネグロ、ルーマニアの各公国はオスマン帝国から独立、ロシアの影響を強く受ける広大な自治領「大ブルガリア公国」が成立した。

最大の激戦地シプカ峠の戦い▶

1882 ・**独墺伊三国同盟**

ドイツ帝国宰相ビスマルクは、フランスの孤立化を目的に欧州各国との同盟外交を推進。その一環として、オーストリア、イタリアと三国同盟を締結する。

1883 ・**オリエント急行が開通**

国際寝台車会社によりパリ⇔コンスタンティノープル間で列車が運行された。

・**コッホがコレラ菌を発見**〈ドイツ〉

1886 ・**ダイムラーが自動車を発明**〈ドイツ〉

1889 ・**エッフェル塔の建設**

・**パリ万国博覧会開催**

パリのエッフェル塔▶

・**第2インターナショナル結成**［〜1914］

7月14日、パリのペトレル通りで20カ国・400名に上るマルクス主義者たちが集会を開催した。

南北アメリカ

1876 ・**ベルが電磁式電話機を発明**

3月10日、電話の実験に成功、最初の言葉は共同研究者への「ワトソン君、用事がある、ちょっと来てくれたまえ」であった。

アレクサンダー・グラハム・ベル▶

・**マーク・トウェイン「トム・ソーヤの冒険」が発表される**

PICK UP 2 ・**スー族の蜂起**〈ブラックヒルズ戦争〉［〜1877］

スー族とアメリカ合衆国との間に行われた一連の戦闘と交渉の総称である。リトルビッグホーンの戦いで、ジョージ・アームストロング・カスター将軍の部隊が全滅した。

▲リトルビッグホーンの戦い

1877 ・**エジソンが蓄音機を発明**

生涯におよそ1,300もの発明を行ったアメリカ合衆国の発明家で起業家。

1879 ・**エジソンが白熱電灯を発明**

▲トーマス・エジソン

1882 ・**アパッチ族の反乱**［〜1886］

アパッチ戦士ジェロニモ〈右端〉▶

1890 ・**ウンデット・ニーの虐殺**

12月28日、大砲や機関銃で武装したジェイムズ・フォーサイス大佐率いる第7騎兵連隊が、一方的にスー族を襲撃した。酋長を始めとする150名以上が虐殺された。

 ベルリン会議

サン・ステファノ条約が履行されると、ロシアの勢力圏が大きく南に広がりエーゲ海にまで達することになるため、イギリスとオーストリアハンガリーはこの条約に強く反対。ベルリンにおいて双方の利害を調整するため、ドイツのビスマルクが主催した国際会議を開くことになった。イギリス、フランス、ドイツ、オーストリアハンガリー帝国、ロシア、イタリア、オスマン帝国の7カ国が参加し、バルカン半島の新独立国の領域が決定された。

▲ベルリン会議に参加した各国代表

PICK UP 2 インディアンに対する人種差別

アンドリュー・ジャクソン大統領によって1830年に制定された「インディアン強制移住法」では「保留地制度に基づく強制移住に従わないインディアン部族は絶滅させる」とする「インディアン絶滅政策」が進められた。これはユリシーズ・グラント大統領や、ウィリアム・シャーマン将軍らによってさらに強化され、民族虐殺が西部へと拡大。また、バッファローはインディアンの衣食住の柱であり、宗教儀式に欠かせない霊的な存在だったが、インディアン制圧のため「兵糧攻め」戦法として、これを意図的に絶滅させようとした。

▲バッファローの頭骨の山

大日本帝国憲法が発布される

《1871〜1890《

オリエント・インド・東南アジア

1876 •**オスマン帝国憲法発布**
ベルギーの憲法を参考にしたアジアの中では初の近代的憲法典で、ミドハト憲法とも呼ばれる。

▲ミドハト・パシャ

1877 •**インド帝国の成立**
イギリスのヴィクトリア女王を皇帝とするインド帝国の成立。

1881 •**アラービー運動が起こる**〈エジプト〉[〜1882]
アフマド・アラービーにより結成されたワタン党とともに西欧列強からのエジプト独立と立憲民主制を求めた武装蜂起。失敗に終わりアフマド・アラービーはセイロンに流刑。

1885 •**第3次ビルマ戦争**《英緬戦争》**起こる**[〜1886]
イギリスのビルマ完全支配を目指した3度目の侵攻。1886年にビルマ王がイギリスに降伏し併合され、イギリス領インドに組み込まれた。

1887 •**フランス領インドシナ連邦成立**
コーチシナ〈ベトナム南部〉を併合し、ベトナム中部、カンボジア王国を保護国、トンキン〈ベトナム北部〉を保護領とし、これらを持ってフランス領インドシナとした。

北・東アジア

1874 •**台湾で清と日本が衝突**
〈日本の台湾出兵〉
イギリス公使ウェードの仲裁で和議が行われ、賠償金を日本に支払うことで、日本軍の撤兵が行われた。

1875 •**江華島**（こうかとう）**事件が起こる**〈朝鮮〉
日本と朝鮮の間で起こった武力衝突事件で、朝鮮の開国を要求して示威行動をとった日本の軍艦雲揚（うんよう）号が、江華島砲台と交戦。朝鮮が敗戦し1876年日本と日朝修好条規〈不平等条約〉を結ぶ。朝鮮の開国。

1882 •**壬午事変**（じんごじへん）**が起こる**〈朝鮮〉
大院君（だいいんくん）らによる大規模な兵士の反乱。政権を担当していた閔妃（びんひ）一族の政府高官や、日本人軍事顧問、日本公使館員らが殺害され、日本公使館が襲撃を受けた事件。

▲魚〈朝鮮〉を釣り上げようとする日本と清、横取りをたくらむロシアを描いたビゴーの風刺画

1884 •**甲申政変**（こうしんせいへん）**が起こる**〈朝鮮〉
日本と組んだ金玉均、朴泳孝らの開化派〈独立党〉が王宮を占領、清国にたよる守旧派政権の打倒を図ったクーデター。

1885 •**清と日本が天津条約を結ぶ**
【甲申政変の事後処理の条約】
・日清両国は朝鮮から撤兵する。
・両国は軍事顧問を派遣しない。
・朝鮮への派兵は相互に通知する。

日本

1871 •**日清修好条規が結ばれる**
•**廃藩置県が行われる**
•**岩倉使節団を欧米諸国に派遣**
•**郵便制度が創設される**

1872 •**富岡製糸場開業**
•**学制が公布される**
•**新橋〜横浜間鉄道開通**
•**福沢諭吉の「学問のすゝめ」出版される**

1873 •**地租改正条例布告**
•**内務省が創設される**
•**徴兵令が公布される**

1874 •**神戸〜大阪間鉄道開通**
PICK UP 3 •**自由民権運動が激化**

1875 •**新島襄が同志社大学を設立**

1877 •**西南の役起こる**
•**東京大学が設立**

1882 •**日本銀行が設立**

1884 •**華族令の制定**

1885 •**内閣制度の制定**
初代総理大臣に伊藤博文が就任

1889 •**大日本帝国憲法発布**
PICK UP 4

1890 •**第1回帝国会議開かれる**

19世紀

明治時代

自由民権運動

藩閥政治に反対して議会の開設、地租の軽減、不平等条約の改正、言論と集会の自由の保障などの国民の自由と権利を要求した政治運動。1874年、板垣退助は後藤象二郎、江藤新平、副島種臣らと民撰議院設立建白書を提出。国会の開設を要求する運動として全国的に広がる。自由党と立憲改進党が結成され、組織的な運動を展開したが、1884年加波山事件をきっかけに自由党は解党し、福島事件・秩父事件などが鎮圧されるなかで衰退した。

▲言論を封じられた新聞記者

大日本帝国憲法

日本で初めて発布された近代的憲法はおおむね以下の通りであった。「主権は天皇にあり、文武官の任免、陸海軍の統帥、宣戦、講和などは天皇大権（てんのうたいけん）にあり、政府の権限は議会より大きい」「帝国議会は衆議院と貴族院の2院で構成される」「司法権は立法及び行政権から独立し、天皇の名のもと裁判所が法律により裁判する」「国民は天皇の臣民であり、法律の範囲内または臣民の義務に背かないかぎり基本的人権は保障される」。

▲憲法発布略図

欧米諸国による領有権争いが盛んになり、

ヨーロッパ

1891
- **シベリア鉄道着工**

1892
- **ロシア・フランス軍事協定**
  三国同盟に対抗して8月18日に締結された軍事協定で完全な秘密条約だった。

1894
- **ロシア・フランス同盟締結される**
  ドイツ・オーストリア・イタリアによって構成される三国同盟から一方の当事国が攻撃を受けた場合、他方の国が軍事的支援を行うことが定められた。
- **ドレフュス事件**
  フランスで起きた、フランス陸軍参謀本部の大尉であったユダヤ人のアルフレッド・ドレフュスに対する冤罪事件。金融界を牛耳るユダヤ人への圧力であった。

1895
- **レントゲン、X線を発見**〈ドイツ〉
- **マルコーニ、無線電信の実験に成功**〈イタリア〉

1898
- **キューリー夫妻、ラジウムを発見**〈フランス〉
- **ロシア社会民主労働党結成** (PICK UP 1)
  ロシアで最初のマルクス主義政党。

1899
- **第2次ボーア《南アフリカ》戦争**［～1902］
  独立ボーア人共和国であるオレンジ自由国及びトランスヴァール共和国と、大英帝国の間の戦争。二つの共和国は敗北し、大英帝国に吸収された。

豆知識　サッカーとラグビーは19世紀にイギリスで確立された

フットボールは1850年代までにはイートン・カレッジを中心とする「手を使うことを禁止するルール」と、ラグビー校を中心とする「手を使うことを許可するルール」との2大勢力に収束していた。1863年、ロンドンで最終的なルール統一を目指した協議が開催されたが、二つの競技〈サッカーと、ラグビー〉は決別した。これこそがサッカーとラクビー誕生の瞬間である。1863年サッカー協会《フットボール・アソシエーション》設立。1871年ラグビー協会《ラグビーフットボール・ユニオン》設立。

南北アメリカ

1893
- **ハワイ革命が起こる**
  1月16日、王政派に危機感を募らせた共和制派は、米国のスティーブンス公使に要請しアメリカ海兵隊をイオラニ宮殿に派遣・包囲し、翌17日には共和制派が政庁舎を占拠し、王政廃止と臨時政府樹立を宣言した。

ハワイ王国リリウオカラニ女王▶

1898
- **アメリカ・スペイン《米西》戦争** (PICK UP 2)
  キューバにおけるスペイン軍の残虐行為に対しアメリカが軍事介入し、スペインは敗北。、カリブ海及び太平洋のスペインの旧植民地に対する管理権をアメリカが獲得。

▶ハバナで爆沈したUSS ACR-1メイン

- **パリ条約締結**
  アメリカ合衆国・スペインの間で交わされ、勝利を収めた米国がフィリピン群島、グアム島、プエルトリコを領有する結果となった。

豆知識　ジーンズの起源は19世紀

西部開拓時代のアメリカにおいて、幌馬車やテントに使われていた丈夫なキャンバス地で仕事着を作ったところ、初めはカウボーイや開拓者の間で使用されていたが、19世紀中頃からゴールドラッシュで集まっていた鉱山労働者たちに好評で普及したと言われている。

▶19世紀中頃の典型的なカウボーイ

PICK UP 1　党機関紙《イスクラ》

ミンスクで党の創立大会が開かれた。この大会では党名を「ロシア社会民主党」とし、すでに発行されていた「ラボーチャヤ・ガゼータ」を党中央機関紙としていた。党中央委員会はピョートル・ストルーヴェに党の宣言の起草を依頼したが、大会直後に大量の逮捕によって解体。宣言を起草したストルーヴェは独断で党名を「ロシア社会民主労働党」とし、以後この名前が定着。その後「イスクラ〈「火花」の意〉」が、ロシア社会民主労働党の機関紙となる。最初の発刊は1900年12月1日にシュツットガルトで行われた。当初、イスクラはレーニンによって編集された。

▲イスクラ初版

PICK UP 2　英雄ルーズベルト

キューバのサンチャゴ湾にアメリカの義勇騎兵隊であるラフ・ライダーズ〈荒馬乗り隊〉連隊約17,000人が上陸。要所であるサン・ホアン高地を奪取し、キューバにおける陸上での戦いは1日で決着がついた。この時ラフ・ライダーズ連隊の中佐としてサン・ホアン高地の戦いを指揮し、戦争の英雄となったのが後の大統領、セオドア・ルーズベルトである。

▲セオドア・ルーズベルト率いるラフ・ライダーズ

アジアでは日清戦争が起こる

《1891～1900《

19世紀

オリエント・インド・東南アジア

1892 •**ジャワ原人発見される**

ウジェーヌ・デュボワが1891年にオランダ領であったインドネシアジャワ島トリニールで発見した化石人類に対する通称。

▲ウジェーヌ・デュボワ

1894 •**アルメニア事件**〈トルコ〉[～1896]

イスタンブールなど西部の大都市を含む帝国全土でアルメニア人が迫害された。

1896 •**ギリシア第1回近代オリンピック開催**

フランスの教育者であり、近代オリンピックの創立者のピエール・ド・クーベルタン男爵提唱により、4月6日から4月15日まで、ギリシアのアテネで行われた。14カ国が参加。

•**青年トルコ支部壊滅**〈トルコ〉

アブデュルハミト2世による厳しい取り締まりでイスタンブールの憲政復活運動拠点が壊滅する。

1897 •**ギリシア・トルコ戦争**

トルコ領クレタ島の領有権争い。イギリス・フランス・ロシア・ドイツ・イタリア・オーストリア6カ国の仲介でクレタ島はトルコ主権下での自治が認められた。

1899 •**フィリピン共和国樹立**

1898年にアメリカとスペインの間に結ばれたパリ講和条約によって、「フィリピン群諸島は合衆国の自由なる旗のもとに置かれなければならない」とする声明を発表し独立国を樹立。その後アメリカ合衆国との間に新たな戦争が勃発した〈米比戦争〉。

北・東アジア

1894 •**東学党の乱**

朝鮮で東学教団構成員の全ホウ準（ぜんほうじゅん）を指導者に、民生改善と日・欧の侵出阻止を求める農民反乱。朝鮮政府は、清へ援兵を依頼。日本もそれに合わせて朝鮮へ出兵。日清戦争のきっかけとなる。

PICK UP 3 •**日清戦争勃発**[～1895]

7月25日、日本艦隊と清国艦隊が朝鮮半島西岸沖の豊島沖で戦った海戦。宣戦布告直前に遭遇して起きた。日本艦隊の圧勝。

1895 •**日清講和条約結ばれる**

日本側は伊藤博文・陸奥宗光（むつむねみつ）、清側は李鴻章（りこうしょう）との間で調印された。内容は、❶朝鮮の独立を認め、❷清は日本に、台湾・遼東（りょうとう）半島・澎湖（ほうこ）諸島を割譲し、❸賠償金3億1000万円を支払う、などであった。遼東半島はこの後、ロシアなどの三国干渉で返還することになる。

▲下関で行われた日清講和条約締結

1897 •**朝鮮、国号を大韓国とする**

1898 •**中国分割**

ヨーロッパ列強国は清朝を「眠れる獅子」と称して用心していたが清の敗北により、列強は清を分割。1898年にはほぼ分割は終了する。1899年にはアメリカが「門戸開放宣言」を出した。

1900 •**義和団事件が起こる** PICK UP 4

日本

1891 •**足尾銅山の公害が国会で問題にされる**

田中正造が国会で質問したにも関わらず、政府は積極的には鉱毒対策を行わなかった。

•**豊田佐吉、豊田式木製人力織機を発明**

1894 •**北里柴三郎、ペスト菌を発見**

「日本の細菌学の父」として知られ、初代伝染病研究所〈現在の東大医科学研究所〉所長、初代慶應義塾大学医学部長、初代北里研究所〈北里大学の母体〉所長を務める。日本医師会創立者。

▲北里柴三郎

明治時代

1897 •**志賀潔、赤痢菌を発見**

赤痢菌の発見と共に化学療法を研究し、明治時代の日本の近代化のなかで世界に通用する科学研究の成果を成し遂げた先駆者と評される。赤痢菌の学名は志賀にちなむShigellaである。

▲志賀潔

1898 •**日本美術院が結成される**

岡倉天心らが中心となって、美術研究団体として谷中大泉寺にて結成した。財団法人日本美術院と財団法人美術院国宝修理所として現在に至っている。

▲岡倉天心

PICK UP 3 日清戦争の主な戦い

日清戦争で勝敗を左右した戦いと経過は以下の通りである。

1894年7月25日	豊島沖海戦、豊島沖で両軍艦船が遭遇
7月29日	成歓の戦い、牙山に向かった日本軍と清軍が交戦
8月1日	日清両国、互いに宣戦布告
9月17日	黄海海戦、日本艦隊が勝利し制海権をほぼ掌握
11月21日	日本軍、旅順口を占領。旅順虐殺事件が発生
1895年2月中旬	陸海軍共同の山東作戦完了。日本が制海権を完全に掌握
3月上旬	日本軍、遼河平原作戦完了。日本が遼東半島全域を占領

PICK UP 4 義和団事件

義和団とは山東省方面にあった義和拳教という宗教を奉じる秘密結社で、民衆の不満を背景に西洋文化の象徴であるキリスト教を迫害したのが始まりである。西太后の清朝政府はこの運動を支援し、官軍も行動を共にするようになった。清朝政府が列国に対して宣戦を布告するにいたると、8カ国〈日本・ドイツ・イギリス・フランス・ロシア・アメリカ・イタリア・オーストリア〉の連合軍が北京に進撃した。日本では「北清事変」と呼ばれる。義和団は討伐され、清朝は降伏した。

▲8カ国連合軍

清国の北京が諸外国に占領され、朝鮮の支配を

ヨーロッパ

1901
- オーストラリア連邦成立
- イギリス女王のヴィクトリアが死去
- ピカソ、パリで個展を開く
- 第1回ノーベル賞の授賞式を開催

ノーベル賞は、ダイナマイトの発明者として知られる、アルフレッド・ノーベルの遺言を活かすもの〈自分の財産を人類のために貢献した人々に分配する〉として生まれた。氏自身が、この賞を設立したわけではなく、「ノーベル賞」という名前を考案したわけではない。この第1回のノーベル賞物理学賞は1895 年にX 線の発見を報告した、「ヴィルヘルム・レントゲン」が受賞している。今も使われているレントゲンは、この名前が由来である。

▶ヴィルヘルム・レントゲン

1902
- 日英同盟成立
- 仏伊協商成立

三国同盟からイタリアが脱落、ドイツがフランスを攻撃する際にはイタリアは参加しないことを約束した。

- 英仏協商成立

1905
- ノルウェーがスウェーデンより分離独立

南北アメリカ

1901
- 26代目合衆国大統領にセオドア・ルーズベルト就任［～1909］

▶セオドア・ルーズベルト

1903
- パナマ共和国がアメリカの援助によりコロンビアから独立
- ライト兄弟の飛行機が世界初の有人動力飛行に成功

兄弟は12月17日にノースカロライナ州のキティホークにあるキルデビルヒルズで、12馬力のエンジンを搭載した「ライトフライヤー号」で初飛行に成功。写真は、兄弟に撮影を頼まれたジョン・T・ダニエルズが撮ったもので、多くの記録写真が残っている。

1904
- アメリカによるパナマ運河の工事が開始［～1914年］

1905
- 世界産業労働者組合《IWW》が成立

IWWはオハイオ州シンシナティに本部を置く国際的労働組合。すべての労働者は一つの組合の下に団結することと、社会主義的な給与を主張した。

ロシア

1901
- ナロードニキ《人民主義者》の系統の社会革命党が結成される
- シベリア鉄道がモスクワからウラジオストクまで完成〈バイカル湖区間を除く〉

1904年には全線が開通した。

1903
- レーニンらの「ボリシェヴィキ」とプレハーノフらの「メンシェヴィキ」が分裂する

ロシア語で「ボリシェヴィキ」は多数派、「メンシェヴィキ」は少数派を意味する。ボリシェヴィキは、党を労働者・農民を基礎に少数の革命家集団にしようとし、メンシェヴィキは広く大衆に基礎をおき、中産階級とも妥協して、ゆるやかに革命を進めようとした。

1904 PICK UP 1
- 日露戦争が始まる

1905
- 血の日曜日事件が起こる

労働者の法的保護や基本的人権の確立、日露戦争の中止などを請願して行進する6万人〈ストライキ参加者は10万人を超える〉の人々に軍隊が発砲。弾圧による死者数は不明。

- 日本海海戦で、バルチック艦隊が壊滅する［5月］
- 戦艦ポチョムキン号の反乱が起こる［6月］
- アメリカの仲介によりポーツマス条約が結ばれ、日露戦争が終結する［9月］

日露戦争

日露戦争は20世紀最初の一大戦争となったが、その背景にはロシアの南下という脅威があった。清国の北京はすでに日本とロシアなどに占領され、ロシアは次なる朝鮮の支配を目指していた。日本は、日英同盟を後ろ盾にロシアを抑えこむことで、朝鮮だけでなく自分の国を守る必要があった。1904年2月、日本が旅順港を奇襲攻撃することで戦争は開始された。日本は数々の戦いで連勝したが、すでに戦費をイギリス、アメリカから借金しており、長期戦ができるほどの経済力はなかった。19カ月の戦争期間中に戦費17億円を投入、戦費のほとんどは戦時国債によって調達されていた。一方、ロシアは「血の日曜日事件」などで全土にストライキや農民運動が広がっていた。ロシアは戦争の続行が難しくなり、日本海海戦でバルチック艦隊が敗れた後、講和に傾いた。

▲日本海戦時の三笠艦橋における司令官・東郷平八郎

この当時の日本の国力からすれば、超大国相手の無謀な戦争であったとも言えるが、これによってロシアのアジアへの植民地化を阻止したという見方もできる。

▲ポーツマスにおける日露両政府代表団

視野に入れた日露戦争が起こる 《1901～1905》

アフリカ・オリエント・西・南・東南アジア

1902 **•ボーア戦争《南アフリカ戦争》が終結**

ボーア戦争はイギリスとオランダ系ボーア人《アフリカーナ》が、南アフリカの植民地化を争ったもの。第1次ボーア戦争［1880～1881年］と第2次ボーア戦争［1899～1902年］の2度にわたる。第2次ボーア戦争は、独立ボーア人共和国であるオレンジ自由国・トランスヴァール共和国対英国の戦いで、1902年5月にボーア人が降伏し、フェリーニヒング条約が締結されたことによってイギリスの勝利で終戦。

▲オランダ系ボーア人の人々［1880年代］

1904 **•オランダ領東インドが成立**

スマトラ島全土がオランダ領に編入され、現在のインドネシア共和国とほぼ同じ領域を占める範囲を支配。300以上の民族と250以上の言語を抱えた、この地域の統一国家は、前例のないものであった。

1905 PICK UP 2 **•イギリス領インドで、ベンガル分割令を発布**

民族運動の分断を図るため、ベンガル州をヒンドゥー教徒多住地域とイスラム教徒多住地域の2州に分割。国民会議派を中心とする反英運動により1911年廃止。

北・東アジア

1901 **•北京議定書〈辛丑(しんちゅう)条約〉が調印される**

宗教的武術集団の義和団が北京で各国と戦うが、日本とロシアを主力とする8カ国の連合軍が北京を占領。敗れた清は、義和団事件の最終議定書で、巨額の賠償金を払い、外国部隊の北京駐屯を認めた。

1903 **•東清鉄道が開通**

東清鉄道は、満州北部にロシア帝国が建設した鉄道。シベリア鉄道と連結した。

1905 **•孫文が東京で中国同盟会を結成、清帝国の解体を目指す**

孫文［1886～1925年］は、興中会（こうちゅうかい）〈孫文が1894年にハワイで華僑を中心に組織した政治的秘密結社〉を指導する立場にあった。孫文は、これまでばらばらであった革命諸団体の結集を図り、東京で中国同盟会を組織。総裁に選ばれた孫文は、民族の独立・民族の伸長・民族の安定の「三民主義」を掲げ、革命宣伝や武装蜂起を行った。

孫文▶

日本

1902 **•日英同盟成立** PICK UP 3

•八甲田雪中行軍遭難事件

陸軍第8師団の歩兵第5連隊が、八甲田山で冬季訓練中に遭難した事件。訓練参加者210名中199名が死亡。

1903 **•西園寺公望(きんもち)が政友会の総裁となる**

•藤村操(みさお)が日光の華厳の滝で投身自殺

満16歳10カ月の一高1年生が、日光の華厳の滝に投身自殺。滝の落ち口の大樹に「巌頭之感」で始まる遺書を残していた。内容は「世界はあまりにも広く、歴史はあまりにも長い。それに比べ、自分の五尺の身体はちっぽけ過ぎて、自分の生きる意味が分からなくなる。ホレーショの哲学に、その答えはなかった。分からない、それに尽きる。悩んだ末、自殺することに心は定まった」である。

▲華厳の滝

1904 **•日露戦争が始まる**

1905 **•ポーツマス条約が結ばれる**

この条約によって日本は、韓国の指導・監督権、遼東半島南部の租借権、南満州鉄道の利権、樺太《サハリン》南半の領有権などを得た。

明治時代

20世紀

インドの分割

19世紀末より反英的姿勢を示す急進派がインド国民会議で台頭しており、植民地政府はこうした動向に懸念を抱いていた。こうした中、総督カーゾンによって制定されたのがベンガル分割令である。当時の民族運動の中心であったベンガル地方を分割、西ベンガル《ヒンドゥー教信徒多住地域》をほかの州に編入して地方議会選挙でベンガル人を少数派にし、東ベンガル《ムスリム多住地域》にムスリム自治州を設立することで、民族運動の分断を図ったのだが、かえって反英闘争を激化させてしまった。しかし、第2次大戦後ヒンドゥー教徒とムスリムの分断国家が形成されたことを考えると、この出来事の影響は極めて大きい。

▲カーゾン卿《ジョージ・カーゾン》

日英同盟

イギリスは、満州におけるロシア勢力の牽制を目論んでいたが、単独では中国での利権に限界があった。そこで、まずドイツとの交渉を試みたがドイツはロシアと手を結んだため失敗し、その後日本に接近。日本では、ロシアとの妥協派、イギリスとの同盟派と二分していたが、結局日露間交渉は失敗し、日英同盟が締結された。この同盟内容は、締結国がほかの1国と交戦した場合は同盟国は中立を守り他国の参戦を防止すること、2国以上との交戦となった場合には同盟国は締結国を助けて参戦することを義務づけたものであった。

▲日英同盟によりガーター勲章を受ける明治天皇［1906年］

欧州で三国同盟に対抗する三国協商が成立、

ヨーロッパ

1906

- **イギリスで1900年に結成された労働代表委員会が「労働党」となる**
  労働代表委員会を議会政党に組織変更し、「労働党」と改称。ケア・ハーディが初代議長に選出された。

▲ケア・ハーディ

- **アルヘシラス国際会議**〈モロッコでのフランス・スペインの優越〉
  アルヘシラス会議は、第1次モロッコ事件[1905年]におけるドイツとフランスの対立を収拾するため、ドイツの提唱によりスペインのアルヘシラスで開催された。欧米13カ国が参加。

1907 

- **英露協商が結ばれ、三国協商が成立**
- **日仏協約が結ばれる**
- **ニュージーランドが自治領になる**

1908

- **オーストリアが管理下のボスニア・ヘルツェゴビナを併合**

1910

- **イギリス領の南アフリカが自治領となる**

南北アメリカ

1907

- **現在のカナダ東海岸のニューファンドランドがイギリス自治領となる**〈1949年にカナダとなる〉

▲カナダ・ニューファンドランド州世界遺産のランス・オ・メドー国定史跡。北米唯一のバイキング遺跡
photo by Dylan Kereluk

1908

- **日米紳士協定が結ばれる**〈日本人労働者の米国への渡航を禁止するが、米国在住日本人に差別待遇をしない協定〉
  米国への移民は日本政府によって自主的制限がされることとなった。この協定により旅券発行が停止されたのは主として労働にのみ従事する渡航者であり、観光客、学生及び米国既在留者家族は引き続き渡航可能だった。

1910

- **メキシコ革命始まる**
  メキシコ革命はラテンアメリカで最初の社会革命であり、メキシコの政治体制を決定づける事件。

▲フランシスコ・マデロ〈亡命先アメリカから蜂起を呼びかけ、メキシコ革命が起こった〉

ロシア

1906

- **ストルイピンが首相に就任**[〜1911]
  ストルイピンの改革、農村共同体ミールの解体、言論の抑圧などを行う。

▶ピョートル・ストルイピン

- **国会《ドゥーマ》開設**

1907

- **英露協商が結ばれる**
  イラン、アフガニスタン、チベットにおける両国の勢力範囲を決定した協約。これにより英露は対立関係が解消し、両国はドイツの3B政策やパン・ゲルマン主義に対抗することとなった。露仏同盟、英仏協商と合わせて三国協商が成立する。

1908

- **ポーランドが土地収用法を適用**〈これによりオーストリアとの関係が悪化する〉
- **ツングースカで大爆発が起こる**
  6月30日7時2分ごろシベリア上空で原因不明の大爆発が起きた。当時ロシア帝国内は第1次世界大戦や日露戦争で混乱しており、原因調査は1927年から始まったが、現在においても究明されていない。

▲1927年のクーリック調査隊による爆心地の写真

PICK UP 1 三国協商と三国同盟

新興工業国ドイツと、イギリス・ロシアなどすでに大きな勢力圏を確保していた国々との対立は、日露戦争後「三国同盟」〈ドイツ、オーストリア、イタリア間で1882年に成立〉と「三国協商」〈イギリス、フランス、ロシア間で1907年に成立〉の対立という図式に変わった。

ドイツは「3B政策」で、鉄道の敷設で北大西洋とペルシア湾を最短距離で結びインド洋への進出を目指した。だがそれは、イギリスの「3C政策」の思惑を揺るがすことになった。両国の勢力の係争地になるのが、中東への入り口に位置するバルカン半島だった。列強の勢力争いの中で、緊迫するバルカン半島の情勢は「火薬庫」と表現された〈後にこの場所がきっかけで、第1次世界大戦が勃発することになる〉。

■3B政策と3C政策

日本はロシア・フランスと協約を結ぶ 《1906～1910》

アフリカ・オリエント・西・南・東南アジア

1906

•カルカッタでインド国民会議が開かれる

この会議では急進派主導でカルカッタ大会4綱領が採択された。内容は英貨排斥〈イギリス商品のボイコット〉、スワデーシー〈国産品愛用〉、スワラージ〈自治・独立〉、民族教育の四つであった。しかし、カルカッタ大会の後に、穏健派と急進派は分裂状態となった。当時の急進派の中心人物であったティラクが投獄されたこともあり、再び国民会議は穏健派主導となった。

•全インドでムスリム連盟《政党》が結成される

回教徒連盟とも称される。後にインド国民会議と対立しパキスタンを建国、一党独裁体制を敷くようになる。

1908

•オスマン帝国で青年トルコ党が革命を起こし、政権を握る

「統一と進歩委員会」メンバーの将校が中心となってマケドニア駐留軍がスルタン・アブデュルハミト2世に反乱を起こし、スルタンに専制政治を放棄させた。

▲アブデュルハミト2世

•ブルガリアがオスマン帝国から独立宣言

1910

•イギリス領南アフリカ連邦が成立

北・東アジア

1908

•清が憲法大綱を発表、国会開設を公約する

義和団の乱の影響もあって清朝政府が近代化に踏み切った改革の一つ。

PICK UP 2 **•清で第12代皇帝宣統帝《溥儀》が即位、清朝最後の皇帝となる**

清で光緒（こうしょ）帝が崩御、翌日には最高権力者であった西太后も崩御。光緒帝の弟の子である宣統帝が次の皇帝となった。

▲清朝皇帝時代の溥儀〈右〉と、父・醇親王載ホウに抱かれた弟・溥傑（ふけつ）

▲晩年の西太后

1910

•日韓併合となる

日韓併合によって大韓帝国は消滅し、大日本帝国はその領土であった朝鮮半島を領有することになった。

日本

1906

•南満州鉄道株式会社の設立

南満州鉄道は、日露戦争中の満州軍野戦鉄道提理部を母体にした半官半民の特殊会社。日露戦争の勝利により、ポーツマス条約の結果ロシアから譲渡された東清鉄道の南満州支線鉄道施設などの経営が設置目的であった。

▲大連の満鉄本社
〔1941年の南満洲鉄道株式会社編集・発行のパンフレット「大連」より〕

1907

•日露・日仏協約が結ばれる

1909

•初代内閣総理大臣伊藤博文がハルビンで暗殺される

1910

•朝鮮総督府を置く

▲朝鮮総督府
〔朝鮮文化普及会「朝鮮大観」より〕

PICK UP 3 **•大逆事件が起きる**

•函館中華会館が建造される

1906年に建設されたが、翌年の大火で焼失。現在の関帝廟（びょう）形式の建物が完成。

明治時代

20世紀

PICK UP 2 ラストエンペラー・溥儀

中華帝国の「ラストエンペラー《最後の皇帝》」として知られる。清朝皇帝時代には、治世の元号から宣統帝と称された。当時強い権力を持っていた西太后が1908年に光緒帝の後継者として溥儀を指名したことにより、わずか2歳10カ月で皇帝に即位させられた。清朝滅亡後は日本政府支持のもと満洲国の執政に就任、満洲国の帝政移行後は皇帝に即位し康徳（こうとく）帝［在位1934～1945年］と称した。満洲国の崩壊と共に退位し、ソ連軍の捕虜となった。釈放後は北京植物園に勤務、晩年は中国人民政治協商会議全国委員に選出された。

▲宣統帝《溥儀》

PICK UP 3 大逆《幸徳》事件

大逆事件とは、1882年に施行された旧刑法116条、及び大日本帝国憲法制定後の1908年に施行された刑法73条〈1947年に削除〉が規定していた、天皇・皇后・皇太子などを狙って危害を加えたり、加えようとする罪〈大逆罪〉が適用され、訴追された事件の総称。1910年の事件は、社会主義者幸徳秋水らが明治天皇暗殺計画を企てたとして検挙された事件を指す。死刑24名、有期刑2名の判決が出た。この事件をきっかけに多くの社会主義者の取り調べが行なわれ、弾圧された。

▲幸徳秋水（こうとくしゅうすい）
明治時代のジャーナリスト、思想家、社会主義者であった

第1次世界大戦の勃発で世界が揺れ、日本は

ヨーロッパ

1911 •イタリア・トルコ戦争［〜1912］

PICK UP 1 •フランス・第2次モロッコ事件《アガディール事件》起きる

1912 •第1次バルカン戦争が起きる

•ドイツ、社会民主党が第1党となる

▲社民党共同党首だったアウグスト・ベーベル［原典／Deutsches Bundesarchiv（German Federal Archive）］［1863年］

1913 •第2次バルカン戦争が起きる

1914 •サラエボ事件が起きる［6月］

PICK UP 2

▲暗殺された時にフェルディナント大公が乗っていた自動車 photo by Alexf

•オーストリアがセルビアに宣戦する［7月］

•ドイツがロシアに宣戦［8月］し、第1次世界大戦が始まる［〜1918］

1915 •イタリアがオーストリアに宣戦、連合国側につく

南北アメリカ

1913 •ウッドロウ・ウィルソンが第28代大統領に就任〈「新しい自由《庶民のための改革》」を実行〉

政治学者であり、アンドリュー・ジャクソンの次にホワイトハウスで連続2期勤めた2人目の民主党大統領。

▶ウッドロウ・ウィルソン

1914 •アメリカが欧州の戦争に中立を宣言

•パナマ運河が開通する

1915 •ルシタニア号が沈没し、アメリカはドイツに抗議

客船ルシタニアは第1次世界大戦中の5月7日にドイツ海軍潜水艦U-20より、アイルランド沖で雷撃を受け沈没。短時間での沈没のため船内から脱出できなかった乗客1198名が死亡した。当時「孤立主義」をとっていたアメリカは、大戦勃発後も中立国の立場をとっていたが、ルシタニアの犠牲者中128名もの米国人旅行客が含まれていたことからドイツに対する世論が急速に悪化、これが2年後のアメリカ参戦の伏線となった。

ロシア

1911 •ロシア首相ストルイピンが暗殺される

1912 •ロシア指導の下、バルカン同盟が結成される〈セルビア、ギリシア、ブルガリア、モンテネグロの4国〉

バルカン同盟は、バルカン半島に属する4国で結ばれたオスマン帝国に対抗する同盟。オスマン帝国が弱体化するに伴い、バルカン半島で増加するオーストリアの勢力を押しとどめるためにロシアの主導により締結された。同盟諸国は1912年にオスマン帝国に対し宣戦布告、バルカン戦争が勃発した。しかし第1次バルカン戦争による同盟国側の勝利後に、獲得した領土を巡り同盟国同士が反目し、第2次バルカン戦争が勃発。第1次世界大戦を誘発する伏線となり、同盟は事実上崩壊した。

1914 •タンネンベルクの戦い〈ロシア軍の惨敗に終わる〉

第1次世界大戦ドイツ帝国が東部戦線〈中央ヨーロッパから東部ヨーロッパにかけての地域〉においてロシア帝国を破った戦い。1914年8月17日から9月2日にかけて、ロシアの第1軍と第2軍、ドイツの第8軍によって戦われた。この敗北により、ロシアの第1軍は東プロイセンから撤退した。

▲ドイツ軍司令官のヒンデンブルクと参謀長のルーデンドルフ

PICK UP 1 第1次・第2次モロッコ事件

モロッコを巡り生じた2度にわたる独仏間の国際紛争。

【第1次】モロッコは戦略上の要衝であったことから各国の競争対象だったが、20世紀初頭にはフランスが優越的地位を確立。ドイツがフランスのモロッコ進出を牽制するため、国際会議の開催を要求。1906年アルヘシラス会議が開催されたが、フランスの優位が追認される結果に終わった。

【第2次】1911年モロッコ内乱に際し、フランスは鎮圧のため出兵。ドイツは突然砲艦パンター号をモロッコのアガディールに派遣し威嚇。交渉の結果、1912年モロッコは正式にフランスの保護国となり、係争は一応の決着を見た。

▲ドイツ海軍の砲艦「パンター」

PICK UP 2 サラエボ事件から世界大戦へ

ボスニアの州都サラエボで1914年6月28日、オーストリア陸軍大演習の閲兵（えっぺい）に赴いたオーストリア皇太子フェルディナント夫妻がセルビア人大学生に狙撃・殺害された事件が起こる。事件当日はバルカン戦争でセルビアがトルコなどを破った記念日であり、秘密結社が組織的に暗殺計画を企てていた。

これを機に「欧州の火薬庫」バルカン半島は爆発、1カ月後のオーストリアのセルビアへの宣戦をきっかけに三国同盟諸国〈ドイツ・オーストリア・イタリア〉と三国協商諸国〈イギリス・フランス・ロシア〉が衝突する第1次世界大戦へと発展した。

▲フランツ・フェルディナント大公と妃ゾフィー

大正時代を迎えドイツに宣戦布告 《1911~1915》

アフリカ・オリエント・西・南・東南アジア

1912 •インドネシアでサレカット・イスラム《イスラム同盟》が成立

サレカット・イスラムは、オランダ領東インド〈現インドネシア〉で結成されたイスラム系大衆団体である。略称はSI。当初は華人系商人に対抗するムスリムの商人組織として結成されたが、次第に植民地支配に抵抗する民族主義団体としての性格を強め、1920年代初頭にかけて空前の規模の動員力を誇った。1923年にはサレカット・イスラム党、さらに1929年にインドネシア・サレカット・イスラム党《PSII》と改名した。

▲サレカット・イスラム大会〔出典/Tropenmuseum〕［1921年］

1915 •フセイン・マクマホン協定が結ばれる〈アラブ人国家を認めたイギリスとメッカの総督フセインとの協定〉

メッカの太守であるフセイン・イブン・アリーとイギリスの駐エジプト高等弁務官ヘンリー・マクマホンとの間でやりとりされた書簡の中で、イギリスは対トルコ戦協力〈アラブ反乱〉を条件にアラブ人居住地の独立支持を約束した。

ヘンリー・マクマホン▶

北・東アジア

1911 •清で辛亥(しんがい)革命が起こる PICK UP 3

•外モンゴル独立宣言

外モンゴルとは、ゴビ砂漠の北側部分を指す。辛亥革命によって清の実効統治が急速に弱体化すると、外モンゴルは清からの独立を決意。1911年12月、ジェプツンダンバ・ホトクト8世を君主としてボグド・ハーン《聖なる皇帝》とする儀式が挙行された。

▲ボグド・ハーン

1912 •清が滅亡、中華民国が建国される

▲中華民国成立を祝うポスター左に袁世凱、右に孫文

1915 •「新青年」発行される

新青年は中華民国の新文化運動の中心的役割を担った雑誌。1915年9月15日、陳独秀（ちんどくしゅう）によって上海で創刊。

「新青年」▶

photo by Mountain at Cai Yuanpei Memorial in Shanghai

日本

〔明治時代〕

1911 •対欧米不平等条約改正なる

1912 •明治天皇が崩御、大正天皇が即位［~1926］

大正天皇▶

〔大正時代〕

1914 •シーメンス事件が起きる

シーメンス事件は、造船に関してドイツのシーメンス社が行なった日本海軍高官への贈賄事件。当時の政界を巻き込む大事件に発展、山本権兵衛内閣が内閣総辞職にまで追い込まれた。

▶内閣総理大臣 山本権兵衛

•ドイツに宣戦

7月に欧州で第1次世界大戦が起こったことを受け、日本は日英同盟のよしみをもって三国協商側に加わりドイツに宣戦布告した。大戦は4年以上にわたり、日本は欧州への物品供給などで輸出が急増、大きな利益を上げた。

1915 •対華21カ条の要求を出す〈中国山東の利権を継ぐなど〉 PICK UP 4

 PICK UP 3 辛亥革命

長江中流域の武昌（ぶしょう）で1911年10月10日、軍隊が蜂起して革命政権を樹立した。2カ月の間に全体の8割にあたる14省が独立を宣言、清朝は崩壊の危機に直面した。これが「辛亥革命」である。

1912年独立を宣言した省の代表が南京に集まり、孫文を臨時大総統とする中華民国が建国された。清朝は北洋軍閥の指導者・袁世凱（えんせいがい）を革命政府との交渉にあたらせたが、袁は自らの臨時大総統就任と引き換えに皇帝の退位を認めた。同年2月、わずか6歳の宣統帝《溥儀》が退位して、清朝は滅亡した。

▲中華帝国皇帝時代の袁世凱

 PICK UP 4 中国への21カ条の要求

第1次世界大戦において中国は中立の立場を取っていたが、日本の対独宣戦布告に対し、山東半島において交戦区域を設定し自国領内での日独の戦闘を容認していた。しかし、日本軍は交戦区域外に進出するなどしたため抗議。

これに対し日本は1915年、中国政府に「21カ条の要求」を突きつけた。南満州の租借（そしゃく）延長、ドイツ権益の譲渡、福建省での日本優遇など、中国に対する権益拡大請求がその内容だった。中国側は当然これを拒否したが、日本政府は強硬な態度で承諾を迫った。列強の助けが望めない中国は同年5月9日、仕方なく日本の要求を受け入れる。これを境に、中国では広く反日運動が展開されるようになった。その後5月25日、16カ条が正式に条約として結ばれた。

パリ講和会議によって第1次世界大戦は収束、日本では

ヨーロッパ

1917
- **ドイツが無制限潜水艦作戦を宣言**〈指定の航路外の船を無警告で攻撃する〉
  ドイツは1915年に無制限潜水艦作戦を実行したがルシタニア号事件などの発生から、半年で中止した。その後戦争の長期化より再び無制限潜水艦作戦を決意。1917年2月、英仏周辺及び地中海全域を対象にした、全船舶標的・無警告攻撃の完全な無制限潜水艦作戦の実施を宣言した。この効果により、同年前半にはドイツ潜水艦部隊の戦果は最高潮に達した。

1918
- **ドイツは共和国となり、その政府が休戦協定を結ぶ**
- **ブレスト・リトフスク講和条約を結ぶ**〈ドイツとロシア革命政府の単独講和〉

1919 PICK UP 1
- **パリ講和会議が開かれ、ヴェルサイユ条約が結ばれる**
- **ドイツがワイマール憲法を発布する**

1920
- **国際連盟が結成**

▲国際連盟本部が置かれたパレ・デ・ナシオン現在は国際連合ジュネーブ事務局として使用されている
photo by © Yann Forget

南北アメリカ

1917
- **アメリカが協商国《連合国》側としてドイツに宣戦**
  アメリカの参戦は、ドイツの無制限潜水艦作戦を口実にしたもの。総力戦で軒並み債務国に転じた欧州諸国を尻目に、膨大な軍需品や食料を供給したアメリカは債権国となった。
- **メキシコで新憲法制定**
  メキシコ革命軍は政府軍に勝利し、新憲法が発布されたことで1910年から続いていた革命は終息した。

1918
- **大統領ウィルソンが14カ条の声明を出す**〈国際連盟の設立など講和の決まりを提案〉
  1918年1月8日、アメリカ大統領ウィルソンが、連邦議会での演説の中で発表した平和原則。アメリカは前年1917年3月の参戦によって協商国《連合国》側の勝利を決定づけ、この演説によって第1次世界大戦の講和原則、大戦後に実現されるべき国際秩序の構想を全世界に提唱した。この提案はドイツの降伏を引き出すことになった。

1919
- **禁酒法の制定**［～1933］

1920
- **女性参政権獲得**
  アメリカ合衆国憲法修正第19条が発効し、女性参政権が認められる。

▲ニューヨークで女性参政権を求める行進［1912年］

ロシア

1917 PICK UP 2
- **3月革命が起こる**
- **レーニンが4月テーゼを示す**
- **11月革命が起こる**
- **フィンランドがロシアから独立を宣言**

1918
- **対ソ干渉戦争が起こる**〈共産主義の波及を恐れる英・仏・米・日が軍隊を派遣〉

1919
- **レーニンがコミンテルン《共産主義インターナショナル》を創設する**
  1919年3月、ボリシェヴィキ《ロシア共産党》の呼びかけに応じてモスクワに21カ国の代表が集まり、第1回コミンテルン大会を開いた。当初は世界革命の実現を目指し、ボリシェヴィキが各国の革命運動を支援するために機能したが、レーニンの死後は各国の共産党がソ連の外交政策を擁護するものになっていった。

▲第3回コミンテルン大会のレーニン

1920
- **ソビエト・ポーランド戦争**
  ポーランドが対ソ干渉戦争の混乱に乗じて開戦。1921年3月に講和条約が結ばれ、これによってポーランドはウクライナ西部を併合した。

PICK UP 1 パリ講和会議

パリ講和会議は、1919年1月18日に開会され、第1次世界大戦における連合国が同盟国の講和条件について討議した会議である〈ヴェルサイユ宮殿で講和条約の調印式が行われたことから、ヴェルサイユ会議とも呼ばれる〉。この会議では、戦勝国である日本やイギリス、アメリカ、フランス、イタリアのいわゆる5大国による「十人会議」が会議を支配した。中でも主要な参戦国であったイギリスとアメリカ、フランスが主導権を握り、敗戦国は会議から除外された。アメリカのウッドロウ・ウィルソン大統領は、14カ条の平和原則を主張し、アメリカの主導権を狙うも、主導権は取れなかった。

▲パリ講和会議における各国首脳の一部

PICK UP 2 レーニンによる社会主義とロシア革命

第1次世界大戦が始まると、経済基盤の弱いロシアは危機的状況に陥り、1917年3月首都ペトログラードで食料暴動が起こった。これをきっかけに、各地で「ソビエト《労働協議会》」が結成され、革命運動が広がった。ソビエトは首都の支配権を握り、有産階級中心の臨時政府を樹立。始皇帝ニコライ2世は退位させられ、ロマノフ王朝は滅亡した〈3月革命〉。

革命後は臨時政府とソビエトの二重権力状態になる。亡命先のスイスから帰国したボリシェヴィキ《多数派》の指導者レーニンは、権力をソビエトに集中させ戦争を中止させるよう訴えた〈4月テーゼ〉。

国内主要都市のソビエトの指導権を掌握したボリシェヴィキは、ペトログラードで蜂起。この時ボリシェ

大正デモクラシーの風潮が起こる 《1916~1920》

アフリカ・オリエント・西・南・東南アジア	北・東アジア	日本
1917 ・バルフォア宣言〈ユダヤ人の建国支持〉 イギリスの外務大臣アーサー・ジェームズ・バルフォアが、イギリスのユダヤ人コミュニティーのリーダーであるライオネル・ウォルター・ロスチャイルドに対して送った書簡で交わされた英国政府のユダヤ人の祖国建設運動《シオニズム》支持表明。 1918 ・ムドロス休戦協定 1918年10月30日、連合国とオスマン帝国との間で締結された休戦協定。この協定で、第1次世界大戦の中東戦線での戦闘に終止符が打たれ、オスマン帝国の敗戦に終わった。 1919 PICK UP 3 ・イギリスはインドを弾圧的なローラット法で統治、これに対しガンディーが「非暴力、不服従運動」を説く  ▲マハトマ・ガンディー ・第3次アフガン《対英》戦争に勝利し、アフガニスタンが独立 1920 ・トルコの分割に関するセーヴル条約が調印される	1917 ・中国がドイツに宣戦 ・孫文が中国で広東軍政府を樹立 孫文は袁世凱の死後、軍閥の力を利用し広州で政権を樹立。軍閥が割拠する中国の統一を図った。しかし、護法運動は失敗に終わり、最終的に広州を追われた。 1919 ・3・1運動《朝鮮万歳事件》が起こる 民族意識の高まった日本統治下の朝鮮で起こった運動。宗教指導者たち33名が、大韓帝国初代皇帝高宗の葬儀に合わせ行動計画を定めた。指導者たちは逮捕されたものの、「独立万歳」と叫ぶデモには次々に市民が参加し、数万人規模となったという。  ▲運動の引き金となった高宗の葬儀 ・中国、5・4運動〈排日運動〉が起こる 5・4運動はヴェルサイユ条約の結果に中国国民が不満を抱き発生した。北京から中国全土に広がった反日、反帝国主義を掲げる大衆運動。  ▲デモ行進する北京大学の学生 ・中国の中華革命党が中国国民党に改称される	1918 ・日本軍がシベリアに出兵 シベリア出兵は1918~1922年の間に、連合国が「革命軍によって囚われたチェコ軍団を救出する」という大義名分でシベリアに出兵した、ロシア革命に対する干渉戦争の一つ。日本は兵力のべ7万3000人と巨額の戦費を投入した。  ▲シベリア出兵[1919年] ・米騒動が起こる 米価格急騰に伴う暴動事件。米価の暴騰は一般市民の生活を苦しめ、新聞が連日米の価格高騰を知らせ煽ったこともあり、社会不安を増大させた。  ▲米騒動発祥の地の旧十二銀行倉庫と石碑 photo by me ・原敬内閣が発足 日本初の本格的政党内閣。 1919頃 ・この頃、民主主義の実現を求める社会・政治・文化運動が急速に発展した風潮を「大正デモクラシー」と呼んでいる 大正時代

ヴィキに抵抗したのはわずかな衛兵部隊のみで、たった5時間で臨時政府が残る冬宮が占領され、ボリシェヴィキは社会主義政権を樹立した〈11月革命〉。

革命政府は即時停戦と無併合・無賠償による和平、地主の土地の無償没収、国内少数民族の自決権承認などを宣言。しかし憲法制定議会の選挙で社会革命党が第一党になり革命政府に反対すると、1919年1月レーニンは武力を持って議会を解散、ボリシェヴィキの一党独裁体制を確立した。

▲11月革命「冬宮への突入」〈1920年の再現劇より〉

PICK UP 3 インド独立の父ガンディー

イギリスはインドに対し、自治を認める代わりに第1次世界大戦への協力を要請。しかし、戦後は約束を反故にし、令状なしで逮捕及び投獄する権限を総督に与え〈ローラット法〉、民族運動を弾圧。これに対して南アフリカでインド人に対する差別撤廃を成功させたガンディーが民族運動を指揮した。その形は民衆暴動ではなく、「非暴力、不服従」を提唱した。この思想はインドを独立させただけでなく、政治思想として植民地解放運動や人権運動において平和主義的手法として世界中に大きな影響を与えた。

▲「塩の行進」〈ガンディーらがイギリスの塩専売に反対し製塩のために約380kmを行進〉[1930年]

アメリカが「黄金の1920年代」を迎える中、

ヨーロッパ

1921 PICK UP 1
- **4カ国条約〈日、英、米、仏〉が結ばれる**
- **イタリアでムッソリーニのファシスト党が成立**

ムッソリーニ▶

1922
- **9カ国条約**
〈日、英、米、仏など、中国問題〉
- **ワシントン海軍軍縮条約**
〈日、英、米、仏、伊の主力艦保有比を規定〉

1923
- **フランスとベルギーがドイツのルール工業地域を占領**
- **ドイツでインフレーション《価格騰貴》が起こる**
- **ヒトラーがミュンヘン一揆を起こす**

▲刑務所に収監されたヒトラーら首謀者[1924年] photo by Heinrich Hoffmann

1924
- **ドイツが「ドーズ案」〈経済の提案〉で建て直しが進む**

1925
- **スイスでロカルノ条約が結ばれる**

南北アメリカ

1921 PICK UP 2
- **ウォレン・ハーディングが第29代大統領に就任**

▶ウォレン・ハーディング

- **ワシントン会議が開かれる**
［～1922］

1923
- **カルヴァン・クーリッジが第30代大統領に就任**

クーリッジは副大統領として1921～1923年まで在職し、ハーディング大統領の死に伴い1923年8月3日に大統領に昇任した。

▶カルヴァン・クーリッジ

1924
- **アメリカで移民法が成立**
〈日本を含めアジア系移民が禁止される〉

1925
- **クライスラー社創立**

▲クライスラー社70 ツーリング[1924年] photo by Lars-Göran Lindgren Sweden

ロシア

1921
- **新経済政策「ネップ」に転換**

一部、農産物の自由販売や私的営業を許す。

1922
- **ソビエト社会主義共和国連邦が結成される**

1922年第1回全連邦ソビエト大会が開催され、12月30日にソビエト社会主義共和国連邦の樹立が宣言された。しかし、1924年1月レーニンが死去。レーニンの死後はスターリンが独裁的権力を握った。

- **ラパッロ《ラパロ》条約**

イタリアのラパッロにおいて、ブレスト・リトフスク条約と第1次世界大戦に基づく領土及び金銭に関する主張を互いに放棄した上で、ドイツとソ連との間で成立した条約。両国政府は両国間の外交を正常化し、相互親善の精神により両国の経済的必要を解決するため協力することにも同意した。

1924
- **イギリス、中国、フランス、イタリアなどがソ連を承認**
- **レーニンが死去し、スターリンが台頭する**

▲スターリン

PICK UP 1 ワシントン体制

イギリスやフランスは第1次世界大戦により疲弊したため、東アジアでは日本の勢力が拡大していった。一方アメリカは、パナマ運河開通もあり東アジアでの主導権を握ろうとしていた。1921年11月米大統領ハーディングは、太平洋及び東アジア問題について話し合うため米、英、日、仏、伊の5大国と、オランダ、中国の代表をワシントンに招き会議を開いた。12月には米、英、仏、日の「4カ国条約」が結ばれ、太平洋地域の領土と権益の相互尊重、非軍事化が約束された。これをもって「日英同盟」が消滅した。続いて1922年には「ワシントン海軍軍縮条約」が締結、海軍力の保有比率が決められた。同年9月には「9カ国条約」が締結され、アメリカの主張のもとで中国の主権、領土保全、機会均等、門戸開放が確認された。この時期をもって国際社会の主導権がイギリスからアメリカへと移っていった。

■ワシントン会議（1921～22）

参加国 米・英・伊・仏・蘭・ベルギー・ポルトガル・日・中

4カ国条約〈米・英・日・仏〉[1921]	9カ国条約[1922]	海軍軍縮条約[1922]
太平洋の現状維持、日英同盟の破棄	中国の領土保全・機会均等・門戸開放	主力艦保有率（米:英:日:仏:伊＝5:5:3:1.67:1.67）

→日本の中国政策後退

日本では普通選挙法が実現する 《1921〜1925》

アフリカ・オリエント・西・南・東南アジア

1922 •エジプトがイギリスから完全に独立

•オスマン帝国がスルタン制廃止を宣言〈トルコ革命〉

スルタン〈君主〉制とカリフ〈イスラム最高指導者〉制を分離し、スルタン制のみを廃止することを大国民議会において決議。こうしてカリフとしてのオスマン帝国の君主を残したまま、世俗政治を行う政府としてのオスマン帝国は滅亡し、最後の皇帝となったメフメト6世は亡命した。トルコ革命とは、オスマン帝国の帝政の廃止とトルコ共和国の建国宣言という事件を指す。

1923 •ネパールがイギリスから独立

エジプトが憲法を制定し立憲君主国となる

•トルコの民族指導者ケマル・パシャ《ムスタファ・ケマル》が連合国とローザンヌ条約を結び、トルコ共和国を樹立

ケマル・パシャ▶

1925 •イランでパフラヴィー朝が成立［〜1979］

レザー・パフラヴィーは1919年に結ばれたイギリス・イラン協定を破棄して治外法権の撤廃に成功、この実績から人望を得た。1924年にカージャール朝廃止を議会で議決し、翌年自ら帝位に就きパフラヴィー朝を創設した。

北・東アジア

1921 •中国共産党が結成

•魯迅（ろじん）が「阿Q正伝（あきゅうせいでん）」発表

紹興市から贈られた魯迅像〔仙台市博物館所蔵〕▶

1922 •中国がワシントン会議の9カ国条約で領土保全などが約束される

1924 •モンゴル人民共和国が成立［〜1992］

中国《中華民国》から独立したモンゴルは、コミンテルンの指導もありモンゴル人民革命党による一党独裁の社会主義国を宣言した。これがモンゴル人民共和国で、ソ連に続く世界で2番目の社会主義国家となった。

•第1次国共合作を実施〈共産党員が個人で国民党に入党することを認める〉

1925 •5・30運動《反帝国主義運動》が広がる

1925年5月30日に中国・上海でデモに対して警察が発砲し、学生・労働者に13人の死者と40人余りの負傷者が出た〈5・30事件〉。この事件に続く一連の反帝国主義運動を、5・30運動という。

•孫文が死去

日本

1921 •ワシントン会議が開かれ［〜1922］、4カ国条約を結ぶ

日本がヴェルサイユ条約締結を記念して発行した3銭切手▶

1923 •関東大震災が起こる

9月1日、神奈川県相模湾沖80kmを震源として発生したM7.9の大地震である。千葉県・茨城県から静岡県東部までの広い範囲に甚大な被害をもたらし、死者・行方不明者合わせて105,000人余という日本災害史上最大の被害を与えた。

▲地震による火災で焼け野原となった横浜市〈横浜市寿小学校より撮影〉

1925 PICK UP 3 •治安維持法・普通選挙法が公布

普通選挙法は、納税要件をなくし25歳以上のすべての男子による普通選挙を規定した法律である。普通選挙法というのは通称で、衆議院議員選挙法を改正したもの。また治安維持法は、皇室や私有財産制を否定する運動を取り締まることを目的として制定された法律。共産主義革命運動の激化を懸念したものと言われている。

大正時代

20世紀

PICK UP 2 黄金の20年代

アメリカの1920年代を表す言葉であり、社会、芸術及び文化の力強さを強調するもの。第1次世界大戦の後で「ノーマルシー」〈常態に復すること。アメリカ大統領ハーディングが1920年の選挙スローガンに使った〉が政治に戻り、ジャズ・ミュージックやアール・デコが花開いた。さらにこの時代は重要な発明発見、製造業の成長と消費者需要の加速、及び生活様式の重大な変化で特徴付けられる。狂騒の20年代とも呼ばれる社会的変動はやがてヨーロッパにも広がった。ヨーロッパは大戦からの再建に費やされていた。ヨーロッパ経済と結び付きが強くなったアメリカは、第1次世界大戦の賠償金を払えなくなったドイツがユーロッパ経済を停滞させないように、ウォール街を通してヨーロッパに大きな投資を行った。

PICK UP 3 普通選挙法の成立

民衆の普通選挙を求める声が高まっている中、高橋是清、犬養毅、加藤高明の3人が中心となって「護憲三派」を形成。彼らは政党内閣の結成、普通選挙の実施を公約に掲げて運動し、護憲三派は衆議院選挙で勝利を収め、憲政会総裁である加藤高明内閣を組閣する。

公約通り1925年3月29日衆議院議員選挙法が改正された。それまでの納税要件が撤廃され、日本国籍を持つ満25歳以上のすべての成年男子に選挙権が与えられることになった。これにより有権者数は、1920年5月現在において307万人程度であったものが、改正後の1928年3月には1240万人と4倍になった。

▲加藤高明

アメリカで株の大暴落が起こり世界恐慌に発展、

ヨーロッパ

1926 •ドイツが国際連盟に加入

1927 •独仏通商協定を結ぶ
〈独仏両国協調の時代〉

1928 •ケロッグ・ブリアン協定〈パリ不戦条約〉を結ぶ

1929 •イタリアでローマ教皇庁のある「バチカン市国」独立
〈ラテラノ条約〉

教皇庁がムッソリーニ政権下のイタリアと締結した政教条約がラテラノ条約。条約では教皇庁のあるバチカン一帯が「バチカン市国」として独立することが認められた。また、バチカンが永世中立の立場をとること、バチカンに駅を作りイタリア国鉄と接続することなどが確認された。

▲教皇ピウス11世とムッソリーニ

1930 •ドイツでヤング案が発効される

アメリカの発案でドイツの賠償が緩和された。

•ドイツの総選挙でナチス党が勝利

•ロンドン会議で米・英・日の補助艦の制限が決まる
〈ロンドン軍縮会議〉

南北アメリカ

1928 •ケロッグ・ブリアン協定《パリ不戦条約》を結ぶ

国際紛争を解決する手段としての戦争を放棄し、紛争は平和的手段により解決することを規定しフランスのパリで締結された条約。1928年8月27日に米、英、独、仏、伊、日といった当時の列強諸国を始めとする15カ国が署名し、その後ソ連など63カ国が署名した。戦争の拡大を防ぐために締結されたとされるが、一方で欧米列強の自国の植民地を守るために作った国際法だという見方もある。

1929 •ブラジルがコーヒーの生産過剰で恐慌が起きる

•ニューヨーク、ウォール街の株価大暴落「暗黒の木曜日」で世界的な経済大恐慌が始まる［10月］

最初の株価暴落は1929年10月24日木曜日〈暗黒の木曜日〉に起こったが、壊滅的下落は10月28日月曜日と同29日火曜日にも起こり、アメリカから世界に広がる前例の無い、長期経済不況の始まりに急展開した。株価大暴落は1カ月間続いた。

▲1929年の大暴落の後でウォール街に集まる群衆

ロシア

1926 •ソビエト刑法が成立

1928 •スターリン、「ネップ」に変わって第1次5カ年計画を実行
［～1932］

1929 •世界革命を説くトロツキーを国外追放する

レフ・トロツキー▶

豆知識
レフ・トロツキー
［1879～1940］

トロツキーは1917年のロシア11月革命における指導者の1人であり、レーニンに次ぐ人物であった。赤軍の創設者及び指揮官として、ソ連初期の頃には外務人民委員《外相》として外交問題を担当。ソ連共産党政治局員の1人でもあった。1920年代に、政策を巡ってスターリンと対立、「左翼反対派」を結成した。しかし、スターリンとの権力闘争に敗れたことで、トロツキーはソ連共産党を除名され、大粛清《政治弾圧》によってソ連国外に追放された。

▶赤軍の宣伝ポスター

PICK UP 1 暗黒の木曜日から世界恐慌へ

大量消費時代に入ったアメリカでは、「黄金の20年代」が謳歌された。第1次世界大戦以後、世界の金の半分以上がアメリカに集まったため、経済は株価高騰というバブル局面に入っていく。世界の生産の42%を占める工業は、過剰生産により行き詰まった。1929年10月24日のニューヨーク・ウォール街の証券取引所の株価大暴落を機に破綻が表面化し、世界恐慌となった。年内に株価は半分に下がり、消費は激減、失業者が激増した。その後4年間で工業生産は半減し、1933年には1300万人、国民の4人に1人が失業する事態となった。

▲大暴落直後のニューヨーク証券取引所の立ち会い取引

PICK UP 2 ソ連の第1次5カ年計画

ロシア革命と内戦の混乱で疲弊したソ連経済はようやく立ち直り始めていた。しかし、営業を認められた都市部の小規模商工業者《ネップマン》や農村の自営農民《クラーク》が力を蓄えると、貧富の差の解消や労働者階級による国家統治という社会主義の基本理念との矛盾が発生した。

このためスターリンは1928年に第1次5カ年計画を発表。内容は重工業重視の工業化、コルホーズ《集団農場》の建設による農業集団化の強行、ソ連全土における電力網の整備などが含まれていた。これは直ちに実行され、クラークなどに多くの犠牲者を出しながらも進められた。

▲コルホーズのポスター

日本では昭和の幕開け

1926〜1930

アフリカ・オリエント・西・南・東南アジア

1929

- **インドが全インド国民会議で完全独立を要求**
- **エルサレムで嘆きの壁事件が起きる**

嘆きの壁事件は、1929年8月にイスラエル〈当時のパレスチナ〉のエルサレムにある嘆きの壁で起こったアラブ人とユダヤ人の武力衝突。この事件がきっかけとなって約1週間の間にパレスチナ各地でアラブ人による一連のユダヤ人虐殺が起こった。

▲事件により煙が上がるエルサレム市内

1930

- **インドで「不服従運動」を開始したガンディーが逮捕される**

ガンディーは大戦後インド国民会議に加わり、不服従運動で世界的に知られるようになる。またイギリス製品を着用せず、インドの綿製品を着用することを呼びかけるなどの運動を行った。「インドの糸車を廻すガンディー」の写真はこの歴史的背景による。一連の運動のために、ガンディーは度々投獄された。1930年の有名な「塩の行進」の後、逮捕された。

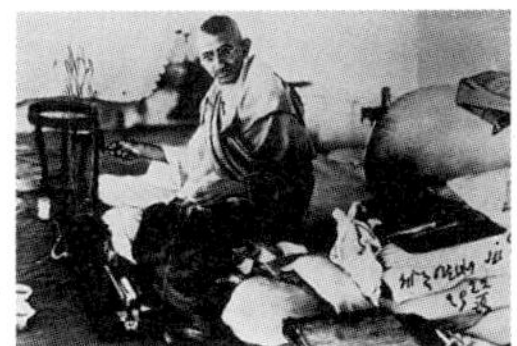

▲インドの糸車を廻すガンディー

- **第1回英印円卓会議が始まる**

北・東アジア

1926 PICK UP 3

- **国民党を率いる蒋介石（しょうかいせき）が広東から諸軍閥の平定を目指す「北伐」を始める**

蒋介石▶

1927

- **蒋介石が南京・上海を占領**〈南京事件〉[3月]

南京事件は、1927年3月、蒋介石の国民革命軍が南京を占領した際に起きた日本を含む外国領事館と居留民に対する襲撃事件。

- **蒋介石、共産党を弾圧し南京国民政府を立てる**[4月]
- **蒋介石、日本の田中義一首相と会談**[11月]

満州問題を主題とし、北伐〈中国大陸統一〉に対する支援の見返りに満州国建国を承認する。

1928

- **済南（さいなん）事件が起こる**《第2次山東出兵》

済南事件は1928年5月3日、中国山東省の済南で、日本の権益確保と日本人居留民保護のため派遣された日本軍〈第2次山東出兵〉と北伐中であった蒋介石率いる国民革命軍との間に起きた武力衝突事件。

1929

- **中国共産党は農村でソビエト区をつくる**

日本

1926

- **大正天皇が崩御し昭和天皇・裕仁（ひろひと）が即位し年号が昭和となる**

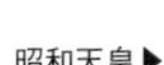

昭和天皇▶

1927

- **田中義一内閣**《政友会》**が発足**

田中義一▶

- **中国山東（さんとう）第1次出兵を行う**[5月]
- **芥川龍之介が多量の睡眠薬を飲んで自殺**
- **金融恐慌が起こる** PICK UP 4

当時の取り付け騒ぎ▶

1928

- **第1回普通選挙の実施**[2月]
- **3・15事件**〈社会主義の弾圧〉**が起こる**[3月]
- **日本は中国山東第2次出兵を行う**[4月]
- **「張作霖（ちょうさくりん）爆殺事件」が起こる**

関東軍〈陸軍の中国東北部駐留軍〉によって奉天（ほうてん）軍閥の指導者・張作霖が暗殺された事件。

20世紀

昭和時代

PICK UP 3 蒋介石の北伐

孫文の死後は、蒋介石が国民党を掌握した。1925年5月、上海でイギリス官憲がデモ隊に発砲する事件〈5・30事件〉が起こり反帝国主義運動が高まると、彼は翌年広東から諸軍閥の平定を目指す「北伐」を始めた。北伐で南京・上海の2大都市は解放されたが、国民党右派と共産党の間の溝は深まり、1927年に蒋介石は共産党の排除・弾圧に踏み切った。翌年蒋介石は北京を支配していた張作霖を追い、国民党による中国統一をほぼ果たした。

▲1920年代の上海

PICK UP 4 昭和金融恐慌

日本経済は第1次世界大戦時の好況から一転して不況となり、さらに関東大震災の震災手形が膨大な不良債権と化していた。一方で、中小の銀行は経営状態が悪化し、金融不安が生じていた。3月14日の衆議院予算委員会の中での片岡直温蔵相の失言をきっかけとして金融不安が表面化した。一度は収束したが4月に財閥で総合商社の鈴木商店が倒産し、煽りを受けて台湾銀行が休業。これに対して高橋是清蔵相は片面印刷の200円券を臨時に増刷して現金供給に手を尽くし、銀行もこれを店頭に積み上げるなどして不安解消に努め、金融不安は収まった。

▲鈴木商店本社屋旧ミカドホテル〈写真は1918年以前〉

ドイツではヒトラーの独裁体制が始まり、日本では

ヨーロッパ

1931 ・**イギリスでウェストミンスター憲章が成立、各自治領はイギリス連邦の一員になる**

1932 ・**イギリスがオタワ会議で連邦内の関税を下げる**

1930年、カナダでは積極的雇用創出を掲げる保守党のベネット政権が成立していた。ベネット政権は、イギリス帝国内における経済的連携の強化を図るためイギリスや諸自治領を招き、オタワ会議を開催。帝国内での自由貿易圏を形成しようとしたが、この試みは実現しなかった。

PICK UP 1 ・**ドイツ、総選挙でナチス党が第1党**

1933 ・**ヒトラーを首相にナチス政権が成立、国際連盟を脱退**

▶アドルフ・ヒトラー

1934 ・**ヒトラー総統となる**

1935 ・**ヒトラーが再軍備を宣言**

・**イタリアがエチオピアを侵略**〈翌年、併合する〉

エチオピアは第2次エチオピア戦争に敗れ、1936～1941年は、イタリアの植民地〈イタリア領東アフリカ〉となった。

南北アメリカ

1931 ・**フーヴァーモラトリアムを発表**

第31代大統領フーヴァーが財政危機のドイツを救済するため行った債務支払猶予措置。1年の猶予期間内に経済が回復するだろうというフーヴァーの予測に反し経済は好転せず、世界恐慌はさらに深刻化した。

▶ハーバート・フーヴァー

1933 PICK UP 2 ・**フランクリン・ルーズベルトが第32代大統領に就任、ニューディール政策を始める**

ニューディール政策は、世界恐慌を克服するために行った一連の経済政策。アメリカの歴代政権が取っていた古典的な自由主義的経済政策〈政府は市場には介入せず、経済政策も最低限なものにとどめる〉から、政府がある程度経済へ関与する政策へと転換したもの。

▶フランクリン・ルーズベルト

1934 ・**フィリピン〈アメリカ統治〉独立法が成立し、独立準備政府が発足**

1935 ・**ワグナー法が成立、労働者の団結権と団体交渉権が確立**

ロシア

1932 ・**ソ連・ポーランド不可侵条約が締結される**

1933 ・**第2次5カ年計画が実施される**［～1937］

・**ソ連がアメリカに承認される**

1934 ・**ソ連が国際連盟に加入し日本などのファシズムに対抗**

・**スターリンの大粛清**［～1938］

大粛清とは、スターリンが行った大規模な政治弾圧を指す。この大粛清による犠牲者は50万～700万人とも言われている。

1935 ・**モスクワのコミンテルン第7回大会で反ファシズムを唱える**

最後となった第7回大会は1935年7月25日～8月20日にモスクワで開催され、そこには57カ国、65の共産党から510名の代表が出席した。会議はファシズム反対、戦争反対の議論に加え、資本主義反対の方針を決定している。主な報告はディミトロフによって成された。大会は公式にファシズムに対する人民戦線を承認した。

▲ゲオルギ・ディミトロフ〈右〉とスターリン〈ディミトロフは1935～1945年の間、コミンテルン書記長〉

 ヒトラーの台頭・ナチスドイツ

ドイツでは1932年には失業者が620万人に達していた。議会が有効な対策を取れない混乱の中、「ナチス」が台頭してくる。ナチスはヒトラーの巧みな弁舌と大衆運動で、都市中間層や農民の支持を集め、1930年の総選挙で大躍進。1933年1月、首相となったヒトラーは共産党を弾圧し、全権委任法〈ヒトラーに自由に法律を制定する権限を与える〉により独裁体制を確立した。翌年ヒトラーは総統として第3帝国〈神聖ローマ帝国、ビスマルクのドイツ帝国に続く第3の帝国〉の国家元首に就く。

▲ヒトラー内閣成立を祝って松明行進を行う突撃隊［1933年1月30日］
photo by Heinrich Hoffmann

PICK UP 2 ニューディール政策

経済が急速に悪化する中、もはや政治が経済に介入せざるを得なくなった。アメリカ第32代大統領フランクリン・ルーズベルト〈セオドア・ルーズベルトの従兄弟にあたる〉が、公共投資により失業者と余剰物資の吸収を狙った「ニューディール《巻き返し》政策」を実施。具体的には①緊急銀行救済法②TVA《テネシー川流域開発公社》などの公共事業③CCC《民間資源保存局》による大規模雇用④NIRA《全国産業復興法》による労働時間の短縮や超越論的賃金の確保⑤AAA《農業調整法》による生産量の調整といった政策が行われた。

▲TVAの公共事業に従事する労働者

満州事変が勃発する

1931〜1935

アフリカ・オリエント・西・南・東南アジア

1932 **イブン・サウード《アブドゥルアズィーズ1世》がアラビア半島の大部分を統一し、サウジアラビア王国を建設**

▲イブン・サウード

イラク王国がイギリスの委任統治領から独立する
1930年6月の新イギリス・イラク条約においてイギリスよりイラク独立を約束され、1932年10月に、イラクは国際連盟の委任統治終了により正式に独立を果たす。

▶イラク国王に戴冠するファイサル1世［1921年］

1935 **ペルシアが国名をイランと改名**
パフラヴィー朝イランの初代皇帝レザー・シャーは国号をイランに変え、中央集権化を確立した。

新インド統治法が成立、州政治のみインド人に譲る
インド統治法の特色は、中央に全インド連邦を設置し、州自治に基づく州政府の設立を定めたこと。州の権限が拡大され州政治が活発化した。

北・東アジア

1931 **江西省瑞金（こうせいしょう ずいきん）に毛沢東を主席とする中華ソビエト共和国臨時政府が成立**

▶演説する毛沢東［1939年頃］

1932 **リットン調査団が派遣される**［2月］
リットン調査団は、国際連盟によって満州事変や満州国の調査を命ぜられた、イギリスのリットンを団長とする国際連盟日支紛争調査委員会より派遣された調査団の通称。

▲中華民国の上海に到着した国際連盟日支紛争調査委員会調査団一行

日本が満州国を樹立［3月］

1934 PICK UP 3 **瑞金の共産党軍が国民党の攻撃を受け「長征」を実行**［〜1936］

1935 **中国共産党の8・1宣言**
〈内戦停止、民族統一戦線の結成〉

日本

1931 PICK UP 4 **満州事変が起きる**
［9月〜1932年3月］

▲満州事変で瀋陽に入る日本軍

1932 **上海事変が起こる**［1月］
5・15事件で、犬養毅首相が暗殺される

▲犬養毅

1933 **国際連盟から脱退する**
小林多喜二が治安維持法違反容疑で逮捕される

1935 **天皇機関説問題が起こる**
天皇主権説と対立する、国家法人説を憲法学説とする美濃部達吉の著書が発売禁止になる。

美濃部達吉▶

20世紀

昭和時代

PICK UP 3 中国共産党の長征

蔣介石によって弾圧を受けた共産党は、1931年に瑞金を拠点として、毛沢東を主席とする「中華ソビエト共和国臨時政府」を立ち上げた。しかし国民党軍の執拗な攻撃にさらされ、ついに1934年に瑞金が陥落、新たな拠点を求めて共産党軍の移動が始まった。1936年に陝西（せんせい）省の延安に拠点を定めるまでの間12500㎞に及ぶ移動が成された〈長征〉。この遠征中に毛沢東の指導権が確立された。以後共産党は、自給自足のゲリラ戦を指示し、消耗を防ぎながら国民党に対して抵抗活動を続ける。

▲瑞金で行われた中華ソビエト共和国の建国式典

PICK UP 4 満州事変から満州国建国へ

日本は満州支配を強化するため、1927年から2度にわたって山東出兵を行い、1928年には軍閥・張作霖（ちょうさくりん）を暗殺した。先頭に立ったのは関東軍〈満州駐留の陸軍部隊〉で、やがて彼らは暴走し始める。1931年、南満州鉄道を爆破する事件〈柳条湖事件〉が起こり、これをきっかけに奉天・長春を占拠〈満州事変〉。日本政府は満州事変の不拡大方針を決めたが、関東軍は従わず、1932年清国最後の皇帝であった溥儀（ふぎ）を執政とする満州国〈日本の傀儡（かいらい）国家〉を建国した。満州侵略を諸外国から非難されると国際連盟を脱退して、国際的に孤立するようになる。

▲満州国執政就任式典

ドイツから第2次世界大戦が始まり、日本は

ヨーロッパ

1936
- スペインで内乱が起こる［～1939］
- PICK UP 1 第11回夏季オリンピックがベルリンで開催される［8月］

1937
- パリ万国博覧会が開催される［5月～11月］

▶会場風景〈右がソ連館、左がドイツ館〉

- 日独伊の三国防共協定が結ばれる

1938
- ドイツがオーストリアを併合
- ミュンヘン会談〈英、仏、独、伊の4国首脳会談〉

▲ミュンヘンに集まった英仏独伊の首脳

- PICK UP 2 ドイツでユダヤ人の迫害〈水晶の夜〉が始まる

1939
- PICK UP 3 第2次世界大戦が始まる
  ドイツが9月にポーランドに侵攻、イギリス・フランスがドイツに宣戦する。

1940
- ドイツ軍はデンマーク、ノルウェー、オランダ、ベルギー、さらにフランスに侵入しパリを占拠
- 日独伊が三国同盟を結ぶ

南北アメリカ

1937
- ハワード・ヒューズが米大陸横断飛行記録を樹立［1月］
  ニューヨーク～ロサンゼルス間を7時間29分25秒で飛行。

1938
- メキシコが石油の国有化を宣言

1939
- マンハッタン計画が始動
  マンハッタン計画とは、アメリカが原子爆弾開発・製造のために、科学者、技術者を総動員した国家計画である。

▲原子爆弾爆発時の写真

- 日米通商航海条約を破棄
- 欧州の第2次世界大戦に不介入・中立を宣言する

豆知識 モンロー主義

モンロー主義は、アメリカが欧州諸国に対し、相互不干渉を提唱したことを指す。第5代大統領モンローが、1823年に議会で発表。欧州での戦争及び欧州と植民地間の戦争においてアメリカは中立を保つとの姿勢を示したもの。この姿勢がその後の基本方針となった。

1940
- 海軍大拡張案が成立

ロシア

1936
- 新憲法《スターリン憲法》が制定

1937
- 中ソ不可侵条約が結ばれる
  同条約に従い、ソ連は中国に対して空軍支援を送り、これは1941年に日ソ中立条約が結ばれるまで続いた。条約はまた、中国とドイツとの関係悪化を誘因し、それはドイツによる満州国の正式承認などで頂点に達した。条約締結と同時にソ連から中国に対する武器の供給も開始された。

1939
- 独ソ不可侵条約が結ばれる［8月］
  ヒトラーはこの不可侵条約によってドイツがポーランドを侵攻してもソ連がそれに反対しないことを確実にした。また、条約の秘密議定書に、ドイツとソ連はポーランドを分割占領〈西側3分の1はドイツが、東側3分の2はソ連が占領〉することに合意した。

▶ソ連外相ヴャチェスラフ・モロトフが独ソ不可侵条約に署名

- ソ連がフィンランドに侵攻〈冬戦争〉

▲フィンランド軍兵士

1940
- ソ連がバルト三国を併合
- フィンランド講和条約がモスクワで調印される〈冬戦争の終結〉

「前畑ガンバレ！」日本女子初の金

ナチス体制下のドイツで開かれたベルリンオリンピック。200m平泳ぎに出場した日本の前畑秀子選手は、ドイツ代表のマルタ・ゲネンゲルとデッドヒートを繰り広げて、1秒差で見事勝利。日本人女性として五輪史上初の金メダルを獲得した。この試合をラジオ中継で実況したNHKアナウンサー河西三省は、中継開始予定時刻の午前0時を過ぎたため「スイッチを切らないでください」という言葉から始めた。河西は、興奮のあまり途中から「前畑ガンバレ！前畑ガンバレ！」と20回以上も絶叫し、中継を聴いていた当時の日本人を熱狂させた。その放送は現在でも語り草となっている。

▲ベルリンオリンピックの様子

PICK UP 2 「水晶の夜」事件

水晶の夜とは、1938年11月9日夜～10日未明にかけてドイツ各地で発生した反ユダヤ主義暴動である。パリのドイツ大使館で3等書記官ラートがユダヤ人青年に暗殺された事件がきっかけとなった。この暴動でユダヤ人の住宅、商店地域、集会所などが次々と襲撃、放火された。破壊され砕け散った窓ガラスが月明かりに照らされて水晶のように輝いたことから水晶の夜と呼ばれた。実際には殺害されたユダヤ人のおびただしい血や遺体、壊された建造物の瓦礫などで現場は悲惨なものだったという。この事件はナチス党政権による「官製暴動」の疑いがかけられている。

▲暴動で破壊されたユダヤ人商店のショーウインドーのガラス［1938年11月10日］

日中戦争へと突入する

1936～1940

20世紀

アフリカ・オリエント・西・南・東南アジア

1937

- **イラン、アフガニスタン、トルコ、イラクが不可侵条約を結ぶ**
- **ビルマがインドから分離**

1938

- **ビルマでアウン・サンらタキン党による反英独立運動が激化する**

アウン・サンは1938年10月より学生運動から政治運動へと移り、反英運動を展開する。今の民主化運動指導者アウン・サン・スーチーは彼の長女。

▶アウン・サン像
photo by Auchwaswisser

1939

- **シャムが国号をタイに改める**

▶タイ第3代首相プレーク・ピブーンソンクラーム《ピブーン》

1940

- **全インド・ムスリム連盟パキスタン独立案を決議**
- **フランス領インドシナが日本に進駐される**

日本と交戦中の中国の蒋介石政権に対して行われていたイギリスやアメリカによる軍事援助ルートを、インドシナ半島において遮断する目的で行われた。1940年には北部、翌年には南部に進駐。

北・東アジア

1936

- **西安事件が起こる**

西安市に出向いた蒋介石が、抗日派に監禁される。

1937 PICK UP 4

- **盧溝橋事件をきっかけに日中戦争が起こる**

- **第2次国共合作が成立**
- **南京事件が起こる**

日本は華北の要地と南京を占領、南京占領の際に多数の中国人を殺害。

▲南京中華門爆破の瞬間

1940

- **日本は重慶政府に対抗して、汪兆銘の親日政権を設立するが、中国の抗戦を受け人民の支持も得られず**

汪兆銘▶

- **モンゴル人民共和国で新憲法が制定される**

日本

1936

- **2・26事件が起こる**

1936年2月26～29日、日本の陸軍皇道派〈天皇親政の下での国家改造・昭和維新を目指す派閥〉の影響を受けた青年将校らが1483名の兵を率いて起こしたクーデター未遂事件。

▲永田町一帯を占拠した兵士

1937

- **日独伊《三国》防共協定が結ばれる**

▶日独伊防共協定締結を宣伝する絵葉書「仲よし三國」［1938年］〈上段丸枠写真は左からドイツのヒトラー、近衛文麿首相、イタリアのムッソリーニ〉

- **純国産航空機「神風号」が完成**

1938

- **国家総動員法が公布・施行される**

総力戦遂行のため国家のすべての人的・物的資源を政府が統制運用できる旨を規定した法律。

1940

- **立憲民政党の解散により議会制民主主義が実質上停止する**

昭和時代

PICK UP 3 第2次世界大戦の勃発

第2次世界大戦は、1939年から1945年にかけて、ドイツ・イタリア・日本の三国同盟を中心とする枢軸国陣営と、イギリス・フランス・アメリカ・ソ連・中国などの連合国陣営間で戦われた全世界規模の戦争。1939年9月1日のドイツ軍によるポーランド侵攻と共に欧州戦争として始まったが、1941年6月のドイツによるソ連攻撃と12月の日本の英米との開戦によって、戦火は文字通り全世界に拡大。戦争は完全な総力戦となり、主要参戦国では人的・物的資源の全面投入が行われた。世界の61カ国が参戦し、総計で約1億1000万人が軍に動員され、主要参戦国の戦費は総額1兆ドル超に達した。

▲ポーランド軍守備隊に砲撃を浴びせるドイツ戦艦［1939年9月1日］

PICK UP 4 日中戦争の始まり

2・26事件〈1936年、陸軍将校に率いられた多数の兵が軍事政府樹立を掲げて首相官邸や警視庁を襲撃し、大臣ら数名を殺害した〉が起こりクーデターは鎮圧されたものの、軍の発言権は増大する一方だった。政権が軍部によって握られた1937年、盧溝橋（ろこうきょう）事件をきっかけに日中戦争が始まった。日本軍は次々に中国諸都市を陥落させるが、蒋介石の中国国民政府や中国共産党は徹底抗戦を崩さず、戦争は泥沼化した。また、本格的な戦闘が始まっても、1941年に太平洋戦争が勃発するまで両国は宣戦布告を行わなかった。宣戦布告した場合、第三国には中立義務が生じ、国際的孤立を避けたい日本側にとっても、外国の支援なしには戦闘を継続できない蒋介石側にとっても不利だったからである。

世界中を巻き込む第2次世界大戦と、日本が直面

ヨーロッパ

1941
- ドイツとイタリアがソ連に宣戦［6月］
- 英米が「大西洋憲章」に調印する［8月］

1942
- （PICK UP 1）アムステルダムの隠れ家でアンネ・フランクが日記を書き始める［6月］

1943
- イタリアが無条件降伏［9月］
- カイロ会談〈日本の領土問題処理など〉［11月］
- テヘラン会談〈ノルマンディー上陸作戦を確認〉［11月］

1944
- フランスで共和国臨時政府成立［9月］

1945
- ヤルタ会談［2月］
  ソ連の対日参戦と国際連合の設立についての会談。
- ムッソリーニが処刑される［4月］
- ソ連軍がベルリンに突入、ヒトラー自殺［4月］

▶ヒトラーの死を伝えるアメリカ軍の新聞

- ドイツ軍が無条件降伏してヨーロッパ戦線は事実上終戦［5月］
- ドイツが東西に分裂［6月］

南北アメリカ

1941
- 武器貸与《レンドリース》法成立［3月］
  1941～1945年の武器貸与法は、アメリカがイギリス、ソ連、中国、フランスなどの連合国に対して、基地を提供することと引き換えに、軍需物資を供給するプログラムでイギリスの場合はニューファンドランド、バミューダ諸島、イギリス領西インド諸島であった。
- 米英が対日独伊に宣戦［12月］

1942
- シンガポール陥落［2月］

1943
- カサブランカ会談［1月］
  米・英、シチリア島上陸を決定。

1944
- 連合軍によるノルマンディー上陸作戦［6月］
- ダンバートン・オークス会議［8月］
  米・英・中・ソ、国際連合憲章草案の討議。
- アメリカがサイパン島占領、レイテ島上陸［7～10月］

1945
- 第33代トルーマン大統領就任［～1953］
  フランクリン・ルーズベルト大統領の死を受けて副大統領から大統領に昇格。

▲ハリー・S・トルーマン

ロシア

1941
- 日ソ中立条約［4月］
- 英ソ軍事同盟［7月］

1942
- 英ソ相互援助条約［5月］
- スターリングラードの戦い［～1943］
  6月にドイツを中心とした枢軸国軍とソビエト労農赤軍との戦いが起こる。

1943
- コミンテルン解散［5月］

1944
- ソ連軍がポーランド国境突破［1月］

1945
- ソ連軍がアウシュヴィッツ強制収容所を解放［1月］

▲アウシュヴィッツ第1強制収容所正門

- ソ連軍がオーストリアに侵攻［3月］
- プラハの戦い〈ソ連がプラハに入る〉［5月］
- （PICK UP 2）ポツダム会談［7月］
  対ドイツ処理方針のポツダム協定、対日無条件降伏勧告のポツダム宣言。
- ソ連が日本へ宣戦。満州、朝鮮、樺太に侵入［8月］

「アンネの日記」

第2次世界大戦中のナチス・ドイツ占領下のオランダ・アムステルダムが舞台となっている。ナチスのユダヤ人狩りを避けるために、隠れ家に潜んだ8人のユダヤ人の生活を、少女アンネ・フランクが秘密警察に捕まるまでの1942年6月12日から1944年8月1日までの出来事を記録した日記。彼女の死後、父オットー・フランクの尽力によって出版され、世界的ベストセラーになった。

逮捕された8人の中で戦後を迎えることができたのは、アンネの父オットーのみで、アンネやほかの7名は強制収容所で死亡した。

▲アンネ・フランク〈1979年にドイツ連邦共和国で発行された切手〉

PICK UP 2 ポツダム会談

ポツダム会談とはドイツ降伏後の1945年7月17日～8月2日にかけ、ベルリン郊外ポツダムにおいて、米英ソの3カ国首脳による、抗戦を続ける日本への対応と第2次世界大戦の戦後処理について行われた会談。ポツダム宣言は、会談期間中3カ国首脳の共同声明として発表され、日本への無条件降伏を勧告した。ソ連は日本に対し中立をとっていたためこの時点では宣言に参加せず、8月の対日参戦後に参加した。

▲ポツダムに集まった3カ国首脳〈左からアトリー、トルーマン、スターリン〉

した太平洋戦争は苦難の4年間だった 《1941~1945》

アフリカ・オリエント・西・南・東南アジア		北・東アジア		日本	
1941	•トルコがドイツと友好条約 •イラン中立宣言 •イラン王パフラヴィー2世即位［~1979］  ▲パフラヴィー2世	1941	•中国が米英と同盟し、日独伊に宣戦［12月］	1941	•日ソ中立条約 •仏領インドシナ南部進駐 •東条英機内閣成立［~1944］  ▲東条英機 •真珠湾攻撃で太平洋戦争が始まる［12月］
1942	•イランが英ソと軍事同盟締結［1月］	1942	•汪兆銘(おうちょうめい)南京政府主席が訪日	1942	•ミッドウェー海戦［6月］
1943	•レバノン共和国が完全独立〈自由フランス政府の独立承認により完全独立を達成〉	1943	•米英が、中華民国での租借権を放棄し、中国〈重慶国民政府〉に返還 ただしイギリスに割譲された香港に隣接する九龍半島を除いた。 •蔣介石がカイロ会談に出席  ▲カイロ会談 左から中華民国軍事委員会委員長蔣介石、アメリカ大統領ルーズベルト、イギリス首相チャーチル	1943	•ガダルカナル島撤退［2月］ •大東亜会議［11月］ •学徒出陣開始［12月］
1944		1944	•日本による大陸打通作戦［4月］ 日本は京漢鉄道・米空軍飛行場の占領に成功したものの、あまり利益を受けることができなかった。京漢鉄道は中国軍の妨害活動を排除して運行するには長大過ぎ、まともに機能しなかった。  ▲進軍する日本軍の機甲部隊 •汪兆銘が名古屋で病死する	1944	•米軍によるサイパンからの日本本土空襲激化する［6月］
1945	•アメリカがフィリピンのマニラを占領［2月］ •トルコ、エジプトが日独に宣戦［2月］ •アラブ連盟結成 •インドネシア共和国がオランダからの独立を宣言 インドネシアは独立を認めず再植民地化に乗り出したオランダとこの後独立戦争を余儀なくされた［~1949年］。			1945	•米軍が硫黄島に上陸［2月］ (PICK UP 3) •米軍が沖縄上陸［4月］ •広島に原子爆弾投下［8月6日］ •長崎に原子爆弾投下［8月9日］ •日本の無条件降伏、天皇の玉音放送［8月15日］ (PICK UP 4)

昭和時代

20世紀

硫黄島の戦い

グアム島を1944年8月にほぼ制圧し終えた米軍は、日本本土攻略に向け「硫黄島攻略後に沖縄上陸」という基本戦略がアメリカ軍全体の方針となった。

▲1945年2月23日、摺鉢山に翻った星条旗とU.S.M1カービンを構える兵士〔米国議会図書館所蔵〕

1945年2月19日にアメリカ海兵隊の硫黄島強襲が、艦載機と艦艇の砲撃の支援のもと開始された。3月17日、アメリカ軍が島を制圧、日本軍守備隊陣地の多くが壊滅した。3月21日に大本営は17日に玉砕したと発表。3月26日、栗林忠道中将以下300名余りが最後の攻撃で壊滅し、戦闘は終結した。

玉音放送と日本の降伏

日本は1945年8月14日御前会議においてポツダム宣言の受諾を決定。太平洋戦争において日本が降伏することを意味した。御前会議での決定を受けて詔書案が閣議にかけられ文言を確定、そのまま昭和天皇によって裁可され、終戦の詔書として発布された。昭和天皇は詔書を朗読してレコード盤に録音させ、15日正午よりラジオ放送で国民に広く告げることとした。この玉音放送は法制上の効力を特に持つものではないが、天皇が敗戦の事実を直接国民に伝えるという意味では強い影響力を持っていた。

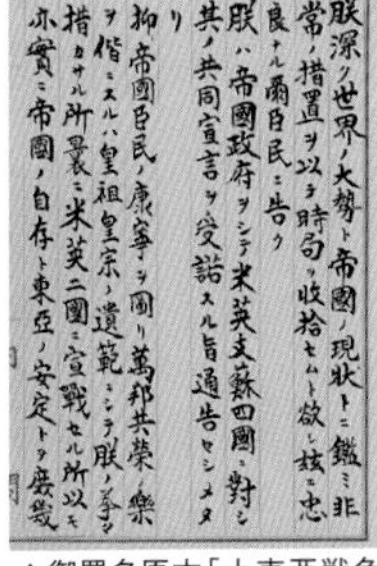
朕深ク世界ノ大勢ト帝國ノ現狀トニ鑑ミ非常ノ措置ヲ以テ時局ヲ收拾セムト欲シ茲ニ忠良ナル爾臣民ニ告ク
朕ハ帝國政府ヲシテ米英支蘇四國ニ對シ其ノ共同宣言ヲ受諾スル旨通告セシメタリ
抑々帝國臣民ノ康寧ヲ圖リ萬邦共榮ノ樂ヲ偕ニスルハ皇祖皇宗ノ遺範ニシテ朕ノ拳々措カサル所曩ニ米英二國ニ宣戰セル所以モ亦實ニ帝國ノ自存ト東亞ノ安定トヲ庶幾シ

▲御署名原本「大東亜戦争終結ノ詔書」1ページ目

世界がNATO対共産圏の構図を描く中、日本は

ヨーロッパ	南北アメリカ	ロシア
1946 •第1回国連総会安全保障理事会成立  ▲国際連合安全保障理事会会議場 photo by Bernd Untiedt, Germany •フランスの新憲法が成立し、第4共和政が発足 •イタリアで王政が廃止されて共和制となる	1947  •アメリカがギリシア・トルコへの共産主義の進出を阻止するためトルーマン・ドクトリンを宣言 トルーマン・ドクトリンは当時のアメリカ大統領トルーマンによる共産主義封じ込め政策。トルーマンは、もしギリシアとトルコが必要とする援助を受けなければ欧州各地で共産主義のドミノ現象が起こるだろうと主張。トルコとギリシアへの軍事・経済援助で4億ドルを与えた。	1946 •ソ連による共産党主導でポーランド、ルーマニア、ブルガリア、ユーゴスラビア、アルバニアが社会主義を採用する
1947 •イギリスのエリザベス2世が結婚  ▶エリザベス女王夫妻〈1953年戴冠時〉	•マーシャル国務長官によるヨーロッパ経済復興援助計画マーシャル・プランを発表 1947年6月5日、ハーバード大学学位授与式に臨席したマーシャルは記念講演の中で、米国が欧州に対して大規模な復興援助を供与する用意があると表明。これに応じ西欧16カ国は、復興4カ年計画をまとめた報告書を作成して米国の援助を仰ぐと共に、援助受け入れ機関として欧州経済協力機構《OEEC》を設置。援助は旧敵国にも供与され、米英仏3カ国の占領下にあったドイツ西部も援助対象として認められた。	1947 •ソ連、東欧諸国による共産党の情報機関コミンフォルムが結成される コミンフォルムは大戦前のコミンテルンの後身に相当するが、コミンテルンが労働者の統一戦線樹立を目指したのに対し、コミンフォルムでは各国共産党の情報交換が主な目的とされた。
1949  •西側12カ国による北大西洋条約機構《NATO》が結ばれる •ボンを首都とするドイツ連邦共和国《西ドイツ》が成立  ▶初代大統領テオドーア・ホイス	 ▲ジョージ・マーシャル	1948 •ユーゴスラビアはコミンフォルムを離れ、独自路線へ •ソ連がドイツの西ベルリンへの水陸路連絡を封鎖  ▶西ベルリンに物資を空輸してきた輸送機を見上げるベルリン市民 1949 •ソ連と東欧6カ国が経済相互援助会議《COMECON》を創設 •東ベルリンを首都とするドイツ民主共和国《東ドイツ》が成立  ▶初代大統領ヴィルヘルム・ピーク photo by Bundesarchiv_Bild_183-19000-3301,_Berlin,_DDR-Gründung,_Wahl_Pieck,_Grotewohl.jpg: Zühlsdorf

PICK UP 1 北大西洋条約機構《NATO》

北大西洋条約機構は、1949年4月4日締結の北大西洋条約に基づき、アメリカ合衆国を中心として北アメリカ・ヨーロッパ諸国によって結成された軍事同盟。第2次世界大戦が終わり、共産主義のソ連・東欧との冷戦が激しさを増す中で、英仏が主体となり誕生した。「アメリカを引き込み、ロシアを締め出し、ドイツを抑え込む」という初代事務総長イスメイの言葉が象徴するように、ドイツ問題に対する一つの回答でもあった。加盟国いずれかの国が攻撃された場合、共同で応戦・参戦する義務を負っている。

▲NATOのサミット[2002年]

PICK UP 2 東西の冷戦と「鉄のカーテン」

冷戦とは、第2次世界大戦後の世界を二分した、アメリカ合衆国を盟主とする資本主義・自由主義陣営と、ソビエト連邦を盟主とする共産主義・社会主義陣営との対立構造である。アメリカ合衆国トルーマン大統領は朝鮮戦争を利用して、冷戦の世界化を積極的に進めた。アメリカは年間軍事予算を350億ドルまで一気に増額させた。

英国のチャーチルが首相退任後の1946年3月、トルーマンに招かれて訪米、ウェストミンスター大学で行った演説の中で、「ヨーロッパ大陸を横切る鉄のカーテンが降ろされた」と冷戦を表現した。

▲ウィンストン・チャーチル

GHQの占領下で新体制を形成する 《1946~1950》

アフリカ・オリエント・西・南・東南アジア

1946
- **フィリピン共和国が独立**
  1945年の日本敗戦に伴い独立を失いアメリカ領に復帰することとなったが、1946年にフィリピン・コモンウェルスの組織を引き継いで戦前から約束されていた独立を達成した。
- **インドシナ戦争が起こる**
  〈ベトナム対フランス〉[～1954]
  ベトナム民主共和国の独立に伴い、フランスとの間で戦われた戦争。

▲負傷して手当てを受けるベトミン《ベトナム独立同盟会》兵捕虜[1954年]

1947
- **イギリス領インドから独立し、パキスタンが成立する**
- **第1次印パ戦争が起こる**
  [～1948]
  カシミールの帰属を巡り、インドとパキスタンの間で行われた戦争。国連の仲裁により停戦。この結果、カシミールは両国が分割して実効支配することとなった。

1948
- **イスラエル国が成立**
- **ビルマ共和国とセイロン自治国が成立する**
- **パレスチナ戦争《第1次中東戦争》が起こる**

北・東アジア

1948
- **大韓民国と朝鮮民主主義人民共和国が成立**

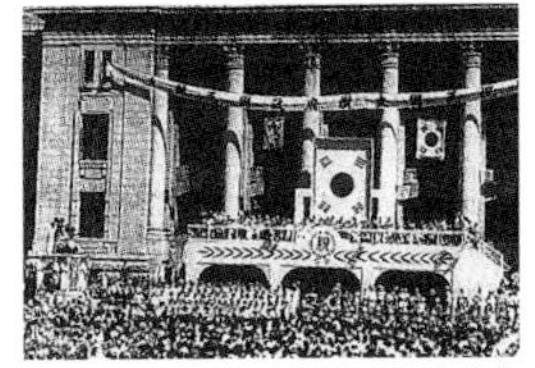
▲ソウルで行われた韓国の国家成立記念式典

1949
- **中国共産党が北京を奪回、4月には中華民国首都南京を制圧**
- **朝鮮労働党結成**
- **中国国民党の蒋介石は台湾に逃れ、中華民国政府を樹立**
  1949年12月7日、蒋介石総統率いる中国国民党政府が、中国共産党に実質支配された南京から、臨時首都として台湾島の台北に移転したことにより、台湾島地域及び金馬地区など統治する国土のほとんどをアメリカ暫定占領地区に頼る国家として、1950年までに再編成された。
- **毛沢東の共産党が中華人民共和国を成立**

1950 
- **朝鮮戦争**[～1953]
  朝鮮戦争[1950年6月25日～1953年7月27日]は、成立したばかりの大韓民国《韓国》と朝鮮民主主義人民共和国《北朝鮮》の間で、朝鮮半島の主権を巡って、北朝鮮が軍事境界線を越えて侵攻したことによって勃発した。

日本

昭和時代

1946
- **天皇の神格否定、人間宣言が行われる**
- **連合国軍の進駐が始まる**
- **第1次農地改革**
- **「ひめゆりの塔」建立**

▶現在のひめゆりの塔 photo by A-gota

- **主権在民・戦争放棄などをうたった日本国憲法が公布される**

1947
- **教育基本法が公布される**
  《6・3・3制新教育の実施》

1948
- **極東国際軍事裁判で東条英機ら7人が死刑判決**

1949 
- **シャウプ使節団が、シャウプ勧告をGHQ《連合国軍最高司令官総司令部》に提出**
  シャウプ使節団日本税制報告書《シャウプ勧告》は、GHQの要請によって1949年に結成された、カール・シャウプを団長とする日本税制使節団による日本の税制に関する報告書。日本の戦後税制に大きな影響を与えた。
- **湯川秀樹がノーベル物理学賞を受賞**
  〈日本人初のノーベル賞受賞〉

1950
- **朝鮮戦争による特需で景気が上向きになる**

PICK UP 3 朝鮮戦争の勃発

日本降伏後、朝鮮半島は北緯38度線を境界として、北側をソ連、南側をアメリカが統治した。期間は5年を期限としていたが、次第に分断固定化の動きが強まり、それぞれ大韓民国、朝鮮民主主義人民共和国が成立した。1950年、北朝鮮軍が38度線を越えて南に進入し、朝鮮戦争に発展。8月には米・韓国軍は釜山まで後退したが、国連の軍隊派遣によりソウルを回復。11月に中国軍が北朝鮮側に立って参戦すると、戦争は激しさを増した。1953年、38度線に非武装地帯を設置し休戦。

▲破壊されたソウル市内の建物

PICK UP 4 GHQの日本占領

連合国軍最高司令官総司令部とは、太平洋戦争《大東亜戦争》の終結に際してポツダム宣言の執行のために日本において占領政策を実施した連合国軍の機関。ただ、「連合国軍」とは言っても、その多くの職員はアメリカ合衆国軍人と民間人、少数のイギリス軍人で構成されていた。日本では、総司令部《General Headquarters》の略称であるGHQや進駐軍という通称が用いられた。

▲GHQマッカーサー最高司令官と昭和天皇[1945年9月27日]

米ソを中心とした東西の軍事対立が深まる一方、

20世紀

ヨーロッパ		南北アメリカ		ロシア	
1951	•パリ条約が調印され、ヨーロッパ石炭鉄鋼共同体《ECSC》が発足する 欧州石炭鉄鋼共同体は、冷戦期に6カ国により設立され、後に欧州連合に発展する国際機関。条約の調印にはフランスと西ドイツ、イタリア、ベルギー、オランダ、ルクセンブルクが参加。調印国の間で石炭と鉄鋼の共同市場を創設することが企図されていた。	1951	•サンフランシスコ講和会議が開かれる •太平洋安全保障条約《ANZUS》が結ばれる〈米、オーストラリア、ニュージーランド〉 アメリカ、オーストラリア、ニュージーランド3国間で結ばれた軍事同盟に関する条約。1951年9月調印。締結各国の頭文字を取って、ANZUSと略される。	1950	•モスクワで「中ソ友好同盟相互援助条約」が調印される［〜1980］
1954	•ジュネーブ休戦協定《インドシナ停戦協定》が結ばれる  ▲インドシナ戦争のディエンビエンフーの戦い •アルジェリア戦争 フランス支配に対するアルジェリアの独立戦争。フランス本国と当時フランス領であったアルジェリアの内戦であると同時に、アルジェリア地域内でフランス本国と同等の権利を与えられていたコロンと呼ばれるヨーロッパ系入植者と、対照的に抑圧されていた先住民との民族紛争でもある。	1953	•アイゼンハワーが第34代大統領に就任 アイゼンハワーは第2次世界大戦中はヨーロッパ連合軍最高司令官として活躍。1948年7月にコロンビア大学の学長に選ばれ、ニューヨークに居を構えていた。政治に関心がなかったが、説得を受け共和党の大統領候補として立候補、当選した。  ▶ドワイト・D・アイゼンハワー •ダレス国務長官が「巻き返し政策」発表	1953	•スターリンが死去 スターリンの遺体は1961年までレーニン廟に保存されていたが、フルシチョフによるスターリン批判の煽りを受け撤去、燃やされた後クレムリンの壁に埋葬された。  ▲レーニン廟 •東ベルリンで反ソ運動
				1954	•バルカン軍事同盟が結ばれる〈ギリシア、トルコ、ユーゴ〉 •モスクワ近郊オブニンスクで世界初の原子力発電所が運転開始  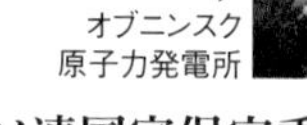 ▶オブニンスク原子力発電所 •ソ連国家保安委員会《KGB》が誕生
1955	•ラッセル・アインシュタイン宣言 英国の哲学者バートランド・ラッセルと、米国の物理学者アルベルト・アインシュタインが中心となり、当時の第一級の科学者ら11人によって、核兵器廃絶・科学技術の平和利用を訴えた宣言。 •オーストリアが永世中立を宣言 •西ドイツがソ連と国交回復	1955	•AFL《アメリカ労働総同盟》がCIO《産業別組合会議》と合併 CIOは1935年に制定されたワグナー法のもと労働運動が活発化し、民主的な全労働者階級の組織としてAFL内部で結成された。1938年に分離独立したが、1955年に再び合同してAFL-CIOとなった。	1955	•ソ連と東欧7カ国がワルシャワ条約に調印 ワルシャワ条約に基づきソ連を盟主とした東欧諸国が結成した軍事同盟がワルシャワ条約機構である。西ドイツの再軍備及び北大西洋条約機構への編入という事態に対抗して作られた。

PICK UP 1 ジュネーブ会議

スイスのジュネーブに1954年4月26日各国代表が集まり、インドシナ和平会談が開かれた。フランス、アメリカ、イギリス、ベトナム国《バオ・ダイ政府》、カンボジア、ラオス、ベトナム民主共和国《ベトミン》、ソ連、中華人民共和国が参加。

交渉は難航したが、5月にディエンビエンフーの戦いで仏軍が大敗し、6月に仏首相に就任したピエール・マンデス・フランスが1カ月以内の和平実現を公約すると、参加国間の緊張が緩和。ベトナム民主共和国側は、軍事境界線の設定などで最後まで強硬姿勢であったが、説得に応じ妥協。7月21日和平協定が成立した。

▲ベトナムを南北に分けた軍事境界線に建てられた記念碑　photo by Si-take.

PICK UP 2 冷戦によるスパイ組織の誕生

冷戦下、東西両陣営はアメリカ中央情報局《CIA》、ソ連国家保安委員会《KGB》などの諜報機関を使って積極的なスパイ活動を展開したとされる。KGBは冷戦時代にはCIAと対抗する組織と言われていたが、ソ連崩壊と同時にロシア連邦保安庁に権限を移行した。

いずれもスパイを擁する情報機関であるため活動内容は不明な点が多い。映画などの創作物で扱われることが多く、虚実の区別が難しい。

▲米国スパイ映画007シリーズの中で「ボンドカー」として初めて使われたBMW・Z3ロードスター

日本はサンフランシスコ講和会議で独立《1951～1955》

アフリカ・オリエント・西・南・東南アジア

1950 •インド共和国並びにインドネシア単一国家が成立

1951 •リビアがイタリアから独立
•イランが石油を国有化

1952 •エジプト革命
自由将校団がクーデターを起こしてムハンマド・アリー朝を打倒。

1953 •エジプト共和国の成立
最後の国王ファアード2世が廃位され共和制へと移行し、エジプト共和国が成立した。

▲初代大統領ムハンマド・ナギーブ

1954 •東南アジア条約機構《SEATO》が結ばれる

1955 •トルコ、イラク、イギリス、パキスタン、イランによるバグダード条約機構《METO》が成立
•アジア・アフリカ《バンドン》会議

▲アジア・アフリカ会議の議場

北・東アジア

1953 •朝鮮戦争の休戦協定が成立する
•中華人民共和国で第1次5カ年計画を発表

1954 PICK UP 3 •中華人民共和国憲法が公布される
中華人民共和国憲法は最高法規であるが、序章に中国共産党に指導を仰ぐとあり、事実上中国共産党が憲法より上位にくる構成となる。
•中華人民共和国とイギリスが国交樹立
•周恩来が中国代表としてジュネーブ会議に出席、インドのネルー首相と会談し平和5原則を宣言
平和5原則は①領土・主権の相互尊重、②相互不可侵、③相互内政不干渉、④平等互恵、⑤平和共存。

豆知識 周恩来［1898～1976年］
中華人民共和国の建国以来、死去するまで一貫して政務院総理・国務院総理《首相》を務めた。毛沢東の信頼が厚く、文化大革命中も失脚しなかったことなどから「不倒翁」《起き上がり小法師》の異名がある。

周恩来▶

日本

1951 PICK UP 4 •サンフランシスコ講和会議で平和条約締結

▲平和条約に署名する吉田茂首席全権と全権委員

•日米安全保障条約に調印
朝鮮戦争が継続されるなか、防衛・安全保障環境を憂えた日米は、日本の主権回復後も米軍が駐留することで極東の安全を維持できるとし、条約を結んだ。

1953 •日米友好通商航海条約が締結

1954 •ビキニ環礁でのアメリカによる水爆実験で第五福竜丸など日本の遠洋漁船が多数被爆

▲当時の第五福竜丸

1955 •第1回原水爆禁止世界大会が広島で開かれる
前年の米国水爆実験を受けて核兵器廃絶を求める署名運動が行われ、原水爆禁止世界大会の開催となった。

昭和時代

20世紀

 中華人民共和国の成長

断続的に1930年代から続いていた国共内戦において、中国共産党率いる中国人民解放軍が、中国国民党率いる中華民国国軍に対して勝利を収め、1949年に共産主義政党による一党独裁国家である中華人民共和国を樹立した。立法機関として全国人民代表大会が置かれ、行政機関として国務院が、司法機関として最高人民法院が存在する。法律上は全国人民代表大会に権限が集中〈民主集中制〉し、三権分立の相互抑制メカニズムは存在しない。

▲天安門〈1949年10月1日、毛沢東が天安門の壇上に立ち中華人民共和国の建国を宣言した〉

 サンフランシスコ講和会議

サンフランシスコにおいて、アメリカを始めとする第2次世界大戦の連合国側49カ国との間で、日本との平和条約〈サンフランシスコ平和条約〉が締結された。この際、主席全権委員であった吉田茂内閣総理大臣が単独で、日本とアメリカ間の安全保障条約《旧安保条約》に署名。この調印式には、ほかの全権委員は欠席しており、唯一同行した池田勇人蔵相に対しても「この条約はあまり評判がよくない。私だけが署名する」と言って吉田茂が1人で署名した。この条約に基づき、占領軍のうちアメリカ軍部隊は在日米軍となり日本に留まった。

▲吉田茂

米ソの国力を誇示する宇宙開発競争が始まり、

ヨーロッパ

1957

- **ヨーロッパ経済共同体《EEC》が発足〈参加国はECSC構成国〉**
  ヨーロッパ経済共同体は、ベルギー、フランス、ドイツ、イタリア、ルクセンブルク、オランダ間での経済統合を実現することを目的として設立された。

1958

- **フランスで第5共和政が成立**
  シャルル・ド・ゴール将軍が第4共和政を打倒し、新たに作った現在のフランスの共和政体。第4共和政に比べて立法権《議会》の権限が低く、大統領の執行権が強化され、行政・官僚機構が強力なのが特徴。
- **フックス隊、南極大陸横断に成功**

1959

- **フランスで第5共和政初代ド・ゴール大統領が就任**［～1969］

▲ド・ゴール大統領

1960

- **イギリスがEECに対抗し、7カ国でヨーロッパ自由貿易連合《EFTA》を結成**

南北アメリカ

1958

- **キューバでフィデル・カストロが革命戦争を宣言**
  革命にはメキシコでカストロ兄弟と知り合ったアルゼンチン生まれの革命家チェ・ゲバラも加わり、ゲリラ戦を勝利に導いた。

▲チェ・ゲバラ

- **アメリカが人工衛星エクスプローラー1号を打ち上げ**

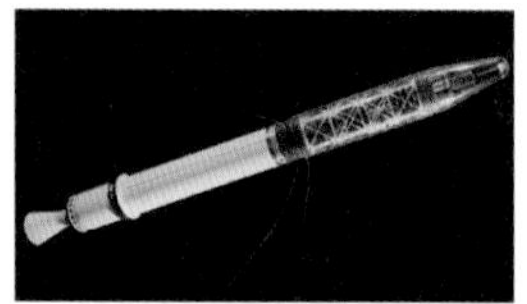

▲エクスプローラー1号

1959

- **南極条約の締結**
  当時南極の調査研究に協力体制を築いていた日本、米、英、仏、ソ連など12カ国が採択。南極地域の平和的利用を定めた。
- **キューバでカストロの革命運動《キューバ革命》が政府を倒す**

▲フィデル・カストロ

ロシア

1953

- **ソ連でフルシチョフが第4代首相に就任**［～1964］

▲ニキータ・フルシチョフ

1956

- **ソ連でスターリン批判が起こる**
  フルシチョフは第20回共産党大会で「スターリン批判」を行い世界中に衝撃をもたらした。
- **ポズナニ事件《ポズナン暴動》やハンガリー事件が起こる**
  いずれも反ソ連的暴動事件であり、多数の犠牲者を出した。

1957 PICK UP 1

- **ソ連が世界初の人工衛星打ち上げに成功**

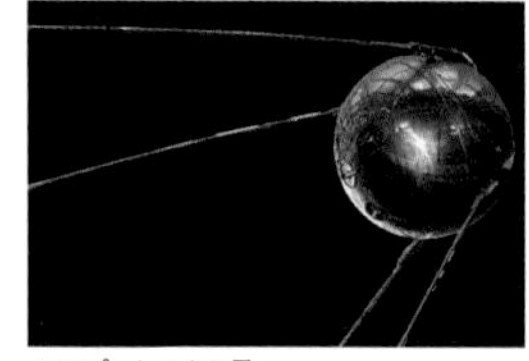

▲スプートニク1号

1959

- **ソ連のフルシチョフ首相がアメリカ、ヨーロッパ、東南アジアなどを訪問、パリでド・ゴールと首脳会談、アメリカでアイゼンハワーと首脳会談を行う**

米ソの宇宙開発競争

およそ1957～1975年までの間続いた競争のもと、米ソ各々が人工衛星を打ち上げ、人間を宇宙空間へ送り、月に人間を立たせるための計画を並行して行った。競争の発端は、初期のロケット技術の競争や、第2次世界大戦後の国際的な緊張の中にすでにあったが、実際に始まったのは1957年10月4日のソ連によるスプートニク1号の打ち上げの後であった。

宇宙開発競争は、冷戦中のソ連とアメリカによる文化と科学技術の競争の中で決定的な役割を果たした。宇宙技術は、ミサイルなど軍事技術への応用が可能なことと、国民の誇りやモラル、世界の人々へのイメージ向上に与える影響が大きく心理学的な利益があると考えられたことから、両国の競争と摩擦の主戦場となった。

スエズ危機

エジプトのナーセル大統領は1956年7月26日にスエズ運河を国有化する宣言を行った。これに対抗して英、仏、イスラエルが軍事行動を起こし、スエズ危機が勃発。イスラエルが陸上から侵攻、英仏が空軍活動を行った。このためイギリスはアラブ諸国などから厳しい批判を受ける。そこでカナダの外相ピアソンが、スエズ運河通行の安全確保とイスラエルのシナイ半島撤退実行を目的とした初の国連平和維持軍創設を提唱。加盟国の大部分が、ピアソン案を支持し採択された。

▲スエズ運河の航空写真

日本では東京タワーが建設された 《1956〜1960》

アフリカ・オリエント・西・南・東南アジア

1956 
- **エジプトがスエズ運河の国有化を宣言、スエズ危機《第2次中東戦争》が起こる**

1957
- **マラヤ連邦が独立**

マラヤ連邦とは、11州によって構成されるマレー半島の連邦。イギリス連邦の一員として独立を達成した。

- **アフリカのガーナが最初の自力独立の黒人共和国となる**

脱植民地化時代のサハラ以南のアフリカにおいて、初めて現地人が中心となってヨーロッパの宗主国から独立を達成した。イギリス領ゴールドコーストと呼ばれていたが、独立に際して国名をガーナに変更した。初代大統領ンクルマは、アフリカ統一運動を推進したことで有名。

ソ連で発行されたンクルマの肖像切手［1989年］

1960
- **カメルン、コンゴ、マリなどアフリカ諸国の独立が相次ぐ**
- **アスワン・ハイ・ダムの建設が始まる**〈エジプト南部、ナイル川〉

▲アスワン・ハイ・ダム

北・東アジア

1958
- **毛沢東の大躍進政策**［〜1960］

経済的に米英を追い越すことを目的に施行した農工業の大増産政策。農村の現状を無視した強引なノルマを課した上、自然災害も重なった結果、多数の餓死者を出し大失敗に終わった。

- **毛沢東が人民公社**〈農業集団化のための組織〉**を設立**

人民公社の宣伝ポスター［1950年代］

1959
- **毛沢東が失脚し劉少奇が国家主席となる**［〜1968］

劉少奇

PICK UP 3
- **チベット蜂起が起こり、ダライ・ラマ14世はインドに亡命**

ダライ・ラマ14世が中国に拉致されることをおそれたラサ市民がノルブリンカ宮を包囲した。

ダライ・ラマ14世

日本

1956
- **ソ連との国交を回復、日ソ共同宣言を発表**

1958 PICK UP 4
- **東京タワーが竣工**

photo by de:User:Kampy

1960
- **日米安全保障条約が調印され、安保阻止運動が起こる**
- **岸信介に代わり池田勇人内閣が発足**

池田勇人

- **浅沼稲次郎が暗殺される**

日比谷公会堂において、演説中の日本社会党委員長・浅沼稲次郎が、17歳の右翼少年・山口二矢（おとや）に暗殺された。

- **池田内閣による「所得倍増計画」の策定**

池田内閣で策定された長期経済計画であり、翌年から10年間で実質国民所得《国民総生産》を26兆円に倍増させることを目標に掲げた。その後経済は驚異的に成長。

昭和時代

20世紀

PICK UP 3 ダライ・ラマ14世

ダライ・ラマ14世［1935年〜、在位1940年〜］は、インドのダラムシャーラーに基礎を置くチベット亡命政府ガンデンポタンの長である。法名はテンジン・ギャツォ。チベット民に尊敬される宗教指導者であり、チベット仏教のほかの教派を超えて大きな影響力を持つ。また、チベット仏教のゲルク派の最高位の仏教博士号を持つ僧侶でもある。チベット仏教の全宗派の伝統の教えを継承し研鑽を積んでおり、教え・実践両面のすべての領域における最高の権威者として広く認められている。

▲歴代ダライ・ラマが居住したポタラ宮

PICK UP 4 東京タワー

東京タワーは東京都港区芝公園4丁目にある東京地区の集約電波塔である。1958年10月14日竣工、同年12月23日に完工式が開かれた。一般的に東京のシンボル・観光名所として知られる、高さ333mの電波塔。2012年完成のスカイツリー〈634m〉の完成によって電波塔としての東京タワーの役割は減少し、現在は予備電波塔として位置づけられている

東京タワー建設前、放送事業者は個々に高さ150〜165mの電波塔を建設して、自局の塔から放送を行っていた。しかし電波は半径70km程度しか届かず、銚子や水戸では満足に電波を受信できなかった。現在は地上アナログ・デジタルテレビジョン放送及びFM放送アンテナとして電波を送出、またJR東日本の防護無線用アンテナとして緊急信号を発信するなどの機能を果たしている。

核保有国同士が条約締結により牽制し合い、

ヨーロッパ

1961
- **ベルリンの壁建設**
〈東西ベルリンの境界封鎖〉

8月13日、東ドイツは東西ベルリン間を閉鎖し有刺鉄線による最初の壁を建設。2日後には石造りの壁の建設が開始された。

1963
- **米英ソが部分的核実験停止条約に調印**

1963年8月にアメリカ、イギリス、ソ連の間で調印された核兵器の一部実験を禁止する条約。地下を除く大気圏内、宇宙空間及び水中における核爆発を伴う実験の禁止を内容とする。地下での核実験は除外されていたため、大国の核開発を抑止する効果は限定的だった。

1964
- **イギリスで13年ぶりに労働党のウィルソン内閣が政権獲得**［～1970］

▶ハロルド・ウィルソン

1967
- **EC《ヨーロッパ共同体》発足**

1968
- **フランスで5月危機が起こる**

1969
- **北アイルランド紛争**〈宗教暴動〉

1970
- **ソ連・西ドイツ武力不行使条約**
《モスクワ条約》

南北アメリカ

1961
- **ジョン・F・ケネディが第35代アメリカ合衆国大統領に就任**
- **キューバで社会主義宣言**

1962
- **キューバ危機が起こる**

1963
- **ケネディ大統領暗殺** PICK UP 1
- **ジョンソンが第36代大統領に就任**

▲大統領宣誓するジョンソン

1964
- **アメリカで黒人差別撤廃を目指す公民権法成立**

キング牧師の名で知られるマーティン・ルーサー・キング・ジュニアは、黒人公民権運動の指導者的役割を果たした活動家。「I Have a Dream」で知られる有名なスピーチを行った。1964年のノーベル平和賞受賞者。公民権法の成立に貢献。1968年暗殺される。

▶"I Have a Dream"の演説を行うキング［1963年8月］

1968 PICK UP 2
- **核拡散防止条約に調印**
〈62カ国が調印〉

1969
- **第37代アメリカ合衆国大統領リチャード・ニクソンが就任**
- PICK UP 3 **月着陸船アポロ11号が人類初の月面着陸・帰還に成功**

ロシア

1961
- **人類初の有人衛星ボストーク1号が、ユーリ・ガガーリン飛行士を乗せ地球一周に成功**

ガガーリン飛行士の「地球は青かった」という言葉は非常に有名。

▲ボストーク宇宙船
photo by de:Benutzer:HPH

- **ウィーン会談**

米ソが東西ドイツ問題について話し合ったが決裂。

▲ウィーン会談でのケネディとフルシチョフ

1964
- **ソ連でフルシチョフが失脚、ブレジネフが第1書記となり、コスイギンが首相となる**

▶アレクセイ・コスイギン

1968
- **プラハの春**《チェコスロバキア変革運動》**・ワルシャワ会談**
- **ソ連・東欧軍がチェコスロバキアに軍事介入**〈チェコ事件〉

 J・F・ケネディ大統領暗殺

ケネディ大統領は11月22日のダラスで遊説を行う予定だった。「ダラス・トレードセンター」でスピーチを行うために、自動車パレードはラブフィールド空港からディーリー・プラザを含むダウンタウンを通過することが計画された。ケネディ大統領夫妻らが空港から乗車した車は、1961年式のリンカーン・コンチネンタルをオープントップに改造したパレード専用のリムジンであった。リンカーン・コンチネンタルが教科書倉庫を通過した数秒の間にケネディは狙撃された。

▲暗殺される直前のケネディ大統領

PICK UP 2 核兵器拡散防止条約の締結

核拡散防止条約《NPT》は、核兵器廃絶を主張する政府及び運動団体によって制定された。核兵器保有国は核兵器の削減に加え、非保有国に対する核保有国の軍事的優位の維持の思惑も含めて核兵器保有国増加を抑止するために1963年に国連で採択され、関連諸国による交渉、議論を経て1968年に最初の62カ国による調印が行われ、1970年3月に発効した。

▲核実験を至近距離で見つめるアメリカ陸軍兵士たち

日本は東京オリンピックや万博に沸く《1961～1970》

アフリカ・オリエント・西・南・東南アジア

1962 ・**アルジェリアが民主人民共和国として独立を達成**

アルジェリア戦争で100万人に及ぶ死者を出した末の独立であった。

1963 ・**アフリカ統一機構成立**

エチオピアのアディスアベバに当時のアフリカ独立国33カ国のうち、30カ国の元首・政府首脳が会議を開き、憲章に調印した。

1965 ・**アメリカ空軍による北ベトナム爆撃が始まり、ベトナム戦争激化**

・**インドネシアで9・30事件が発生**〈共産党の弾圧〉

・**アルジェリアのウアリ・ブーメディエンがクーデターにより政権を握る**〈ブーメディエンは1978年に死去するまで、社会主義政策に基づいて経済成長を達成〉

1967 ・**第3次中東戦争**

イスラエルとアラブ連合間で発生した戦争。イスラエルが勝利し、ガザ地区・ヨルダン川西岸地区の支配権を獲得してパレスチナを統一。シナイ半島とゴラン高原を軍事占領下に置いた。

・**東南アジア諸国連合《ASEAN》結成**

東南アジア諸国連合は、加盟10カ国の経済・社会・政治・安全保障・文化での地域協力機構。1961年設立の東南アジア連合《ASA》が前身。

1968 ・**パリでベトナム和平会談開始**

北・東アジア

1961 ・**ベオグラード非同盟中立諸国会議**《25カ国首脳会議》

・**韓国で朴正熙（パクチョンヒ）ら軍事革命委員会によるクーデターが起こる**

朴正熙はクーデターで政権を奪取して第5～9代大統領を務め、軍事独裁・権威主義体制を築いた。

朴正熙▶

1963 ・**中ソ論争激化**〈後に軍事対立へ〉

1966 ・**文化大革命が起こる**

実質的には、政権中枢から失脚していた毛沢東らが、指導部内における自身の復権を画策して引き起こした全国的な粛清運動。

▶文化大革命のポスター

1968 ・**劉少奇が失脚、国家元首が空席になる**

1969 ・**九全大会で毛沢東・林彪（りんぴょう）体制が発足**

林彪▶

日本

1964 ・**経済協力開発機構《OECD》に加入**

PICK UP 4 ・**第18回夏季オリンピックが東京で開催される**

・**東海道新幹線の開通**

▶量産型の新幹線0系電車

1965 ・**日韓基本条約調印**

内容は経済協力や関係正常化などの取り決めであった。国交正常化の結果、日本は韓国に対して多額の経済援助を行った。

1968 ・**アメリカ施政下にあった小笠原諸島が返還される**

昭和時代

1970 ・**日本万国博覧会が大阪で開催される**

▲開催中の会場風景中央に岡本太郎作の太陽の塔を望む

photo by takato marui

・**日航機よど号ハイジャック事件**

1970年3月31日に共産主義者同盟赤軍派が起こした日本航空便ハイジャック事件。日本における最初のハイジャック事件。犯人たちは北朝鮮に亡命。

アポロ11号による月面着陸

人類史上初の月面着陸は、アメリカ合衆国のアポロ11号計画における船長ニール・アームストロングと月着陸船操縦士エドウィン・オルドリンによるものだった。1969年7月20日、司令船操縦士マイケル・コリンズが月周回軌道上の司令船コロンビアで待機する中、2人の乗り込んだ月着陸船イーグルは司令船から切り離され、7月20日〈東部夏時間〉午後4時17分、月面に着陸した。

▲アームストロング船長が撮影したオルドリン

東京オリンピック開催

日本で初めてのオリンピックである〈アジアにおいても初のオリンピック〉。第2次世界大戦で敗戦した日本が、再び国際社会に復帰するシンボル的な意味を持った。また、1940～1960年代にかけて植民地支配を破り、次々と独立を果たしたアジアやアフリカ諸国の初出場が相次ぎ、過去最高の出場国数〈93カ国〉となった。

開会式は10月10日、閉会式は10月24日に行なわれた。開会宣言は昭和天皇、組織委員会会長は安川第五郎、準備委員長は新田純興であった。

▲国立霞ヶ丘陸上競技場の東京オリンピックの聖火台 photo by Dddeco

アメリカ大統領辞任とベトナム戦争終結、

ヨーロッパ

1971

・欧州各国外国為替市場一時閉鎖

ニクソンショックにより為替市場が混乱を起こした。

・スミソニアン体制発足

12月18日スミソニアン博物館で開かれた協定会議で、固定相場制を取り決めた。この協定が有効である状態をスミソニアン体制という。

1973

・EC諸国変動為替制に移行

スミソニアン体制が崩壊へとつながる。

・東西ドイツ国連加盟

・イタリア二重為替相場制導入

二重為替相場制度とは、為替市場を「固定為替相場制の経常取引」と「変動為替相場制の資本取引」の二つに分けた為替相場制度。

・パリ航空ショーでソ連旅客機墜落

6月3日ソビエトの超音速旅客機、ツポレフTu-144がパリ航空ショーでの展示飛行中、ル・ブルジェ空港北側の村落に墜落し、乗員6名及び地上の住民7名が犠牲となった。

1974 PICK UP 1

・ギヨーム事件でヴィリー・ブラント首相辞任〈西ドイツ〉

南北アメリカ

1971

・ニクソンショックが世界経済に甚大な影響を与える

8月15日に発表されたドルと金との交換停止を宣言し、ブレトン・ウッズ体制の終了と変動為替相場制の開始を告げた。

1972

・ニクソン大統領が中国訪問する

PICK UP 2

・ウォーターゲート事件の発覚

1973

・米軍ベトナム撤収完了

1月のパリ協定締結により、3月アメリカ軍がベトナムから撤兵完了。

1974

・ニクソン辞任しフォードが大統領に就任

ウォーターゲート事件により任期中に辞任した唯一のアメリカ大統領と、大統領選に勝利したことのない唯一のアメリカ合衆国大統領である。

▲ニクソン

▲フォード

1975

・米ソ宇宙船のドッキング成功

7月17日、地球軌道高度222kmの大西洋上でドッキングに成功。ドッキング中はアメリカの宇宙飛行士はロシア語を、旧ソ連の宇宙飛行士は英語を使って実験を進めた。

ロシア

1971

・世界初の宇宙ステーションサリュート1号打ち上げ

宇宙に長期滞在するために造られた施設。4月に打ち上げられ、同月23日のソユーズ10号とのドッキングは失敗に終わった。

▲宇宙ステーションサリュート

・ソユーズ11号事故

世界初の宇宙ステーション、サリュート1号へのドッキングに初めて成功した後、大気圏再突入の準備中に船内の空気が漏れ、搭乗していた3人の宇宙飛行士が窒息死した。

1973

・モスクワで日ソ首脳会談が開かれる〈田中・ブレジネフ会談〉

北方4島について話し合われ田中首相は、「領土問題の対象は4島」と念を押し、ブレジネフ書記長もその場でこれを確認したが、その後「確認しなかった」と否定した。

1974

・ソルジェニーツィンが追放される

ソ連の強制収容所《グラグ》を書いた「収容所群島」や「イワン・デニーソヴィチの一日」で1970年にノーベル文学賞を受賞したが1974年にソ連を追放される。

▲ソルジェニーツィン
photo by I, Evstafiev

ドイツ史上最も成功したスパイ

ギュンター・ギヨームが身分を隠して西ドイツに亡命したのが1956年。フランクフルトに住んで喫茶店を経営する。1957年、ドイツ社会民主党に入党。妻クリステルは同党ヘッセン州南部地区事務所の秘書となった。1964年から党の指導員として政治活動に従事。1965年ドイツ連邦議会選挙ゲオルク・レーバー連邦交通相の選挙戦に従事し組織運営の才を発揮した。レーバーの推薦でギヨームは連邦首相府の経済・財政・社会政策担当秘書となる。1972年、その勤勉さと事務能力を買われて首相ヴィリー・ブラントの個人秘書になる。こうして彼は西ドイツ首相の極秘文書や内輪の会議の内容、さらには私生活までを知りうる立場となった。

ウォーターゲート事件

ニクソン政権の野党だった民主党本部があるウォーターゲート・ビルに、不審者が盗聴器を仕掛けようと侵入したことから始まった。ニクソン大統領とホワイトハウスのスタッフは「侵入事件と政権とは無関係」との立場をとったが、次第に政権の野党盗聴への関与が明らかになり、世論の反発によってアメリカ史上初めて現役大統領が任期中に辞任に追い込まれる事態となった。

▲事件発覚の発端となったウォーターゲートビル

日本では沖縄が返還される

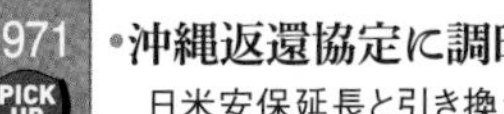

1971~1975

アフリカ・オリエント・西・南・東南アジア

1971

•アスワン・ハイ・ダムが公式開通

前年の12月10日に完成したアスワン・ハイ・ダムは1月15日に公式開通され、エジプトとソ連による国家的事業は完了した。

•第3次インド・パキスタン戦争起こる

インドが勝利し、東パキスタンは同年12月、バングラデシュとして独立。

1972

•ミュンヘン乱射事件

パレスチナの過激派組織「黒い九月」がドイツのミュンヘンオリンピック会場に侵入、選手村にいたイスラエル選手とコーチ、計11名を殺害。

1973

•第4次中東戦争始まる

イスラエルとエジプト、シリアなどの中東アラブ諸国との間で行われた戦争。アラブ各国はこの戦いを有利に展開するため、イスラエルを援助する西側諸国に対して石油戦略を発動し、世界でオイルショックを引き起こした。

1974

•エチオピアで大量処刑

エチオピアのメンギスツ・ハイレ・マリアム大統領によりアマン議長などの穏健派指導者、政府高官、皇族ら61人が殺害された。

1975

•ベトナム戦争終結

4月30日、北ベトナム軍はサイゴンへ入り、南ベトナムのズオン・バン・ミン大統領は無条件降伏をし、ベトナム戦争は終結した。

北・東アジア

1971

•中華人民共和国が国連に加盟

国連総会で中華人民共和国を中国の唯一の政府とし、中華民国を追放する決議が採択された。

1972

•南北赤十字本会談開始

8月30日に第1回南北赤十字会談が平壌で開催された。

•金日成(キムイルソン)が北朝鮮国家主席に就任

1948年から1972年までは同国の首相であり、1972年から1994年に死去するまで国家主席であった。

1973

•金大中(キムデジュン)事件が起こる

世界でも「民主主義の活動家」として高い名声を得るようになっていた後の大統領金大中は朴政権から身を守るため日本で亡命生活に入ったが、8月8日午前11時頃KCIAらに拉致誘拐された。

金大中▶

1974

•朴(パク)大統領狙撃事件

8月15日、朴正熙(パクチョンヒ)大統領狙撃事件が在日韓国人の文世光によって引き起こされ、大統領夫人の陸英修と女子高生が被弾して死亡した。事件に関与したと見られる朝鮮総連を日本側が擁護したこともあり、日韓両国の政治問題へと発展した。

日本

1971

PICK UP 4

•沖縄返還協定に調印

日米安保延長と引き換えにアメリカ軍基地を県内に維持したままの返還が決定した。

1972

•沖縄返還実施される

5月15日に日本へ復帰。

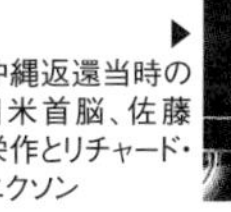

沖縄返還当時の日米首脳、佐藤栄作とリチャード・ニクソン▶

•日中国交正常化

北京で行われた調印式において、田中角栄、周恩来両首相が署名し成立。日中共同声明に基づき、日本はそれまで国交のあった中華民国に断交を通告した。

1974

•連続企業爆破事件起こる

[~1975]

日本国家をアジア侵略の元凶と見なし、アジア侵略に加担しているとされた企業に対し東アジア反日武装戦線が無差別爆破テロ事件を起こした。

1975

•山陽新幹線全区間開通

1972年新大阪駅ー岡山駅間で開業し、1975年に博多駅まで延伸し全線開業に至った。

•沖縄海洋博覧会開催

1975年7月20日から 1976年1月18日の183日間、沖縄県国頭郡本部町で本土復帰記念事業として行われた国際博覧会。

20世紀

昭和時代

 PICK UP 3 サイゴン陥落における混乱

市内の在留アメリカ人や南ベトナム人らが、サイゴンの沖合いに待機するアメリカ海軍の空母や大型艦艇に向けてアメリカ軍などのヘリコプターや軍用機、小船などで必死の脱出を続けた。在留日本人や韓国人は、アメリカ人や南ベトナム人の撤退を行うことだけでアメリカ軍が手一杯であることを理由に、アメリカ軍のヘリコプターに乗ることを拒否された。のべ682回にわたるアメリカ軍のヘリコプターによるサイゴン市内と空母との往復、1300人以上のアメリカ人が脱出、その数倍から十数倍の南ベトナム人の脱出の記録が残っている。

▲避難する南ベトナム人

PICK UP 4 沖縄返還直前の暴動

アメリカ統治下のコザ市で、1970年12月20日未明の交通事故を契機にアメリカ軍車両や施設が焼き打ちされる暴動が発生した。アメリカ軍人や軍属などが住民に対して起こした犯罪や事故に対して下される処罰が軽微であったことが原因。この事件の直前にも、9月18日に酔っ払い運転で、歩道を歩いていた女性を圧殺した米兵が地位協定を理由に米軍に保護され、12月11日証拠不十分により無罪になったばかりであった。

▲燃やされたアメリカ軍関係者の車

イラン革命で中東諸国が動き出す、日本では

ヨーロッパ

1977

・コンコルドがニューヨークに乗り入れ

▲イギリスとフランスが共同開発した超音速旅客機コンコルド

・モガディシオ事件起こる

10月13日、ルフトハンザ・ドイツ航空615便が、西ドイツ赤軍と、PFLPの混成グループにハイジャックされ、ソマリアのモガディシオに着陸させられた。西ドイツの特殊部隊が航空機に突入し、テロリストを制圧、人質全員を救出。

1979

・イギリスでサッチャー保守党内閣成立

初の女性保守党党首及び英国首相となった。

▲保守党党首時代のマーガレット・サッチャー

1980

・南イタリアで大地震発生

南部を中心とした強い地震で2500人以上が犠牲になった。

南北アメリカ

1978

・ガイアナで集団自殺事件

南アメリカ北東部に位置するガイアナ共和国でアメリカのキリスト教系の新宗教団体、人民寺院による集団自殺事件が発生し、教祖ジム・ジョーンズと彼の家族及び信者を含めた914人が集団自殺した。

1979

・米中国交樹立

アメリカはそれまで蒋介石率いる中華民国を中国の正統政府としていたが、中華人民共和国が正統政府であると承認したことで、国交が樹立した。

・ボイジャー1号木星観測写真を送信

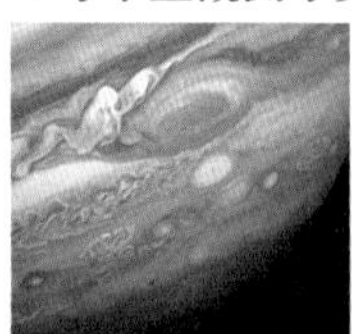
▲撮影した木星の大赤斑（だいせきはん）

・スリーマイル島原子力発電所で事故が発生

米国ペンシルベニア州のスリーマイル島原発2号機で3月28日に機器の故障と人為的ミスにより起きた事故。

1980 PICK UP 1

・イランと断交、大使館占拠事件の人質救出作戦失敗

・ボイジャー1号が土星に接近し探査成功

▶撮影した土星［11月16日］

ロシア

1976

・米ソ漁業協定に調印

米ソで200海里漁業専管水域設定布告した。

1977

・ソ連最高指導者にレオニード・ブレジネフ就任

重工業建設・人工衛星打ち上げの責任者を務める一方、国際緊張の緩和、平和共存の2原則に基づくいわゆるブレジネフ路線を推進した。

▶レオニード・ブレジネフ

1978

・原子炉衛星がカナダ北西部に墜落

運用終了後の原子炉の分離・軌道変更に失敗したまま大気圏に突入、1月24日カナダ北西部に墜落した。放射能を帯びた破片が600kmもの範囲に飛び散る事態となった。

1979

・ソ連軍がアフガニスタンに軍事侵攻

1980

・モスクワオリンピック開催される

アフガニスタン侵攻に抗議し西側諸国が不参加となった。

▲モスクワ・オリンピックのメインスタジアム

アメリカ大使館占拠事件

ホメイニーらが敵視するアメリカが、同じく敵視するパフラヴィー2世元国王を国内に受け入れたことにイスラム法学校の学生らが反発し、1979年11月4日にテヘランにあるアメリカ大使館を占拠し、外交官やその家族52人を人質に、元国王のイラン政府への身柄引き渡しを要求した。外交関係に関するウィーン条約に反していたため、イラン政府は諸外国からの大きな非難を浴びたが政府は大使館の占拠を支援。ジミー・カーター米大統領は、1980年4月24日軍事力により人質の奪還を試みたが失敗。7月に元国王が死去したことで、占拠の理由が薄れ始める。その後レーガンが就任しカーターが退任した1981年1月20日に、人質は444日ぶりに解放された。

アフガニスタン侵攻

アフガニスタンのアミーン大統領は独裁的な政治を行い、CIAと関わり、共産主義では否定されるはずの宗教聖職者との関係を強化した。これはソ連政府には西側への転向の兆候と見られた。ソ連は内紛のためアミーン大統領がソ連軍派遣を要請したのを利用して派遣部隊をアフガニスタンに進入させた。ソ連軍は宮殿への襲撃を実行しアミーン大統領を殺害。親ソ的なバーブラーク・カールマルを首班とする新政権を擁立してアフガニスタンを早急に安定化させる計画をした。しかし、反政府勢力の台頭や活動の活発化などによって治安が急速に悪化し、新政権の強い要望によってソ連軍はアフガニスタンに足止めされることとなってしまった。

成田空港が開港

1976~1980

アフリカ・オリエント・西・南・東南アジア

1977 •**インドでインディラ・ガンディー首相退陣**

1975年に高等裁判所がインディラの選挙違反に有罪判決を下し、議員資格停止を決定。インディラはインド全国に非常事態令を宣言し、反対勢力を強権で排除した。非常事態令は7カ月後停止され、1977年に総選挙を行ったが、ジャナタ党が第1党となり、インド国民会議は惨敗した。

1979 PICK UP 3 •**イラン革命起こる**

ルーホッラー・ホメイニーを精神的指導者とするイスラム教十二イマーム派《シーア派》の法学者を支柱とする国民たちの革命勢力が、パフラヴィー朝に代わって政権を奪取した事件。

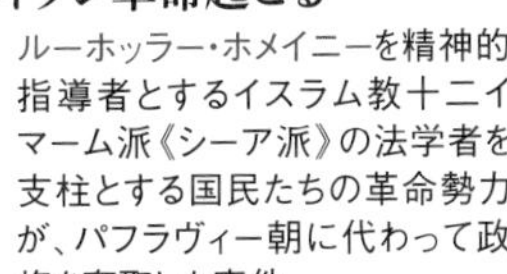

▲イランに帰国したルーホッラー・ホメイニー

1980 •**イラン・イラク戦争起こる**

イランとイラクが国境を巡って行った戦争で、1980年9月22日に始まり1988年8月20日に国際連合安全保障理事会の決議を受け入れる形で停戦を迎えた。

•**ジンバブエ共和国独立**

イギリスの調停により、100議席中、20議席を白人の固定枠とすることで合意し、総選挙の結果、ジンバブエ共和国が成立した。

北・東アジア

1976 •**四五天安門事件が起こる**

天安門広場において、同年1月に死去した周恩来追悼の為にささげられた花輪が北京市当局に撤去されたことに民衆がデモを起こし、政府に暴力的に鎮圧された事件。

•**毛沢東が死去**

中華人民共和国の建国の父とされ、1949年の建国以来死去するまで、同国の最高権力者の地位にあった。

•**毛沢東の腹心四人組の追放**

毛沢東の死の直後に腹心の江青(こうせい)、張春橋(ちょうしゅんきょう)、姚文元(ようぶんげん)、王洪文(おうこうぶん)の四人組は逮捕・投獄され、文化大革命は事実上終結した。

1978 •**日中平和友好条約が調印される**

主権・領土の相互尊重、相互不可侵、相互内政不干渉が記述されている。

1979 •**中国とアメリカ国交正常化される**

•**韓国で朴(パク)大統領射殺される**

10月26日に大韓民国の朴正熙(パクチョンヒ)大統領と車智澈(チャジチョル)大統領府警護室長がソウルの中央情報部所有建物内で、金載圭(キムジェギュ)韓国中央情報部長に射殺された。

▲朴正熙大統領

日本

1977 •**台風17号が全国に猛威を振るう**

▲台風17号の影響で冠水した西武新宿線の武蔵関―東伏見間

photo by 共同通信社

•**日本赤軍がダッカ事件起こす**

9月28日日本航空機472便がインドのムンバイ空港を離陸直後、拳銃、手榴弾等で武装した日本赤軍グループ5人によりハイジャックされた。日本政府は身代金600万ドルの支払い及び、超法規的措置として政治犯などの引き渡しを決断。10月3日に人質全員が解放され事件は終結した。

1978 PICK UP 4 •**成田空港開港**

5月20日に開港したものの、それ以後も反対派によるテロ・ゲリラ事件などが多発した。

•**グラマン・ダグラス事件起こる**

米国の証券取引委員会で、マクダネル・ダグラス社が自社の戦闘機の売り込みのため昭和50年に1万5000ドルを日本の政府高官に渡したことを告発した。日米間の戦闘機購入に絡んだ汚職事件。

20世紀

昭和時代

PICK UP 3 ルーホッラー・ホメイニー

イランのシーア派の聖地ゴムでイスラム法学を修め、シーア派の上級法学者を意味するアーヤトッラーの称号を得た。これらの教育や研究の中で「生きることの本義は簡素、自由、公共善にあり」という信念を確かなものとし、自分の人生においてもこれを実践すると共に人々に呼びかけ、革命のシンボルとされた。1963年、国王が宣言したアメリカの干渉を背景とする白色革命〈西欧化改革〉の諸改革を非難、抵抗運動を呼びかけて逮捕される。翌年ホメイニー師の影響力を恐れた国王パフラヴィー2世により国外追放された。

▲ルーホッラー・ホメイニー

PICK UP 4 成田空港開港直前の闘争

当初開港は4月を予定していた。しかし、開港目前の3月26日に反対派の活動家を中心とした行動隊が管制塔を占拠し各種設備を破壊した。4月の開港予定の延期は確実になってしまう。さらには納車されたまま定期運用が無い状態だった京成電鉄のスカイライナーに放火される事件が起きた。5月19日にも京成本線で同時多発列車妨害事件を起こすなど、闘争は先鋭化していった。空港は5月20日に開港を果たした。

▲スカイライナー

▲航空管制塔

西側同士のフォークランド紛争が起こり、

ヨーロッパ

1981
・フランス大統領にフランソワ・ミッテラン就任

有給休暇の拡大、法定労働時間の削減、ラジオ及びテレビの自由化、大学入試の廃止、死刑制度の公式廃止、私企業の国有化や社会保障費の拡大を始めとする社会主義的政策を行った。

▲ミッテラン大統領

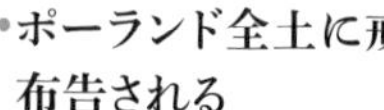

PICK UP 1
・ポーランド全土に戒厳令が布告される

首相のヴォイチェフ・ヤルゼルスキは12月13日民主化運動への対抗策としてポーランド全土に戒厳令を布告したが、共産圏を除く世界各国から激しい非難を浴びる。1983年7月に戒厳令は解除された。

▶ヴォイチェフ・ヤルゼルスキ

1985
・ヘイゼルの悲劇が起こる

5月29日にベルギー・ブリュッセルにあるヘイゼル・スタジアムでUEFAチャンピオンズカップ決勝戦、リヴァプール対ユヴェントスの試合前に起こったサッカーのサポーターによる乱闘事件で、互いのサポーターが小競り合いをきっかけに暴徒化し、死者39名、負傷者400名以上を出す大惨事となった。

南北アメリカ

1982 PICK UP 2
・アルゼンチンでフォークランド紛争起こる

1983
・アメリカがグレナダに侵攻

カリブ海に浮かぶ島国グレナダでクーデターが発生し、アメリカ軍及びカリブ海諸国軍が侵攻した事件である。アメリカは国連や西欧諸国から非難された。

1984
・アメリカがユネスコ脱退

東西冷戦時代においてユネスコに加盟していた当時の途上国は、徐々に「東」と同調するようになっていった。「東」寄りの絶対多数が生まれ、分担金拠出国の多くを占める「西」の意見が生かされないことに対する抗議だった。

1985
・メキシコで大地震が起こる

震源から約350km離れた首都メキシコシティが一番被害を受けた。メキシコシティは、テスココ湖を埋め立てたことで、深さ7～307mは水分を多く含む軟弱な地盤であることと、かつての湖底が固い地盤であるため、地震波の反射と増幅により長周期地震動が発生し液状化現象が起きた。

▲地震で倒壊したメキシコシティのアパート

ロシア

1982
・ソ連最高指導者にユーリ・アンドロポフが就任

1983
・大韓航空機撃墜事件が起こる

9月1日に大韓航空のボーイング747が、慣性航法装置への入力ミスが原因でソビエト連邦の領空を侵犯し、ソ連防空軍の戦闘機により撃墜された。乗員乗客合わせて269人全員が死亡。事件を契機として翌年にシカゴ条約の改正が行われ、領空を侵犯した民間航空機を撃墜することは禁止された。

1984
・ソ連最高指導者にコンスタンティン・チェルネンコが就任
・女性宇宙飛行士が初の船外活動

7月25日サリュート7号に搭乗中、宇宙船の外に3時間35分滞在し、女性としては史上初めて宇宙遊泳を行った。

▶記念して発行された切手

1985
・ソ連最高指導者にミハイル・ゴルバチョフが就任

ソビエト連邦最後の最高指導者。ペレストロイカやグラスノスチといった大改革を行い民主化を推し進めた。

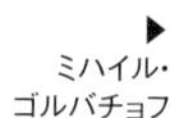

▶ミハイル・ゴルバチョフ

PICK UP 1 戒厳令がポーランドを救う

ヤルゼルスキは、戒厳令を敷いたことで非難されているが、連帯を解体させず、民主化へと導いたという見方もある。ソ連政府は衛星国である当時の東欧諸国が共産主義から離脱しようとした場合軍事侵攻している以上、戒厳令を敷かなければソ連政府がポーランドへ軍事侵攻を実行に移すことは明白であった。実際にソ連からは有効な対策を打たなければ実力行使を行うという期限付き最後通牒を受けていた。当時のポーランド政府内部では、民主化運動が過激化した場合ワルシャワ条約機構軍の受け入れ要請を行うのもやむを得ないという選択肢も検討されていた。ヤルゼルスキ自身も「戒厳令の布告は、ソ連の介入に比べれば小さな悪だった」といった発言をしている。ハンガリー動乱やチェコ事件のような悲劇を繰り返さずに済んだとも言える。

PICK UP 2 フォークランド紛争

近代国家の英国とアルゼンチンが、南米の最南端フォークランド諸島を巡って争った短期間の戦争で、4月2日、アルゼンチン軍がフォークランド諸島へ侵攻。イギリスのサッチャー政権は毅然たる武力対決を決定し、即時フォークランド近海を戦闘地点として封鎖した。この戦争は冷戦真っ只中に行われた西側陣営同士の戦争であった。アルゼンチンは旗艦空母「ヴィンテシンコ・デ・マヨ」、駆逐艦、巡洋艦7隻、兵員5000名によりフォークランド諸島を占領。これに対しイギリス海軍は原子力潜水艦や空母「ハーミス」など40隻にも及ぶ大機動部隊を派遣。両軍ともに数百名の死傷者を出したが、アルゼンチン海軍が6月14日に降伏して終結。

日本では科学万博つくばの開催 《1981～1985《

アフリカ・オリエント・西・南・東南アジア

1982 PICK UP 3

・イスラエルのベイルート侵攻

6月13日に西ベイルートへ突入しベイルートの包囲を続ける。PLOは8月21日に停戦に応じ、8月30日にアラファト率いるPLO指導部及び主力部隊がチュニジアへ追放された。

1983

・フィリピンでベニグノ・アキノ暗殺される

8月21日、国軍の兵士たちが厳重に警戒にあたっていたマニラ国際空港に、4人の兵士と共に降り立った。アキノは、飛行機を降りてすぐに、タラップの下で頭を撃たれた。その場で犯人のロランド・ガルマンを射殺した、と政府は発表している。

▲ベニグノ・アキノ

1984

・インドでインディラ・ガンディー首相暗殺される

1980年に再び首相に就任したインディラは、シク教分離主義者殲滅のため6月にシク教の聖地黄金寺院を攻撃させた。この作戦でシク教徒からの大きな反発を招き、2人のシク教徒の警護警官により銃撃を受け死亡した。

北・東アジア

1982

・中国で胡耀邦が中央委員会総書記に就任

党主席制が廃止されて総書記制が導入された。胡耀邦は引き続き党のトップとして初代中央委員会総書記に就任。

▲胡耀邦

1983

・中国で李先念が国家主席に就任

1982年の国家主席制復活にともない、第3代中華人民共和国主席に就任。

▲李先念

・ラングーンで韓国閣僚爆破テロに合う

北朝鮮による韓国大統領全斗煥暗殺未遂事件。韓国閣僚一行がビルマ訪問中に起きた。10月9日全斗煥大統領の車と間違えた実行犯が副首相の車を爆破。副首相や外務部長官ら閣僚4名を含む17名とビルマの閣僚・政府関係者4名が死亡した。

1984

・板門店で銃撃戦が起こる

11月23日、北朝鮮の板門店観光ツアーに訪れていたソ連人大学生が軍事境界線を越え韓国に闖入（ちんにゅう）。この大学生を追った朝鮮人民軍兵士が軍事境界線を越えたため、国連軍が攻撃し両者は衝突、韓国軍兵士1名と人民軍兵士3名が死亡した。

日　本

1982

・東北新幹線開通

大宮駅から盛岡駅までが結ばれた。

・上越新幹線開通

東京駅から新潟駅までが結ばれた。

▶上越新幹線「あさひ」

1984

・長野県西部地震起こる

9月14日午前8時48分49秒、長野県木曽郡王滝村直下を震源としてM6.8の地震が発生。王滝村では推定震度6を記録した。

▲地震で地滑りが発生した王滝村

1985

・科学万博つくば開催

3月17日から同年9月16日までの184日間にかけて行われた国際博覧会。会場である筑波研究学園都市のお披露目をかねており、「TSUKUBA」の名を国内外に知らしめた。

・電電公社と専売公社が民営化される

昭和時代

様変わりした中東事情 ～敵対国が変化していった～

イランで起きたイスラム革命は、イスラム原理主義による国政を目指す勢力が、国王を国外追放して政権を握っていた。社会の近代化を進めようとするサウジアラビアなどのアラブの王国は、革命が自国に飛び火することを懸念し、イランに対し締め付けを図った。1981年、国境を接するイラクがイランとの全面戦争に突入し、アラブ各国を始め、米ソもイラクを支援。こうしてイスラエルの敵対勢力は、アラブ国家から非政府運動組織であるパレスチナ解放機構などへと移行した。正規軍同士の戦いから対ゲリラ・テロ戦争へと変化していった。PLOはファタハが加わってアラファトが議長になると、その指導の下で国際連合総会オブザーバーの地位を得るなど事実上のパレスチナ自治政府としての地位を確立。PLOはレバノンを拠点としていたが、イスラエルによる1982年のレバノン侵攻ではレバノンの覇権を巡ってシリアが介入し、PLOは双方から排除を受けてチュニスに移転した。1980年代後半になると、イスラエル占領地域や難民キャンプのパレスチナ人が、PLOへの期待の薄れから自ら抵抗運動を行い、イスラエル軍との軍事衝突が頻発。治安維持を名目にレバノンに戻ってきたシリアは、パレスチナ人排除のため、パレスチナ人難民キャンプを攻撃。レバノンは、国際的に非難を浴びる。一方イラクはクウェートに侵攻、アメリカとの湾岸戦争に突入。アラブ諸国はアメリカ主導の多国籍軍に参加し、アラブ同士が対立する結果となった。またPLOは成り行きからイラクを支持したためにアラブ諸国からの支援を打ち切られ、苦境に立たされた。

東欧諸国で革命が起き、ベルリンの壁も崩壊、

ヨーロッパ

1986

・東西ドイツがスパイ容疑者を交換、釈放

2月11日、ベルリンとポツダムの境にある、グリニッカー橋で東西ドイツの最後のスパイ交換が行われた。

1989

・汎（はん）ヨーロッパ・ピクニックが起こる

ハンガリー領ショプロンで開かれた政治集会で、1000人程の東ドイツ市民が西ドイツへの亡命を求め参加。一斉にハンガリー・オーストリア国境を越え亡命を果たした。

▲事件の起こった汎ヨーロピアン・ピクニック公園

・東ドイツが国民の移動制限を解除

東ドイツの旅行自由化の政令案が発表され、各国メディア及び東ドイツ国営テレビ局などがこれを報道、東ベルリン市民がベルリンの壁周辺の検問所に多数詰めかけ東西ベルリンを行き来し始めた。

・ベルリンの壁撤去（PICK UP 1）

東ドイツ政府の国民の移動制限解除を受け、ベルリンの壁は破壊された。

1990

・東西ドイツ経済統合条約

・東西ドイツが統一されドイツ連邦共和国となる

1949年5月23日から1990年10月3日の東西ドイツの時代が終焉した。

南北アメリカ

1986

・スペースシャトル・チャレンジャー爆発事故

1月28日、アメリカ合衆国のスペースシャトル・チャレンジャー号が打ち上げから73秒後に分解し、7名の乗組員が犠牲になった。

・米ソ首脳会談が行われる

10月11日アイスランドのレイキャビクでレーガン大統領とゴルバチョフ書記長の米ソ首脳会談が12日まで行われたが、軍縮交渉は決裂。

1987

・ニューヨーク株暴落

10月19日ニューヨーク株式市場の暴落を発端に世界同時株安となった。ブラックマンデーという。

1989

・マルタ会談

12月2日から12月3日にかけて、地中海のマルタで行われた米ソ首脳会談である。これをもって、44年間続いた東西冷戦は終結した。

▲会食するゴルバチョフとブッシュ両国大統領

ロシア

1986

・チェルノブイリ原子力発電所事故

1時23分にソビエト連邦〈現在のウクライナ〉のチェルノブイリ原子力発電所4号炉で事故が発生。爆発した4号炉では原子炉が止まった場合を想定した実験を行っていたが制御不能に陥り、炉心が融解、爆発したとされる。爆発により、原子炉内の放射性物質が、広島に投下された原子爆弾による放出量の500倍〈推定500t〉も大気中に放出された。

▲事故で廃墟となったプリピャチとチェルノブイリ原子力発電所跡

1987

・ペレストロイカ始まる（PICK UP 2）

ゴルバチョフ政権のソ連における改革運動で、人民代議員大会の創設、協同組合や請負制の導入など政治と経済における改革を中心とし、グラスノスチ《情報公開》、民主化、スターリン批判の再開などにまで及んだ。

・INF《中距離核戦力》全廃条約調印

米国とソ連が両国の地上配備中距離ミサイルの廃棄を決めた史上初の特定核兵器の全廃条約。

1989

・ソ連軍がアフガニスタンから撤退

1979年のソ連軍出兵から約10年続いた紛争が終結した。

1990

・ゴルバチョフがノーベル平和賞受賞

PICK UP 1 ベルリンの壁

ベルリンの壁は1961年8月13日0時、東ドイツが東西ベルリン間68の道すべてを閉鎖し有刺鉄線による最初の「壁」を建設。1989年11月10日未明、興奮した東西両ベルリン市民によって破壊され、のちに東ドイツによってほぼすべてが撤去された。ただし歴史的な意味のある建造物のため、一部は記念碑として残されている。

▲建設当初のベルリンの壁

▲壁崩壊に喜ぶ東西ベルリン市民
photo by Lear21at en.wikipedia

PICK UP 2 東欧革命

ソ連の衛星国であった東ヨーロッパ諸国で、共産党政府が連続的に倒された革命で、ポーランドとハンガリーにおける非共産党国家の成立に始まり、バルト三国のソ連からの独立、ベルリンの壁崩壊、チェコスロバキアのビロード革命、ルーマニアのチャウシェスク政権の崩壊などを言う。ソ連共産党書記長ミハイル・ゴルバチョフが、ペレストロイカ政策に着手し、ソ連が持っていた東側諸国の共産党政権に対する指導性「ブレジネフ・ドクトリン」の放棄が事態を大きく動かすことになった。

▲プラハのヴァーツラフ広場に集まった群衆〈ビロード革命〉

中国で天安門事件、日本は平成に 《1986〜1990》

アフリカ・オリエント・西・南・東南アジア

1986 •フィリピンでエドゥサ革命起こる

フィリピン大統領選挙でマルコス大統領陣営、アキノ陣営共に勝利宣言をするがマルコス陣営の得票不正操作が判明。これに対しエンリレ国防相やラモス参謀長ら国軍改革派が決起、100万の市民がこれを支持した。コラソン・アキノが大統領就任を宣言し、マルコス夫妻はハワイへ亡命した。

▶第11代フィリピン共和国大統領コラソン・アキノ

1988 •イラン・イラク戦争終結

•ビルマで軍事クーデター起こる（PICK UP 3）

8888民主化運動により7月23日独裁政権が終わりをとげたが、9月18日に国家法秩序回復評議会による軍事クーデターが発生、民主化運動は流血をともなって鎮圧された。僧侶と一般人数千人がビルマ軍により殺された。

1990 •ナミビア独立宣言

ナミビア南アフリカ国防軍の拠点となり、ナミビアとアンゴラの国境付近では南アフリカ国防軍とアンゴラ軍やキューバ軍との対峙が続いていた。アメリカ合衆国のリンケージ政策により、キューバ軍のアンゴラからの撤退とナミビアの独立を可能にした。

•イラクがクウェートに侵攻

北・東アジア

1986 •韓国金浦空港爆破テロ

アジア陸上競技ソウル大会に合わせて爆弾テロが発生した。

1987 •大韓航空機爆破テロ

11月29日に大韓航空の旅客機が北朝鮮の工作員によって飛行中にビルマ上空で爆破されたテロ事件である。

1988 •ソウルオリンピック開催

9月17日から10月2日にかけて、大韓民国のソウル特別市で行われた夏季オリンピックである。159の国と地域が参加。ほぼ全世界の国と地域が参加したオリンピックとしては、ミュンヘンオリンピック以来16年ぶりとなった。

1989 •天安門事件起こる（PICK UP 4）

•ダライ・ラマ14世がノーベル平和賞受賞

1990 •韓国とソ連が国交樹立

日本

（昭和時代）

1986 •英皇太子夫妻来日

▲ダイアナ妃フィーバーが起こる

1987 •国鉄民営化される

国鉄が民営化され、JR7社となった。

1988 •青函トンネル鉄道開業

青函トンネルの営業が始まったことにより、青函連絡船が廃止された。

•瀬戸大橋開通

1989 •昭和天皇が崩御し平成となる

1926年12月25日に即位し、この年1月7日に崩御するまで昭和天皇として在位していた。

（平成時代）

•消費税導入実施される

4月1日、既存の物品税等を廃止し、これに代わり一般消費税が導入された。導入当初の消費税の税率は3%であった。

1990 •明仁天皇即位式の御大（ごたい）礼（れい）が行われる

▲即位の礼の後のパレード

PICK UP 3 アウン・サン・スーチー

大軍事政権により民主化運動は徹底的に弾圧され、数千人の犠牲者が出た。アウン・サン・スーチーは1990年に予定された選挙への参加を目指し、国民民主連盟の結党に参加する。全国遊説を行うが、1989年7月に自宅軟禁された。アウン・サン・スーチーは、ビルマの独立運動を主導し、その達成を目前にして暗殺された「ビルマ建国の父」アウンサン将軍の娘。1991年には、ノーベル平和賞を受賞している。

▲全国遊説を行っているアウン・サン・スーチー

PICK UP 4 天安門事件

北京の天安門広場で6月4日未明、民主化を要求して座りこみを続けていた学生と市民を、人民解放軍の戦車・装甲車が実力で排除した事件。人民解放軍は戦車で突入し無差別に発砲、多数の死傷者を出した。事件後、民主化を要求する運動は反革命暴動とされ、徹底的な引き締めが行われた。アメリカ合衆国を始めとする西側諸国は人権抑圧として中国の指導部を批判、経済制裁を行った。趙紫陽（ちょう しよう）総書紀は この暴乱に加担したとして解任、江沢民が新しい総書記に選任された。

▲天安門広場を埋めつくす学生と市民
photo by 共同通信社

中東各地で空爆による戦争が起こり、日本では

ヨーロッパ

1991
- **欧州連合の創設を定めた条約《マーストリヒト条約》が協議される**
  1992年2月7日調印、1993年11月1日にドロール委員会で発効。協議は通貨統合と政治統合の分野について行われた。

1993
- **チェコとスロバキアが正式に分離独立する**
  連邦を構成するチェコ共和国とスロバキア共和国への連邦政府の権限分離・移管が進められ、警察機構などそれぞれの共和国政府が連邦政府に代わって所管する行政機構の整備が進んでいたことも大きく作用し、チェコスロバキアでは流血の事態を招くことなく一連の連邦解体が行われた。

1994
- **欧州通貨機関《EMI》発足**
  統一通貨ユーロ導入のためにつくられた機関
- **英仏海峡トンネル開通**

1995

- **NATOによるボスニア・ヘルツェゴビナ空爆**
  ボシュニャク人、クロアチア人、セルビア人による民族闘争が激化。NATOによる空爆などの軍事介入やアメリカ合衆国による調停で1995年平和協定が結ばれ終結した。
- **フランスが核実験を強行**
  フランスのシラク大統領は仏領ポリネシアのムルロア環礁において核実験の再開を発表。多くの国が抗議を表明したが、9月フランスは実験を強行した。

南北アメリカ

1991
- **米ソ戦略兵器削減条約《START》調印**
  保有する戦略核弾頭数の上限を6,000発、大陸間弾道ミサイル《ICBM》、潜水艦発射弾道ミサイル《SLBM》や爆撃機など戦略核の運搬手段の総計を1,600機に削減、弾道ミサイルへ装着した核弾頭数を4,900発に制限。
- **ハイチクーデター起こる**
  ラウル・セドラ将軍の軍事クーデターにより、アリスティド大統領亡命。大統領支持派を多数殺害した軍事政権は、国連及びアメリカ合衆国の働きかけ、経済制裁などの圧力、さらに軍事行動を受け政権を返上。

1993
- **化学兵器禁止条約調印**
  化学兵器の開発、製造、貯蔵、使用を禁止する条約。1993年調印、97年発効。

1994
- **メキシコでゲリラ反乱**
  北米自由貿易協定の発効日、サパティスタ民族解放軍が武装蜂起した。貿易関税が消失し、合衆国産トウモロコシが流れ込むと、メキシコの農業が崩壊することや、農民のさらなる窮乏化が予測された。

1995
- **アメリカとベトナム国交樹立文書調印**
  8月5日、ベトナムとアメリカは和解し、国交が復活した。通商禁止も解除された。

▶国交回復後の両国首脳［2007年］

ロシア

1991

- **保守派による8月革命失敗 ソビエト連邦消滅し独立国家共同体《CIS》となる**
  12月8日、エリツィンはウクライナのレオニード・クラフチュク大統領、ベラルーシのスタニスラフ・シュシケビッチ最高会議議長と会談、ロシア・ウクライナ・ベラルーシのソ連からの離脱と独立国家共同体《CIS》の樹立を宣言することで合意。12月25日にゴルバチョフはソ連大統領を辞任しソビエト連邦は歴史に幕を下ろす。

1993
- **モスクワ流血騒乱**
  エリツィン大統領と対立していた議会は大統領解任を要求。エリツィンは最高会議と人民代議員大会を強制解体。10月には反大統領派がたてこもる最高会議ビルを戦車で砲撃し、議会側は降伏した。

1994
- **第1次チェチェン紛争**
  チェチェンは元ソ連軍の将軍であるジョハル・ドゥダエフを大統領に選出し独立を宣言したが、ロシアのエリツィン大統領はこれを認めず、1994年にロシア連邦軍はチェチェンに侵攻。

▲グロズヌイ近郊のロシア兵士
photo by Mikhail Evstafiev

1995
- **ロシアがウクライナと黒海艦隊分割で合意**
  黒海艦隊の艦船は、ロシア81%、ウクライナ19%の割合で分割された。

PICK UP 1 ユーゴスラビア紛争

第2次世界大戦後に独立を達成したユーゴスラビア社会主義連邦共和国は、「七つの国境、六つの共和国、五つの民族、四つの言語、三つの宗教、二つの文字、一つの国家」と言われるほどの多様性を内包していた。各地で起こった主な内紛はスロベニア紛争［1991年］、クロアチア紛争［1991～1995年］、ボスニア・ヘルツェゴビナ紛争［1992～1995年］、コソボ紛争［1999～2000年］、マケドニア紛争［2001年］などで、周辺国を巻きこみ疲弊していった。

▲破壊されたヴコヴァル〈クロアチア〉の街
photo by Seiya123

PICK UP 2 エリツィンの台頭

新連邦条約への署名日の前日、ゲンナジー・ヤナーエフら守旧派は新連邦条約がエストニアなどといった小国の完全独立の動きを促進させると反対し、ゴルバチョフ大統領を軟禁、ヤナーエフ副大統領が大統領職務を引き継ぐ声明を発表。反改革派が全権を掌握、モスクワ中心部に戦車を出動させモスクワ放送を占拠した。ボリス・エリツィンを中心とした市民がゼネラル・ストライキを呼掛け戦車兵を説得するなどし、軍隊の説得に成功。守旧派の改革は失敗に終わった。

▲戦車の上のエリツィン
photo by www.kremlin.ru

地下鉄サリン事件が起こる 《1991〜1995》

アフリカ・オリエント・西・南・東南アジア

1991 **•湾岸戦争始まる**
1990年8月2日にイラクがクウェートに侵攻したのを機に、国際連合が多国籍軍の派遣を決定、1月17日にイラクを空爆した。翌年2月27日に多国籍軍がクウェート市を解放終結。

1992 PICK UP 3 **•国連カンボジア暫定機構《UNTAC》発足**

1993 **•イスラエルとPLOが暫定自治協定調印**
イスラエル政府とPLO両者は相互承認とガザ地区・西岸地区におけるパレスチナ人の暫定自治を定めたオスロ合意にこぎつけ、パレスチナ暫定自治協定を締結。このことが評価され、イスラエルのイツハク・ラビン首相とPLOのアラファト議長が共にノーベル平和賞を受賞した。

1994 **•イスラエル・ヨルダン平和条約調印**
イスラエルのラビン首相とヨルダンのフセイン国王との間で平和条約が締結された。

•ルワンダ難民虐殺
過激派フツ族によりおよそ50万人から100万人のツチ族と穏健派フツ族が殺害された。

•イスラエルのラビン首相暗殺される
平和集会に出席するため訪れていたテルアビブで至近距離より銃撃され死亡。

北・東アジア

1991 **•世界卓球選手権に統一コリアチームが出場**
第41回世界選手権千葉大会で、コリア統一チームは、団体女子で中国を破り優勝。

•韓国と北朝鮮が同時に国連加盟
9月17日、韓国と北朝鮮が同時に国連に加盟。

▶韓国の李相玉（イサンオク）外相〈左〉と北朝鮮の姜錫柱（カンソクジュ）副外相

•中国の江青（こうせい）自殺
文化大革命で「四人組」の1人で毛沢東の4番目の夫人が、精神病の療養中に首吊り自殺した。

1992 **•中国と韓国国交樹立**
8月24日に、韓国は中華人民共和国との国交を正常化。中華民国とは外交的に断交した。

1993 **•北朝鮮が核特別査察拒否を意志表明**

1994 **•北朝鮮、金日成（キムイルソン）死去により金正日（キムジョンイル）体制に入る**

1995 **•朝鮮半島エネルギー開発機構《KEDO》発足**
朝鮮民主主義人民共和国が核拡散のおそれの低い軽水炉2基を建設する間の燃料を日本と韓国の費用負担により無償で提供し、北朝鮮が保有する黒鉛減速型炉と核兵器開発計画を放棄させることを目的とした組織。

日本

1991 **•海上自衛隊の掃海艇がペルシア湾に出動**
湾岸戦争後のペルシア湾に自衛隊法第99条を根拠に海上自衛隊の掃海部隊が機雷除去のため派遣されたことを言う。

•美浜原発事故〈福井県三方郡〉
2号機の蒸気発生器の伝熱管1本が破断、原子炉が自動停止、非常用炉心冷却装置が作動する事故が発生。微量の放射線物質が外部に漏れたが、周辺環境への影響はなかったと発表されている。

•証券会社の損失補てんが問題化される
大手顧客が株の売買で損失を出した場合、証券会社はその顧客を失うのを恐れ損失補てんをしていた。このため、膨大な損失金額が発生していた。

1995 **•阪神淡路大震災**
1月17日午前5時46分52秒淡路島北部沖の明石海峡を震源として発生したM7.3の大地震が発生した。死者6,434名、行方不明者3名、負傷者43,792名の大惨事となった。

photo by I, 松岡明芳

PICK UP 4 **•地下鉄サリン事件起こる**

平成時代

20世紀

PICK UP 3 UNTAC

内戦などにより無政府状態になっている地域を国連の平和維持活動により安定した政権が発足するまで暫定的に国家運営をする組織。カンボジアは1993年5月にUNTAC監視の下、制憲議会選挙が行なわれフンシンペックが第1党となり、9月23日に新憲法が公布。9月24日にはノロドム・シハヌークが再び国王となったことによりカンボジア王国が再設立された。UNTACは任務を終了、年末までに人員・機材を撤収した。

▲UNTAC平和維持軍

PICK UP 4 地下鉄サリン事件

通勤・通学で混み合っている3月20日午前8時頃、東京の地下鉄5カ所で化学兵器サリンを使った無差別テロが発生。乗客や駅員ら13人が死亡、負傷者数は約6300人となった。事件から2日後警視庁はオウム真理教の犯行と断定。幹部クラスの自供もあり5月6日上九一色村の教団本部施設《サティアン》の強制捜査を行い教祖の麻原彰晃《松本智津夫》を逮捕。

▲地下鉄日比谷線「築地駅」前の路上で手当てを受ける被害者 photo by 共同通信社

コソボとチェチェンで紛争が激化、ペルーの

ヨーロッパ

1996
- **ローマ教皇が進化論を認める**
  ヨハネ・パウロ2世は「新たな知識により、進化論を単なる仮説以上のものとして認識するに至った」と公式に教皇庁科学アカデミーに対して述べた。

1997
- **ダイアナ元皇太子妃交通事故死**
  8月31日にフランスの首都のパリで、当時の恋人のドディ・アルファイドと共にパパラッチに追跡されトンネル内で、交通事故を起こし急逝した。36歳であった。

1999
- **NATOユーゴのコソボ空爆**
  国際社会はセルビア側に対してコソボ解放軍への攻撃中止を、コソボ解放軍に対しては独立要求を取り下げるように求めた。さらに、ユーゴスラビア大統領ミロシェビッチに対しては、コソボ全域でのNATOによる平和維持部隊の活動を認めるように要求。進展が無い状態にNATOは3月24日、航空攻撃を主とするアライド・フォース作戦に踏み切り、ベオグラードやコソボ、モンテネグロの軍事施設に攻撃を開始した。

2000
- **ユーゴのミロシェビッチ大統領退陣**
  ユーゴスラビア連邦大統領選挙不正への抗議行動〈ブルドーザー革命〉により退陣。その後アルバニア人住民に対する虐殺、職権濫用と不正蓄財等の罪で収監される。

南北アメリカ

1996

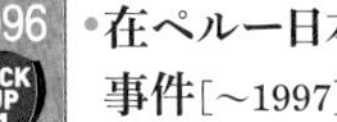

- **在ペルー日本大使公邸占拠事件**［～1997］

1997
- **国連事務総長にコフィー・アナン就任**
  1月1日、国連職員から選出された第7代国際連合事務総長として2006年12月まで就任する。2001年には国際連合と共にノーベル平和賞を受賞した。
- **対人地雷全面禁止条約の調印**
  カナダのオタワで対人地雷全面禁止に向けた国際会議が開かれ、9月18日に対人地雷禁止条約の起草会議がオスロで開かれ、条文が作成された。12月3日オタワにて署名が行われ、2016年7月現在、162カ国が署名し批准している。

1998
- **ケニアとタンザニアのアメリカ大使館で爆破テロ**
  「イスラム聖地解放軍」が起こしたテロで、サウジアラビアに駐留している米軍とパレスチナを占領するイスラエルへの非難が理由。このテロで300人以上が死亡、5000人以上が負傷した。

▲ナイロビの爆破テロ現場
photo by 共同通信社

2000
- **ペルーのフジモリ大統領、罷免される**

ロシア

1996
- **ロシアとチェチェン休戦**
  ロシア連邦大統領のボリス・エリツィンは5月27日、チェチェンの抵抗運動のリーダーたちと初めて会見し、休戦を取り決めた。翌年5月にはハサヴユルト協定が調印され、5年間の停戦が定められた。

1998
- **ルーブル急落**
  ロシアの貿易は、輸出の80％を天然資源に依存。当時世界的デフレで物価が下落、原油価格からの税収が減少したことにより、財政を極度に悪化させた。

1999
- **日本人技師拉致される**
  8月23日、キルギスで日本人鉱山技師4人と通訳らが誘拐されたが10月25日に無事解放された。
- **第2次チェチェン紛争**

2000
- **ウラジーミル・プーチンが大統領に就任**
  1999年8月16日首相に任命され、翌年5月7日第2代ロシア連邦大統領に就任。

プーチン大統領▶
photo by www.kremlin.ru

- **バレンツ海でロシア原子力潜水艦沈没**
  事故発生から9日後の8月21日に118名全員の死亡が確認された。

日本大使公邸占拠事件

ペルーの日本大使公邸で、12月17日トゥパク・アマル革命運動《MRTA》の構成員14人が、大使館員やペルー政府の要人、各国の駐ペルー特命全権大使、日本企業のペルー駐在員ら約600人を人質にたてこもった。「逮捕、拘留されているMRTA構成員全員の釈放」「国外に退避するまでの人質の同行とそれに対するセーフ・コンダクト」「アルベルト・フジモリ政権による経済政策の全面的転換」「身代金の支払い」という4項目の要求を提示。翌年ペルー政府は公邸までのトンネル掘削を行い4月22日強行突入を実行。最後まで拘束されていた72人の人質のうち71人を救出。人質のペルー最高裁判事と特殊部隊隊員2人が死亡し、MRTA構成員は14人全員が射殺された。

第2次チェチェン紛争

チェチェン人武装勢力1500人余りが1999年8月隣国ダゲスタン共和国へ侵攻、一部の村を占領した。同時期にモスクワでアパートが爆破されるテロ事件が発生、百数十名が死亡。これを受けロシア政府はチェチェンへの軍派遣を決定。9月23日ロシア政府は再びチェチェンへの空爆を開始し、1997年のハサヴユルト協定は完全に無効となった。2009年4月16日ロシアの国家対テロ委員会が独立派の掃討を完了したと発表し、紛争は終結した。

▲紛争で破壊されたアパート群
photo by Michal Vogt

日本大使館が占拠される

1996~2000

アフリカ・オリエント・西・南・東南アジア

1996 **•釈迦の生誕地発見される**
ネパールの南部のルンビニで、アショーカ王が釈迦生誕の地を訪れた際残した石碑や生誕石が発見された。

▲1997年にユネスコの世界文化遺産に登録されたルンビニ

1997 **•コンゴ民主共和国が発足**
コンゴ・ザイール解放民主勢力連合のローラン・カビラ議長が大統領に就任し、国名をザイール共和国からコンゴ民主共和国に変更した。

1998 **•インドネシアのスハルト大統領辞任**

1999 **•東ティモールの独立が承認される**
インドネシアのハビビ大統領は東ティモールの特別自治権を問う住民投票を実施。旧宗主国のポルトガルとも同意した。2002年5月20日独立した。

2000 **•ドーラビーラ遺跡〈インダス文明の遺跡の一つ〉の全容が明らかになる**
インダス文明の遺跡モヘンジョダロやハラッパに匹敵する約4500年前の都市遺跡「ドーラビーラ遺跡」の様子がほぼ明らかになった。

北・東アジア

1996 **•大韓民国で大統領経験者が実刑判決**
全斗煥(チョンドファン)元大統領と盧泰愚(ノテウ)前大統領が光州事件の首謀者として実刑判決及び追徴金を宣告された。

1997 **•香港が中国に返還される**
1898年、イギリスへの99年間の租借が香港領域拡大協約で決められていた。この年、主権がイギリスから中華人民共和国へ返還された。

•金正日(キムジョンイル)が朝鮮労働党総書記に就任

1998 **•北朝鮮が弾道ミサイル発射実験**
8月31日、北朝鮮国内から日本方向へ発射され、第1段目は日本海に、第2段目は太平洋に落下した。

1999 **•マカオが中国に返還される**
12月20日にポルトガルより中華人民共和国へ返還され、特別行政区となった。

2000 **•南北朝鮮首脳会談が実現**
6月13日から15日まで大韓民国の金大中(キムテジュン)大統領と朝鮮民主主義人民共和国の金正日総書記が平壌で会談し、南北共同宣言が発表された。以後、離散家族の再会事業、韓国主催のスポーツ行事へ北朝鮮の参加など、民間レベルでの交流事業が本格化。

photo by 共同通信社

日本

1997 **•秋田新幹線開通**
ミニ新幹線方式により、盛岡駅から秋田駅までが結ばれた。

•長野新幹線開通

▶東京駅から長野駅までが結ばれた

•消費税5%になる
4月1日前内閣で内定していた消費税等の税率引き上げ〈地方消費税を合わせて5%〉が橋本内閣により実施された。

PICK UP 4 **•大手銀行、証券会社の破綻**

1999 **•東海村核燃料工場で臨界事故発生**
9月30日、核燃料加工施設内でウラン溶液が臨界状態に達し、核分裂連鎖反応が発生。至近距離で致死量の中性子線を浴びた作業員3人を含む666人が被曝し、作業員2人が死亡した日本最悪の原子力事故。

2000 **•九州・沖縄サミット開催される**
7月21日から23日まで日本の沖縄県名護市の万国津梁館で開催された第26回主要国首脳会議。日本初の地方開催のサミットでもある。

▲万国津梁館

•ナスダック・ジャパン取引開始

20世紀

平成時代

PICK UP 3 スハルトの功罪

大統領だったスカルノから1966年強制的に政権を奪い、1968年には大統領に就任。反共産・民族主義政策を推進。開発独裁政権として工業化・経済成長を達成した。近代教育も定着した。しかしスハルトは5年ごとの総選挙で成立する国民協議会の推戴という儀式で大統領に居座り続け、反政権勢力への弾圧を正当化していた。また、親族らへの利益供与・不正蓄財も行った。1997年以降、東南アジア地域の通貨危機の発生により、インドネシアでも住民の生活に大打撃を与えたことにより、反発が強くなり辞任する。

▲第2代大統領スハルト

PICK UP 4 バブル崩壊による倒産

バブル経済の崩壊は日本経済に大きな爪痕を残した。

【北海道拓殖銀行】バブル時期に不動産や企業に対する乱脈融資により、1997年11月15日に経営破綻。1998年11月13日をもって拓銀としての営業は終了し、1999年3月31日付で法人は解散。2006年2月6日付で法人格抹消登記がされ、106年の歴史に幕を下ろした。

【山一証券】1997年3月期決算で簿外損失を計上し、過去最大の損失となる。11月24日臨時取締役会が開かれ、自主廃業に向けた営業停止が正式に決議された。2005年1月26日の債権者集会、同年2月の破産手続終結登記により創業から107年あまりで終焉を迎えた。

アメリカ同時多発テロが世界を震撼させ、

ヨーロッパ

2001 ・ローマ教皇がモスク訪問

ローマ法王ヨハネ・パウロ2世はシリア訪問で、教皇として初めてイスラムのモスクに足を踏み入れ、シリアの法学最高権威者と一緒に合同で礼拝を行った。

▲ヨハネ・パウロ2世

2002 ・単一通貨ユーロが流通

EUにおける経済通貨同盟で用いられている通貨。22の国で使用されている。

・フランス国籍タンカーが自爆テロにより炎上

▶イエメン沖で自爆攻撃を受け炎上中の仏籍タンカー「ランブール」

2004 ・アテネオリンピック開催

1896年の第1回大会以来、108年ぶりにアテネで行われた。

▲アテネオリンピックスタジアム

・イギリスでIRA武装解除

IRA《アイルランド共和軍》は武装闘争の終結を宣言、武装解除を完了した。

PICK UP 1 ・ロンドン同時爆破テロ

7月7日、イギリスの首都ロンドンにおいてほぼ同時に地下鉄の3カ所が、その約1時間後にバスが爆破され、56人が死亡したテロ事件。

南北アメリカ

2001 ・えひめ丸事件起きる

ハワイのオアフ島沖で、水産高等学校の練習船「えひめ丸」が浮上してきたアメリカ海軍の原子力潜水艦「グリーンビル」に衝突され沈没した事件。乗務員35人のうち、えひめ丸に取り残された教員5人、生徒4人が死亡。

▲潜水夫が捜索中のえひめ丸

PICK UP 2 ・同時多発テロが起きる

航空機を使った大規模テロ事件。この無差別テロ事件の犠牲者は、3,000人以上とされている。

・炭素菌テロが起きる

同時多発テロ事件の7日後に起きたこの事件は、炭疽菌の入った手紙がいくつかのニュースメディアの事務所と2人の民主党上院議員のところに届き、5人が死亡、17人が病院で手当てを受けた。FBIは、バイオディフェンス研究所で働いていた科学者ブルース・エドワード・アイビンスの単独犯罪と断定。2008年8月1日ブルース・エドワード・アイビンスはアセトアミノフェンの大量服用で自殺した。

2003 ・スペースシャトル・コロンビア号が大気圏に再突入で空中分解する

▲コロンビア号の搭乗員たち

ロシア

2002 ・モスクワ劇場占拠事件

チェチェン共和国の独立派武装勢力がモスクワの劇場で人質922名を取り、ロシア軍のチェチェン共和国からの撤退を要求。特殊部隊が非致死性ガスを使用し鎮圧するも、人質129名が窒息死した。

▲テロ犠牲者を追悼するモニュメント photo by S1

2003 ・北オセチア軍病院自爆事件

6月から各地でチェチェン武装勢力による自爆テロが発生。この事件では50人以上が死亡。

2004 ・ロシア旅客機2機同時墜落

チェチェン武装勢力による自爆テロと言われている。

・ベスラン学校占拠事件

北オセチアの中学校をチェチェンの武装集団が占拠。治安部隊が建物を制圧し事件は終結したものの、386人以上が死亡〈うち186人が子供〉、負傷者700人以上という犠牲を出す。

▲ベスランの学校人質事件の舞台となった体育館跡で、悲しみに沈む男性 photo by 共同通信社

PICK UP 1 ロンドン同時爆破テロ

午前8時50分頃、ロンドン地下鉄トンネル内の3カ所で約50秒の間に地下鉄の車両が爆発した。自爆実行犯は改札の監視カメラに撮影された4人の青年と判明。2007年3月このテロに関与した容疑で、男性3人を逮捕したと発表。2005年9月1日、衛星テレビ放送局アルジャジーラに、自殺した犯行者の肉声と共に、アルカイーダが公式にテロへの関与を認めたビデオが送られた。

◀7月6日からイギリスのグレンイーグルズでG8サミットが開催されていた

PICK UP 2 同時多発テロがさらなる戦争へ

アメリカ合衆国政府はこのテロ攻撃がサウジアラビア人のオサマ・ビンラディンをリーダーとするテロ組織アルカイーダによって計画・実行されたと断定し、彼らが潜伏するアフガニスタンのターリバーン政権に引き渡しを要求。ターリバーン側は、アルカイーダのやったこととは断定できないと主張し、引き渡しを拒否。アメリカ合衆国軍はアフガニスタンのターリバーン政権に対して攻撃を開始した。アラブ諸国もテロ攻撃を批判し、アフガニスタン攻撃を支持する声明を出した。

▲航空機の激突で炎上するワールドトレードセンター

日本では拉致問題が動き出す 《2001〜2005《

21世紀

アフリカ・オリエント・西・南・東南アジア

2001 •**アフガニスタンのターリバーン政権崩壊**

NATOが自衛権の発動を宣言し、米英が空爆を開始。北部同盟が地上攻撃を開始。年末にターリバーン政権崩壊。

•**チャド共和国で人類最古の化石発見される**

仏のミシェル・ブルネ教授らが、約700万年前のものと見られる化石を、アフリカ中部のチャド共和国で発見。愛称はトゥーマイ。

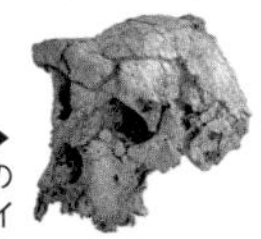

▶人類最古の化石トゥーマイ

2003 •**イラク戦争勃発** PICK UP 3

•**ダルフール紛争**〈スーダン〉

反政府勢力の反乱を契機に、スーダン政府軍とスーダン政府に支援されたアラブ系民兵「ジャンジャウィード」が反撃、2013年停戦協定。

2005 •**パレスチナ自治政府議長にファハタのアッバス議長当選**

イスラエルのシャロン首相とアッバス議長との間で停戦合意し、停戦の継続を条件として交渉再開を取り決めた。アッバス議長はハマスなど過激派に停戦の遵守を求めたが、ハマス側は「イスラエルの攻撃には反撃する」と条件を付け、双方の報復攻撃が繰り返された。

▲アッバス議長

北・東アジア

2001 •**台湾総選挙で民進党が勝利**

前年の総統選挙で陳水扁(ちんすいへん)を当選させた民進党が躍進した。

2002 •**中国で各国領事館に脱北者の駆け込みが多発**

5月8日、日本総領事館に保護・亡命を求めてハンミちゃん一家が駆け込み。中国武装警官がそれを押さえつけ、母親は無情にも門外に引きずり出され逮捕された。2週間後、世界の世論に後押しされ人道的措置によって一家は釈放される。5月23日、フィリピン経由で韓国に到着。親子が再会する。

photo by 共同通信社

2003 •**北朝鮮が核不拡散条約の脱退を表明**

•**中国で国家主席に胡錦濤(こきんとう)、首相に温家宝(おんかほう)が就任**

▲左が胡錦濤国家主席、右が温家宝首相 photo by Agência Brasil

2005 •**北朝鮮が6カ国協議で核放棄を確約**

9月19日、初めての共同声明を発表。北朝鮮の核兵器の放棄に合意。

日本

2002 •**日朝首脳会談**

小泉純一郎首相が訪朝し金正日総書記と会談。朝鮮拉致問題の解決を図る。5人が帰国する。

▲平壌での日朝首脳会談
photo by 共同通信社

•**日本経団連発足**

2003 •**イラク復興支援特別措置法成立**

2004 •**自衛隊がイラク・サマワに入る**

フセイン政権崩壊後の人道復興支援を目的として、イラク南部のサマワに自衛隊が派遣され、医療支援や給水、道路の修復などを行った。

▲航空自衛隊のC-130H輸送機〈イラク派遣仕様〉 photo by 100yen

•**自衛隊の多国籍軍参加を決定**

•**鳥インフルエンザ確認される**

2005 •**京都議定書が発効される**

1997年に国立京都国際会館で開かれた第3回気候変動枠組条約締約国会議で議決した議定書。

平成時代

イラク戦争

アメリカ合衆国が主体となり、イギリス、オーストラリア、ポーランドなどが加わり、イラク武装解除問題の進展義務違反を理由として、2003年3月20日イラクに軍事侵攻した戦争。正規軍同士の戦闘は、同年12月14日に当時のイラク共和国大統領サダム・フセインの逮捕で終了したが、イラク国内での治安の悪化が問題となりテロが続発し戦闘は続行した。2010年8月31日に米オバマ大統領により正式にイラク戦争の終結が宣言された。

▲サダム・フセイン
イラク共和国の大統領、首相、革命指導評議会議長、バアス党地域指導部書記長、イラク軍最高司令官を務めた

北朝鮮拉致問題

北朝鮮の工作員などにより、1970年代から1980年代にかけて、多数の日本人が北朝鮮に拉致された問題。2002年平壌日朝首脳会談で、北朝鮮が日本人の拉致を認めた。日本政府が認定した拉致事案は12件、拉致被害者は17人。北朝鮮政府側はこのうち13人について拉致を公式に認めた。5人が日本に帰国しているが、残り12人については「8人死亡、4人は入境せず」とした。日本政府は全員の生存を前提とする立場をとり対応。5人の拉致被害者の一時帰国を条件に2002年に帰国が実現。日本政府は一時帰国した被害者を「北朝鮮へ帰す」ことを拒否。北朝鮮側は日本政府の約束違反と主張し、その後の交渉は中断している。

リーマンショックから世界的金融危機が起こり、

ヨーロッパ

2006 PICK UP 1
•ロンドン旅客機爆破テロ未遂事件

2007
•高速鉄道路線CTRL開業
英仏海峡トンネルの英国側出口とロンドンのセント・パンクラス駅を結ぶ全長109kmの鉄道路線。

▲CTRLを走行するユーロスター
photo by Dave Bushell

2008
•クラスター爆弾禁止条約調印式が開かれる
ノルウェーのオスロで「クラスター爆弾禁止条約」の調印式が行われ、94カ国が条約に署名。

▲クラスター弾による攻撃
クラスター弾は無差別攻撃の性格が強く不発弾も多いため、戦後も犠牲者が絶えない

2009
•パンデミック宣言が出される
WHO《世界保健機関》は新型の豚インフルエンザにパンデミック《世界的大流行》を宣言した。

南北アメリカ

2006 PICK UP 2
•サブプライムローン問題表面化

2008
•リーマン・ショック起こる
アメリカの大手証券会社リーマン・ブラザーズが経営破綻し金融危機が世界的に拡大する。

▲リーマンHDが本社を置くタイムズスクエアビル

•サルバドル宣言が採択
ブラジルで開催されたラテンアメリカ・カリブ首脳会議で、米国の支配から自立した平和の地域統合を目指す宣言を採択。

2009
•バラク・オバマが、アメリカ合衆国大統領に就任
黒人の大統領は、アメリカ合衆国史上初。「Change」と「Yes, we can.」の二つのフレーズは、選挙戦でのキャッチコピーとして多用された。

▲バラク・オバマ

•初の人工衛星同士の衝突事故が起こる
アメリカの通信衛星イリジウム33号と、ロシアの軍事用通信衛星コスモス2251号が衝突した。

ロシア

2007
•モスクワで大規模な反政府デモが起こる
ウラジーミル・プーチン大統領に対して反対意見を表明する機会が阻まれてきているとして、言論抑圧政策に抗議する反クレムリン体制デモが行われた。4月14日はモスクワ、翌日にはサンクトペテルスブルク市でデモが行われ、機動隊と衝突。機動隊は圧倒的な数でデモ隊を鎮圧し拘束。各国のジャーナリストまで弾圧したため、「警備の行き過ぎ」とプーチン政権の独裁主義的姿勢に、国内から非難が高まった。

•ロシア「双頭の鷲」体制へ移行
ロシア連邦新大統領にドミトリー・メドヴェージェフが就任し、首相にはウラジーミル・プーチン前大統領が就任した。

2008
•南オセチア紛争
《ロシア・グルジア戦争》
グルジア政府は南オセチア自治政府に対して自治権を剥奪すると共に侵攻。南オセチアの独立を支持するロシア連邦が、グルジア共和国に対して軍事作戦に踏み切る。

2009
•ロシア正教モスクワ総主教就任式を挙行

▶モスクワ総主教キリル1世 ソビエト連邦崩壊後初の就任式
photo by www.kremlin.ru

PICK UP 1 ロンドン旅客機爆破テロ未遂事件

ロンドン警視庁はイギリスからアメリカ合衆国とカナダへ向かう最大10機の旅客機を爆破させる大規模なテロ計画を未然に阻止した。この計画は、過酸化アセトンを使用した液状物質により、アメリカ合衆国の主要都市上空で飛行中の旅客機を次々に爆破・空中分解させる計画であった。合計10機の爆破を計画したとして、25人の容疑者が逮捕された。この事件でイギリス、アメリカなど各国でテロ警戒度を最高レベルまで引き上げた。

▲この事件で標的にされていたヒースロー空港の航空機

PICK UP 2 サブプライムローン

主にアメリカ合衆国においてサブプライム層〈優良客よりも下位の層〉向けとして位置付けられるローン商品で、信用度の低い人向けの住宅ローン。住宅を担保とする住宅ローンを対象とするが、一般的にほかの住宅ローンと比べて利率が高い。住宅ローン債権は証券化され、世界各国の投資家へ販売されたが、2007年夏頃から住宅価格が下落し始め、返済延滞率が上昇し、住宅バブルが崩壊した。証券は投げ売りされ、2008年終盤のリーマン・ブラザーズ倒産などを引き起こした。

▲この問題からニューヨーク証券取引所で株価が暴落する photo by Kowloonese

日本ではG8サミットが開催される 《2006~2009》

アフリカ・オリエント・西・南・東南アジア

2006 •サウジアラビアで自爆テロ

世界最大規模の石油関連施設がアルカイーダの自爆テロにあう。

•インドのムンバイ列車爆破事件

テロ組織ラシュカル・エ・クァッハルが、犯行声明を出した。この事件で190人の死者と数百人の負傷者が出た。

▲インド西部ムンバイで、爆破された列車
photo by 共同通信社

2007 •アメリカ・イラン公式協議

27年ぶりの公式協議はイラク・バグダードで開催され、現在のイラク情勢について協議。

2008 •アフガニスタンのカンダハルで自爆テロ起きる

▲アフガニスタン南部カンダハルで、北大西洋条約機構《NATO》の車列を狙った自爆攻撃で立ち上る煙
photo by 共同通信社

•インドのムンバイ同時テロ事件

ムンバイでイスラム過激派組織によると見られる大規模同時多発テロ。日本人1人を含む400人以上が死傷する惨事となった。

北・東アジア

2008 PICK UP 3 •中国でチベット騒乱起こる

3月10日のデプン寺の僧侶によるデモに始まる抗議運動が、3月14日には大規模な暴動に発展し、多くの死傷者を出した。

▲チベットの僧侶と警官隊

•北京オリンピック開催

8月8日から8月24日まで北京を主な会場として第29回夏季オリンピックが開催された。

▲北京オリンピックメイン会場通称「鳥の巣」

2009 •中国でウイグル騒乱起こる

ウイグル族と漢民族の民族対立を背景に暴動が発生。

▲暴動に関わった疑いで拘束された夫たちを返せと抗議、武装警察隊と衝突するウイグル族の女性
photo by 共同通信社

日本

2006 •北朝鮮へ経済制裁を行う

10月9日の北朝鮮の核実験などに抗議するため、経済制裁を行った。

2007 •日本から中国への米輸出が9年ぶりに再開される

2008 •中国の温家宝首相が衆議院本会議場で演説

▲温家宝首相
photo by World Economic Forum at en.wikipedia

•調査捕鯨船に、米環境保護団体のメンバーが乱入

日本の調査捕鯨船団の「第二勇新丸」に米環境保護団体「シーシェパード」のメンバー2人が乱入。他にも調査捕鯨船に「シーシェパード」の船舶を衝突させるなどの妨害行為を繰り返す。

▲2010年、第二昭南丸に衝突して大破したシーシェパードのアンディギル号

•第34回主要国首脳会議《G8》が北海道洞爺湖町で開催される

平成時代

 中国の抱える民族問題

中国には全国に55の少数民族が存在していて、その人口は1億人、居住地域の面積は全国の半分を占めている。その主な信仰宗教は、仏教〈朝鮮族〉、ラマ教〈チベット族、モンゴル族〉、南仏教〈タイ族〉、道教〈ヤオ族〉、キリスト教〈苗族、朝鮮族〉、回教〈回族、ウイグル族、カザフ族〉、シャーマン〈満州族、ホチョ族〉である。深刻なのは、ウイグル・チベット・モンゴルといった内陸アジアの民族問題。これらの地域は本来中国固有の土地ではなかったが現在は漢民族が主導する中国の一部分とされ、漢民族化を進める教育などが行われているため、各民族の不満が噴出している。また、少数民族は優先的に上級学校進学、公務員採用などの恩恵を受けられることが漢民族からの敵視の原因にもなっている。

 洞爺湖サミット

日本の北海道虻田郡洞爺湖町のザ・ウィンザーホテル洞爺リゾート&スパを会場にして7月7日から7月9日まで主要国首脳会議が行われた。翌年で任期満了となるアメリカのジョージ・W・ブッシュ大統領にとっては最後のサミットであった。

▲洞爺湖畔に集まったG8の首脳。日本は福田康夫首相

世界各地でテロが多発、日本では東日本大震災が

ヨーロッパ

2011 •**ノルウェー連続テロ事件**

反イスラム・移民排斥を主張する犯人によって行われたオスロの政府庁舎の爆破事件、およびウトヤ島での銃乱射事件。両事件で77名が死亡した。

2011 •**欧州債務危機が深刻化**

ギリシャの放漫財政に端を発した欧州債務危機が深刻化した。アイルランドやポルトガル、スペイン、イタリアなどにも危機(債務問題)が飛び火し、さらには、欧州全体の金融システムまで揺るがす事態となった。

•**ウィリアム英王子が結婚**

英国の王位継承順位2位のウィリアム王子が、一般家庭出身のキャサリン・ミドルトンとロンドンで結婚式を挙げた。

▲新婚のウィリアム王子とキャサリン・ミドルトン photo by Magnus D

2014 •**スコットランド住民投票で独立否決**

イギリス北部スコットランドで9月18日、英国からの分離・独立の是非を問う住民投票が行われた。開票の結果、独立賛成44.7%、反対55.3%で独立は否決。英国分裂という歴史的事態は、かろうじて回避された。

南北アメリカ

2010 •**バンクーバーオリンピック・パラリンピック開催**

•**チリ鉱山落盤事故からの生還**

南米チリ北部コピアポ近郊のサンホセ鉱山で8月に大規模な落盤が発生、作業員33人が地下約700mに閉じ込められた。半ば絶望視される中、直径70cmの穴が地下まで貫通し、事故から69日後に全員が救出された。

▲チリ鉱山落盤事故の様子
photo by Mina San José

PICK UP 1 •**ハイチ大地震**

▲地震により倒壊した建物

2012 •**アメリカ合衆国大統領にバラク・オバマが再選**

2014 •**アメリカ合衆国とキューバ国交正常化交渉の開始を発表**

ロシアと周辺国

2011 •**ロシア軍がクリミア半島を掌握、住民投票を経てロシアに併合**

2012 •**ロシア連邦大統領選挙で、ウラジーミル・プーチンが勝利**

▶ロシア連邦第4代プーチン大統領
photo by Russian Presidential Press and Information Office

2013 •**スノーデン容疑者、機密情報を暴露した後、ロシアに亡命**

米情報機関、国家安全保障局(NSA)が秘密裏に個人の通信情報を収集していたことを、元米中央情報局(CIA)職員エドワード・スノーデン容疑者が暴露した。香港滞在を経てロシアに亡命した。

•**隕石落下**

ロシアのチェリャビンスク州に隕石が落下。衝撃波により窓ガラスが割れるなどして約1,500人が負傷した。

photo by Svetlana Korzhova

PICK UP 1 ハイチ大地震

2010年1月13日に起きたハイチ大地震。首都ポルトープランス郊外約15kmを震源とするマグニチュード7.0の地震が発生し、死傷者は約22万2,500人、被災者は約370万人(人口の3分の1以上)にも上る大きな被害が発生した。被災地の中心部では建物の8～9割が倒壊し、水道や電気などのライフラインや通信網、空港・港湾施設なども壊滅的な打撃を受ける。ハイチ政府や国連の建物もほとんどが壊れ、現地に駐在していた国連関係者などにも死傷者が出た。ハイチはこの地震によって、GDPの約120%に相当する約78億ドルの損失を被ったとも試算されている。ハイチは国家の再建、防災の強化、農業の振興、食糧の安定供給、貧困の緩和など、複合的な課題に取り組まなければならない。

PICK UP 2 ISILに対する空爆

シリアとイラクで活動する元アルカイダ系の組織が統合してできたサラフィー・ジハード主義(イスラム過激派)組織ISIL(IS)が、6月29日イスラム国家の樹立を一方的に宣言した。ISILは上記年表のシリア内戦に乗じてこれまで勢力を拡大してきたが、イラクの複数の都市を制圧下に置くなど二国間を跨いで勢力範囲の拡大を続け、またISILに賛同する人々も世界各国から合流し地域情勢が深刻化した。8月にはアメリカ合衆国および有志連合軍がISILに対して空爆作戦を開始。この時点ではイラク国内における拠点施設などへの攻撃に限定されていたが、翌月にはシリア国内の拠点施設などに対しても空爆を開始し、戦闘範囲は拡大していった。また、ロシアなど有志連合に参加していない国や、トルコやヨルダン、サウジアラビアなどアラブ諸国も空爆を実施している。

発生し甚大な被害をもたらす

《2010〜2014《

アフリカ・オリエント・西・南・東南アジア

2010 ・**アラブの春**
12月にチュニジアで発生した民主化運動で翌年の1月14日には23年間続いたベンアリ政権が崩壊した〈ジャスミン革命〉。以後、長期政権に対する大規模な反政府運動は北アフリカや中東のアラブ世界の各国に波及し、ヨルダンやエジプト、リビアの政権が崩壊した。

2011 ・**ビンラディン容疑者を殺害**
米軍は5月1日、パキスタンの首都イスラマバード北方約50キロのアボタバードで、2001年の米同時テロの首謀者とされる国際テロ組織アルカイダの首領ウサマ・ビン・ラディン容疑者の潜伏先を急襲、同容疑者を殺害した。

▶ウサマ・ビン・ラディン
photo by Hamid Mir

2012 ・**シリア内戦激化**
シリアでアサド政権打倒を目指す反体制派の武装闘争が活発化し、内戦に発展した。

2014 PICK UP 2
・**ISILがイスラム国家樹立を宣言**
・**アメリカがISILに対し空爆を開始**
・**イスラム勢力台頭、エジプト大統領にモハメド・モルシ**
モハメド・モルシ氏が6月16、17両日の大統領選決選投票で当選、同30日に軍出身者以外で初の大統領に就任した。

北・東アジア

2010 ・**上海万博開催**

2011 ・**金正日(キムジョンイル)朝鮮労働党総書記死去**
北朝鮮の最高指導者である金正日が12月17日死去。後継は三男の金正恩(キムジョンウン)。

2012 ・**金正恩氏、第1書記に**
北朝鮮の金正恩は4月11日の労働党代表者会で、党最高ポストの第1書記に就任した。

▶朝鮮民主主義人民共和国第3代最高指導者 金正恩
photo by Kremlin.ru

・**韓国大統領選で朴槿恵(パククネ)が当選**
保守系与党セヌリ党の朴槿恵が女性として初の当選を果たした。

2013 ・**南沙諸島で人工島建設**
中国が領海問題で周辺諸国と争いのある南沙諸島で、埋め立てによる人工島の建設を開始、周辺諸国との摩擦が増大した。

2014 ・**香港民主化運動、幹線道路を占拠**
香港で2014年9月から12月まで学生たちが行った中国政府への抗議運動。欧米メディアは、この活動を〈雨傘革命〉と呼んでいる。

photo by Pasu Au Yeung

日本

2010 ・**はやぶさ、地球へ帰還**
小惑星「イトカワ」のサンプルを持ち帰る。

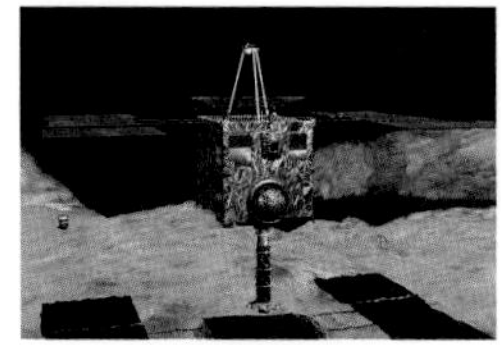
▲はやぶさの着陸想像図

2011 PICK UP 3 ・**東日本大震災発生**[3月11日]、**福島第一原発事故発生**

▲福島第一原発3号機原子炉への注水　出典：防衛省ホームページ

2013 PICK UP 4 ・**五輪開催東京に決定**

2014 ・**御嶽山が噴火**
9月27日午前11時52分、長野、岐阜県境の御嶽山(3067メートル)が噴火した。逃げ遅れた登山客に噴石が直撃するなどして57人が死亡、6人が行方不明になった。

・**日本人3人がノーベル物理学賞を受賞**
青色発光ダイオード(LED)の開発で、赤崎勇名城大教授と天野浩名古屋大教授、中村修二米カリフォルニア大サンタバーバラ校教授がノーベル物理学賞を受賞した。

21世紀
平成時代

東日本大震災

2011年3月11日14時46分、宮城県牡鹿半島の東南東沖130kmの海底を震源とする東北地方太平洋沖地震が発生。地震の規模はマグニチュード9.0で、日本周辺における気象庁観測史上最大であった。最大震度は7で震源域は岩手県沖から茨城県沖までの南北約500km、東西約200kmのおよそ10万km²と広範囲に及んだ。この地震により、場所によっては波高10m以上、最大遡上高40.1mの大津波が発生し、東北地方から関東地方の太平洋沿岸部に壊滅的な被害をもたらした。この被害には福島第一原子力発電所の重大な原子力事故も含まれ、いまだに避難生活を続けている人が多く存在する。東日本大震災による被害者(一連の余震も含む)は2022年2月現在で、死者15,900人、行方不明者2,523人となっている。

2020年五輪が東京開催に

イスタンブール(トルコ)、マドリード(スペイン)、東京が立候補した2020年夏季五輪。2013年9月8日(日本時間)、国際オリンピック委員会(IOC)総会がブエノスアイレスで開かれ、1964年以降2回目となる東京開催が行われることになった。障害者スポーツのパラリンピック大会も東京開催となり、72年の札幌、98年の長野も含め日本で4回目の五輪ということになる。低コストでの大会開催をアピールしたマドリードは3回連続、イスラム圏で初の開催を主張したイスタンブールは5回目の挑戦となったが、大会運営力の高さ、財政力、治安の良さなどが評価され、2回連続で立候補した東京に敗れることになった。聖火リレーは東日本大震災からの復興を後押しするため、東北の被災地を縦断する。

イランが核兵器開発を大幅に制限する合意、

ヨーロッパ

2015

- **イタリアで食をテーマにしたミラノ国際博覧会が開催される**
- **フランスでテロ多発**
  1月にパリで風刺週刊紙が国際テロ組織アルカイダに共鳴するイスラム過激派に襲撃されて以降、過激派組織「イスラム国」(IS)などによる大規模テロが各地で多発した。11月にも、パリで同時テロが発生し、130人が犠牲となった。

▲パリ同時多発テロの犠牲者を追悼している人々　photo by Mstyslav Chernov

- **ギリシャ危機**
- **中東難民、欧州に殺到**
  中東や北アフリカから地中海を超え欧州に渡る難民や移民が急増。約95万人、死者は約3700人に上った。受け入れなどの対応をめぐり、欧州連合(EU)の連帯が揺らいだ。

▲定員超過の移民船の救助に当たるアイルランド海軍
photo by Irish Defence Forces

- **第21回気候変動枠組条約締約国会議(COP21)**

南北アメリカ

2015

- **アメリカ合衆国とキューバ国交正常化交渉の開始を発表**

▲パナマで初の首脳会談に臨むバラク・オバマ(右)とラウル・カストロ

- **環太平洋パートナーシップ(TPP)協定交渉**
- **米軍、南シナ海で「航行の自由作戦」**
  中国が人工島を造成し、軍事拠点化を進める南シナ海で10月、米海軍のイージス駆逐艦「ラッセン」が人工島から12カイリ(約22キロ)以内の海域を通過する「航行の自由作戦」を行った。中国政府は「不法行為だ」と批判。両国の立場は平行線をたどっている。

▶ラッセン(ミサイル駆逐艦)

- **アメリカ、9年半ぶり利上げ**
  米連邦準備制度理事会(FRB)は12月、リーマン・ショック後の金融危機に対応して導入した事実上のゼロ金利を解除し、2006年6月以来9年半ぶりに利上げすることを決定した。

ロシアと周辺国

2015

- **ロシアがウクライナ南部のクリミア半島編入を強行してから1年経過**
- **ロシア、フランスなどがシリア空爆**
- **ダルニー・ヴォストークが沈没事故**
  4月2日早朝、ロシア船籍のトロール船「ダルニー・ヴォストーク」がロシア・カムチャツカ半島沖のオホーツク海で沈没。乗組員132人のうち63人は救助されたが、62人が死亡、行方不明は7人だった。
- **ロシアなど3ヵ国がユーラシア経済連合条約に署名**
  ロシア、ベラルーシ、カザフスタンの首脳が5月29日、カザフスタンの首都アスタナで開催された最高ユーラシア経済評議会で、かねてから予定されていたユーラシア経済連合(EEU)条約に署名した。
- **ロシア軍爆撃機撃墜事件**
  2015年11月24日にトルコ・シリア国境付近で、ロシア空軍の戦闘爆撃機が領空侵犯のためトルコ軍に撃墜された。一方でロシア政府は領空侵犯をしていないと主張した。その後、トルコからの謝罪があり、二国間関係は正常化した。

▲撃墜されたSu-24M　photo by Mil.ru

- **ロシア、原油安が直撃し2015年はマイナス成長**

COP21でパリ協定採択

パリ郊外で11月30日から開かれた国連気候変動枠組み条約第21回締約国会議(COP21)は、2020年以降の地球温暖化対策の新たな国際枠組み「パリ協定」を採択した。新枠組みの合意は現行の枠組みである京都議定書以来、18年ぶり。京都議定書が先進国だけに温室効果ガスの削減義務を課すのに対し、パリ協定は、途上国を含む196の全締約国に温室ガス削減目標の提出や5年ごとの見直しを義務付ける。COP21では、初日に安倍晋三首相、オバマ米大統領、習近平中国国家主席ら約150カ国の首脳が参加する会合を開き、温暖化対策への決意を確認。協定には、産業革命前からの世界の平均気温の上昇幅を2度未満に抑えることを目標とし、1.5度未満にするよう目指す。

アメリカ合衆国とキューバ国交回復

2014年12月17日にアメリカ合衆国大統領バラク・オバマとキューバの国家評議会議長ラウル・カストロが国交正常化交渉の開始を発表、世界を驚かせた。半世紀以上にもわたって対立してきた両国の国交回復を含む関係改善の動きは、2013年6月からカナダ政府とローマ教皇フランシスコの仲介で事前交渉が進められてきた。教皇は手紙や会談で、オバマ大統領にキューバとの国交正常化に向けた対話再開を働きかけてきた。2015年1月16日、アメリカ合衆国政府はキューバへの米国人の渡航や送金の制限を緩和。4月11日には米州首脳会議が開催されたパナマで、オバマ大統領とカストロ国家評議会議長による直接会談が行われた。これは1956年以来59年ぶりの直接会談となる。そして、7月20日アメリカ合衆国とキューバは1961年、54年ぶりに正式に国交を回復した。

日本は北陸新幹線が開業

2015

21世紀

平成時代

アフリカ・オリエント・西・南・東南アジア

2015

・**ミャンマー総選挙でアウン・サン・スーチー率いる野党国民民主連盟が大勝し、政権交代**

アウン・サン・スーチー
photo by Claude TRUONG-NGOC

・**ISが邦人人質殺害**

過激派組織「イスラム国」(IS)は1月、シリアで行方不明になった邦人を人質に取り、殺害した。ISはそれまで欧米人を殺害したとする動画を公開してきたが、邦人が犠牲になった事件は初めてだった。

・**シンガポールのリー初代首相が死去**

「建国の父」と呼ばれ、一代でシンガポールを世界有数の豊かな都市国家に導いた初代首相リー・クアンユーが3月23日死去。享年91歳。

リー・クアンユー

PICK UP 4
・**イラン核協議最終合意**

欧米など主要6カ国とイランが7月、同国の核開発能力の制限と国際原子力機関(IAEA)による査察の受け入れ、欧米側による経済制裁の段階的解除に取り組む「包括的共同行動計画」で最終合意した。

北・東アジア

2015

・**中台首脳が初会談**

中国の習近平国家主席と台湾の馬英九総統が11月7日、シンガポールで1949年の分断後、初めての首脳会談を行った。

▲習近平(右)と馬英九(左)

・**中国主導のインフラ銀行設立**

中国が主導し北京に本部を置く初の国際金融機関アジアインフラ投資銀行(AIIB)の設立協定に英国など欧州勢も含む56カ国が署名。12月25日に正式発足した。

・**中国経済にブレーキ**

・**慰安婦問題で日韓合意**

12月28日、ソウルで慰安婦問題について、韓国政府が元慰安婦の名誉と尊厳回復などのための事業を行う基金を設立し、日本政府として10億円程度を一括拠出することで合意。また、慰安婦問題は最終的かつ不可逆的に解決されることを確認した。

2014年8月の日米韓外相会合。外務大臣の岸田文雄(左)と外交部長官の尹炳世(右)

日本

2015

・**安全保障関連法が成立**

・**マイナンバー制度がスタート**

日本に住む一人ひとりに12桁の番号を割り振り、税や社会保障などの個人情報を結びつける「マイナンバー制度」実施に向けた法律(マイナンバー法)が施行。11月には「通知カード」の送付が始まった。

・**ラグビーW杯で歴史的勝利**

・**北陸新幹線が開業**

・**又吉直樹の『火花』、大ベストセラーに**

・**日本人科学者2人がノーベル賞受賞**

アフリカや中南米の寄生虫病特効薬の開発に貢献した大村智・北里大特別栄誉教授がノーベル医学生理学賞を、素粒子「ニュートリノ」に質量があることを初めて確認した梶田隆章・東京大宇宙線研究所長がノーベル物理学賞をそれぞれ受賞した。

▲大村 智氏
phone by Bengt Nyman

梶田 隆章氏
出典:日本学術会議ホームページ

・**探査機「あかつき」、金星軌道投入に成功**

PICK UP 3 TPP交渉が大筋合意

日本や米国、オーストラリアなど12カ国による環太平洋連携協定(TPP)交渉が10月5日、5年半に及ぶ協議の末、大筋合意した。各国の議会承認を経てTPP協定が発効すれば、共通の貿易・投資ルールを持つ人口8億人、国内総生産(GDP)3100兆円の巨大市場が誕生。アジア・太平洋地域の成長を取り込み、日本経済の活性化につながることが期待される。日本は工業製品や農林水産物など全貿易品目(9018品目)のうち約95%で輸入関税を撤廃し、貿易の自由化を促進する。コメなど農産物重要5項目は完全自由化の対象から除外された。コメについては計7万8400トンを上限に無税輸入枠を創設、牛肉は38.5%の関税を協定発効から16年目に9%まで削減するなどの譲歩で決着。

PICK UP 4 イラン核合意

核兵器開発を疑われていたイランと6カ国(米・英・仏・独・ロ・中)が2015年7月に結んだ合意。正式名称は「包括的共同行動計画(JCPOA)」。イランが高濃縮ウランや兵器級プルトニウムを15年間は生産しないことや、ウラン濃縮に使われる遠心分離機を大幅に削減する代わり、これを国際原子力機関(IAEA)が確認した後、見返りとして米欧が金融制裁や原油取引制限などを緩和した。トランプ米大統領が2018年5月に核合意を離脱し、制裁を再開したため、イランが2019年5月から段階的に核合意の履行停止を進めている。

イランのハサン・ロウハニ大統領
photo by Fars Media Corporation

ロシアからシリアへ軍事介入が深まり、日本

ヨーロッパ

2016

- **ベルギー・ブリュッセル空港で爆破テロ**
- **イギリス、EU離脱**
  イギリスの欧州連合《EU》離脱の是非を問う国民投票が執行され、EU離脱支持票が過半数を占める結果となった。
- **フランス・ニースでトラック突入テロ**
- **フランス、ドイツなど洪水被害**
  6月、ドイツ南西部やフランスで豪雨が続き、フランスのセーヌ川や支流の沿岸各県で洪水が発生。多数の死者が出た。
- **トルコ、クーデター未遂とテロで混乱**
  昨年から続くテロに加え、7月15日夜に軍の一部によるクーデター未遂が発生。翌朝には制圧されたが、これを受けた非常事態宣言の下、エルドアン大統領が権限強化を加速させた。

▶レジェップ・タイイップ・エルドアン大統領

- **イタリア中部地震発生**
  8月24日にイタリア中部のペルージャ県ノルチャ付近を震源として発生したマグニチュード6.2の地震が発生。298人が死亡した。

▲倒壊した家屋

南北アメリカ

2016

- **リオデジャネイロオリンピック開催**
  南米初の夏季五輪がブラジルのリオデジャネイロで、206の国と地域の参加で開催。

▲「エスタジオ・ジ・カノアージェン・スラローム」カヌー競技で羽根田卓也が日本人初のメダルを獲得
photo by Miriam Jeske/brasil2016.gov.br

- **パナマ文書で税回避明らかに**
  パナマの法律事務所「モサック・フォンセカ」から膨大な量の内部文書が流出。
- **アメリカ合衆国大統領選挙で、共和党ドナルド・トランプが当選。第45代大統領となる**

▶第45代ドナルド・トランプ大統領

- **大型ハリケーン「マシュー」でハイチに甚大な被害**
- **キューバのフィデル・カストロが死去**

▶フィデル・カストロ

ロシアと周辺国

2015

- **ロシア連邦下院選挙で政権与党が「統一ロシア」が圧勝、プーチン大統領の権力基盤がより強固なものに**
- **シリア軍を支援**
  3月、ロシア航空宇宙軍は、イスラム国（IS）の戦闘員たちから古都パルミラを解放するシリア軍を支援した。

▲ロシア空軍のSu-34　photo by Mil.ru

- **院選挙での「統一ロシア」の勝利**
- **ロシア・スポーツ界のドーピングがスキャンダルに**
  7月、世界反ドーピング機関（WADA）の委員会は、ロシア・スポーツ界におけるドーピングに関する報告書を公表した。

▲ロシアオリンピック委員会本部
photo by Arsengeodakov

- **アメリカとの関係が変化**
  9月にシリア問題の平和的解決の試みが失敗したのちに訪れ、プーチン大統領は、プルトニウムの共同処分に関する米国との合意の効力を大統領令によって停止し、核軍縮分野における協力を凍結した。
- **ロシア史上初めて、現職の大臣が拘束**

PICK UP 1 テロの脅威が再びヨーロッパを襲う

シリアやイラクでは、欧米にトルコなど周辺国も加わって、イスラム過激派「イスラム国」（IS）への軍事攻撃を強めていた。ISによる過酷な住民迫害と、市民生活を破壊する攻撃の双方から逃れようと、大勢の難民がこの年、ヨーロッパをめざした。32人が犠牲となった3月のブリュッセル連続テロ事件を皮切りに、7月にはフランス南東部ニースで花火の見物客にトラックが突っ込み、84人が死亡。組織的な犯行に加え、ISなどの思想に影響を受けた若者など、単独での犯行によるテロが懸念された。監視対象に入らないような人物が突発的に車や手持ちの機材を使って犯行に及ぶ。ISが「犯行声明」を出すが、必ずしもテロの実行を具体的に指示していないケースもあった。

PICK UP 2 イギリス、EU離脱

6月23日、イギリスの欧州連合（EU）離脱の是非を問う国民投票において51.9%対48.1%で離脱が残留を上回り、ブレグジット（欧州連合離脱の通称）が決定した。重要な政策がEUに決められることへの不満や移民に職を奪われる不安も広がり、離脱を求める票が残留を上回った。投票結果を受け、残留を訴えていたキャメロン首相（当時）は辞意を表明。後任にはメイ前内相が選ばれ、イギリス史上2人目の女性首相となった。

▶テリーザ・メイ首相
photo by Number10

では熊本地震が発生

アフリカ・オリエント・西・南・東南アジア

2016

- **シリア内戦泥沼化で大量難民**
  2011年3月に始まった内戦は6年目に入り、犠牲者は30万人を超える。アサド大統領退陣を求めるアメリカ・イギリス・フランスやアラブ諸国などが反体制派を支えてきたが、ロシアがアサド政権を軍事面で支援。イスラム国（IS）も入り交じり、混迷を深めていった。
- **フィリピン大統領選挙でロドリゴ・ドゥテルテが当選**

ロドリゴ・ドゥテルテ▶
フォリピン大統領

- **ミャンマー中部でM6.8の地震**
  8月24日、ミャンマー中部バガン周辺で、マグニチュード6.8の地震が発生。4人が死亡。世界遺産のパゴダ約60ヶ所で崩落などの被害が出た。

▲バガンのパゴダ　photo by Dharma

- **第6回アフリカ開発会議開催**
  8月27日〜28日にケニアの首都ナイロビにて第6回アフリカ開発会議（TICAD VI）が開催された。
- **タイ国王死去**
  10月13日、プミポン・アドゥンヤデート国王が88歳で死去。在位期間は70年と、存命する世界の君主の中で最も長かった。

タイ国王▶
photo by Bhumibol_Adulyadej

北・東アジア

2016

- **北朝鮮がミサイル発射**
  2月に、長距離弾道ミサイル「テポドン2号改良型」を発射。このあとも3月に短距離弾道ミサイル「スカッド」、中距離弾道ミサイル「ノドン」、4月に潜水艦発射弾道ミサイル（SLBM）など相次いで発射。この年は20発以上のミサイルを発射した。
- **中華民国相当選挙で、台湾初の女性総統が誕生**
  中華民国総統選挙の結果、野党民進党の蔡英文（さいえいぶん）が初当選を果たし、台湾初の女性総統が誕生した。同時に行われた立法院議員選挙でも、民進党が過半数となり、初めて総統、立法両方の政党交代を達成した。一方、与党国民党は、創党以来初めて完全に政権を失うことになった。

蔡英文台湾総統▶

- **第11回金融・世界経済に関する首脳会合開催**
  9月、G20杭州サミット（金融・世界経済に関する首脳会合）が中国・杭州で開催される。

習近平国家主席▶

- PICK UP 3 **朴大統領弾劾可決、職務停止**

日本

2016

- **日銀、マイナス金利を初導入**
- **北海道新幹線が開業**
- **熊本地震発生**
  4月14日午後9時26分頃、熊本県にてマグニチュード6.5の地震が発生。地震の規模に比して大きな揺れとなり、日本の震度階級で最大となる震度7を5年ぶりに更新した。
- **伊勢志摩サミット開催**
- **新元素名に「ニホニウム」**
  新元素は「ニホニウム」＝113番、理研が合成。審査後に周期表記載される。
- **バラク・オバマが現職アメリカ合衆国大統領として、史上初めて広島市を訪問**

▲原爆死没者慰霊碑に献花をしたオバマ大統領（左）と固く握手を交わす安倍首相

- **大隅良典氏にノーベル生理学・医学賞受賞**
- **大西卓哉さん、宇宙へ**
- **国立西洋美術館が世界文化遺産に**
- PICK UP 4 **日ロ、北方四島で共同経済活動へ**

21世紀

平成時代

朴大統領弾劾可決、職務停止

韓国の朴槿恵大統領の長年の親友、崔順実（チェスンシル）被告が、自らが主導して設立した財団に、大統領府の後押しで財閥から寄付金を拠出させたほか、大統領の演説草案などが事前に提供されていたことなどが発覚。政策や政府人事に介入したとされる。2014年4月の旅客船「セウォル号」の沈没の際、対応の不備などもある。検察は崔被告らを11月に起訴し、朴大統領も「共謀関係にあった」と認定した。大統領の支持率は4%まで下落し、ソウル中心部で1987年の民主化以降最大規模の退陣要求集会が開かれた。世論の憤りは収まらず、12月9日、弾劾訴追案が野党3党と与党非主流派などの賛成で可決され、翌年に退陣することとなった。任期途中の大統領辞任は民主化以降、初めてとなる。

日ロ、北方四島で共同経済活動へ

安倍首相は12月15、16日、ロシアのプーチン大統領と、山口県長門市と東京都内で会談し、北方四島での共同経済活動に向けた協議を始めることで合意。懸案の北方領土問題を含む平和条約締結につなげる狙いがある。活動は両国の法的立場を害さないことが前提で、実現しても領土問題の解決に結び付くかは不透明だ。両首脳が首相官邸で発表した「プレス向け声明」は、4島での共同経済活動に関する協議を開始することが「平和条約締結に向けて重要な一歩になり得るとの相互理解に達した」と明記。両首脳が締結に向け「真摯な決意を表明した」ことも盛り込んだ。ただ、首相は会談後の共同記者会見で、領土問題について「解決にはまだまだ困難な道が続く」と認めた。

アメリカで新大統領が就任し世界を席巻、

ヨーロッパ

2017

- **イギリス政府がEU離脱を正式決定**
- **フランス大統領にマクロン氏が当選**

エマニュエル・マクロン大統領

- **トルコで銃乱射　新年祝うクラブでテロ、ISが犯行声明**
- **アリアナ・グランデのライブ会場で自爆テロ**

5月22日、マンチェスターの中心部にある屋内競技場「マンチェスター・アリーナ」で発生した。アメリカの歌手、アリアナ・グランデのコンサートが終了した直後、大きな爆発が起きて22人が死亡、59人が負傷した。

- **欧州テロ、選挙で右派伸長**

2015年にパリで起きた風刺週刊紙本社銃撃事件以降、欧州ではテロが続発。容疑者の中には難民申請者も含まれていたため、「反難民」「反イスラム」を掲げる右派政党が大政党に対する不満の受け皿となって支持を伸ばした。

- **カタルーニャ独立賛成9割**

スペイン北東部カタルーニャ自治州（州都バルセロナ）の独立を問う住民投票は10月1日、即日開票され、州政府は2日未明、有権者約530万人のうち約226万人が投票し、賛成票が約90％を占めたとの暫定開票結果を発表した。投票率は約40％とみられる。

南北アメリカ

2017

- **トランプ大統領、パリ協定離脱を発表**
- **アメリカ大統領、FBI長官を解任**
- **国連会議、核兵器禁止条約を採択**

米・ニューヨーク国連本部での会議に参集していた各国は「核兵器禁止条約」を採択した。法的拘束力を持つ核軍縮関連の条約としては、実に20年ぶりの交渉成立となる。

- **メキシコ地震、死者369人**

▲9月8日、シティ ホール パレスの被害
photo by Presidencia de la República Mexicana

- **史上最悪規模、ラスベガス銃乱射事件**

アメリカ・ラスベガスのマンダレイ・ベイ・ホテル近くで乱射事件があった。ラスベガス警察によると、少なくとも59人死亡。確認された負傷者は527人に増えた。被害者の多さで、近年の米国最悪の乱射事件となった。

- **ニューヨークダウ史上初2万4000ドル突破**

アメリカ・ニューヨーク株式市場は、トランプ政権の税制改革への期待感から大幅な値上がりとなり、ダウ平均株価が初めて2万4000ドルの大台を突破した。

- **アメリカの自然災害による被害額が米国史上最大の3060億ドルに**

▲テキサス州・ポートアーサーでの洪水

ロシアと周辺国

2017

- **モスクワで126年ぶりの寒さとなる氷点下29.9℃を観測**

モスクワでは、強い寒波の影響で、気温が氷点下29.9℃まで下がり、1891年に記録した気温に次ぐ寒さにみまわれた。

- **サンクトペテルブルク地下鉄爆破テロ事件 死者15人、負傷者64人**

▲地下鉄駅に追悼のため献花をするプーチン大統領　photo by Kremlin.ru

- **サウジアラビアのサルマン国王がロシアを訪問**

ロシアのプーチン大統領は5日、訪露したサウジアラビアのサルマン国王と会談し、シリア情勢などを協議した。ロシアは、自国が後ろ盾のアサド政権軍が内戦で優勢を維持するなか、同問題をめぐり外交攻勢を強めている。

- **ロシア反汚職指導者ナワリヌイ氏、反汚職デモ計画**

反体制の指導者アレクセイ・ナワリヌイ氏の呼びかけで、各地でプーチン大統領の退陣を訴えるデモを開催。サンクトペテルブルクでは約3000人が参加。60人ほどが逮捕。全国でも270人以上が逮捕された。

アレクセイ・ナワリヌイ
photo by Michał Siergiejevicz

- **金井宇宙飛行士、宇宙へ出発**

12月17日、日本人宇宙飛行士の金井宣茂さんら3人を乗せたロシアのソユーズ宇宙船が、カザフスタンのバイコヌール宇宙基地から打ち上げられた。

PICK UP 1　トルコで銃乱射、ISが犯行声明

トルコの最大都市イスタンブールで1月1日未明、新年を祝うパーティーを開催していたナイトクラブが襲撃され、少なくとも39人が死亡した。2日には過激派組織「イスラム国」（IS）が犯行を認める声明をインターネット上で公開した。ISの声明は「背徳のトルコ政府は、空爆や砲撃によって流されたイスラムの血が、神の許しにより自国での銃撃につながったと思い知るべきだ」とした。ISは本拠地のシリアや隣国イラクで米国やロシアの空爆を受けて支配地域を失うなど劣勢を強いられている。米国主導の対IS有志連合の一員で、シリア北部でIS掃討作戦を展開するトルコへの報復とみられる。クルトゥルムシュ副首相は記者会見で、「シリアでの作戦を継続する」と強調した。

PICK UP 2　自然災害による被害額が3060億ドルに

米海洋大気局（NOAA）は、2017年に米国内で起きた自然災害による被害総額は3060億ドル（約34兆6000億円）に達し、過去最高だったと発表した。南部に複数の大型ハリケーンが上陸し、西部では乾燥による山火事が広がったことが主因。2018年も年明けから東部を大寒波が襲い、自然災害が市民生活や経済に与える影響が深刻化している。2017年は8月下旬～9月に、大型ハリケーンの「ハービー」「イルマ」「マリア」が相次いで米南部を直撃し、洪水被害が広がった。251人の犠牲者を出したほか、全米有数の石油産業の集積地が暴風雨に見舞われ、ビジネスへの影響も目立った。年間の被害総額のうち9割弱にあたる2650億ドルがハリケーンによるものだった。

日本では天皇退位が決まる

2017

アフリカ・オリエント・西・南・東南アジア

2017

・ジャカルタで自爆テロ、15人死傷

インドネシアのジャカルタ東部のバスターミナルで24日夜、大きな爆発があり、犯人とみられる男2人を含む5人が死亡、10人がけがをした。

・北朝鮮の金正恩党委員長の異母兄・金正男（キム ジョンナム）氏が殺害される

北朝鮮の故金正日朝鮮労働党総書記の長男で、金正恩党委員長の異母兄・金正男氏が2月13日、マレーシアのクアラルンプール国際空港で女2人から顔に液体を塗り付けられ殺害された。

・ミャンマーからロヒンギャ難民

ミャンマー西部ラカイン州でイスラム系少数民族ロヒンギャの武装集団が8月25日、警察施設などを攻撃し、政府の治安部隊と本格的に衝突した。ロヒンギャの村では放火や性暴力が相次いで発生。隣国バングラデシュへ逃れたロヒンギャ難民は60万人以上に達した。

▲ロヒンギャの難民キャンプ（2013年）
photo by Foreign and Commonwealth Office

・イスラム国が事実上崩壊

スラム教スンニ派過激組織「イスラム国」（IS）が「首都」と称してきたシリア北部ラッカについて、10月17日、アメリカ軍の支援を受けるシリア民主軍（SDF）報道官の話として、「戦闘は終結し、ラッカを解放した」と伝えた。「首都」の陥落でISが標榜してきた「疑似国家」は事実上、崩壊した。

北・東アジア

2017

・元日の香港は反中デモで幕開け

香港の民主化を求める香港人権民陣は、3月に行われる行政長官選挙を親中派が多数を占めた選挙委員会（定員1200名）による間接投票ではなく、有権者による直接選挙で行うことを訴え、1日香港中心街でデモを行った。

・成長目標6.5%に引き下げ＝中国全人代［3月］

香港の民主化を求める香港人権民陣は、3月に行われる行政長官選挙を親中派が多数を占めた選挙委員会（定員1200名）による間接投票ではなく、有権者による直接選挙で行うことを訴え、1日香港中心街でデモを行った。

・核で世界を翻弄する北朝鮮 北朝鮮、核・ミサイル開発加速

・香港民主派が大規模デモ＝中国の圧力に反発［7月］

・韓国で朴前大統領を収賄罪などで逮捕

・韓国大統領に文在寅が就任

第19代韓国大統領に革新派の文在寅（ムン・ジェイン）が就任。

▶文在寅大統領

・中国、習近平氏「1強」確立

5年に1度の中国共産党大会が10月に開かれ、習近平総書記（国家主席）の名を冠した指導理念「習近平の新時代の中国の特色ある社会主義思想」が党規約に明記された。

日本

2017

・将棋・藤井聡太四段、前人未到の29連勝

・「神宿る島」宗像・沖ノ島と関連遺産群、世界文化遺産登録決定

▲沖ノ島と小屋島（手前左）および御門柱・天狗岩（同右）
photo by Indiana jo

・「共謀罪」法が成立

・九州北部豪雨で死者・不明41人

7月5～6日を中心に台風3号と梅雨前線の影響で「九州北部豪雨」が発生し、福岡、大分両県で死者38人、行方不明者3人となった。

▲赤谷川が氾濫し流木と泥に埋もれた福岡県朝倉市
photo by Daphne Lantier

・トランプ米大統領、初来日

・天皇退位、2019年4月末に

平成時代

PICK UP 3 韓国大統領に文在寅が就任

韓国大統領選で勝利した最大野党「共に民主党」の文在寅は5月10日、就任宣誓を行った。北朝鮮を訪問する用意があると表明し、米軍の新型迎撃ミサイル・サード配備を巡り米中と協議する考えも示した。文大統領は、国内では今回の選挙につながった朴槿恵前大統領の罷免、それを巡る社会の不満や分断、対外的には挑発を続ける北朝鮮への対応をはじめ、米国や中国などとの微妙な関係に難しい舵取りを迫られる。中央選挙管理委員会は10日朝に文氏の当選を確認。最終集計結果によると、文氏の得票率が14.1%、保守系旧与党「自由韓国党」の洪準杓（ホンジュンピョ）候補が24%、中道系野党「国民の党」の安哲秀候補は21.4%。投票率は20年ぶりの高さだった。

PICK UP 4 天皇退位、2019年4月末に

日本政府は12月1日午前、天皇陛下の退位日を2019年4月30日と決定した。今月末に84歳になる天皇は、高齢と健康上の理由で天皇としての公務を果たすことが難しくなったと、昨年夏に退位を希望する意向を表明していた。政府は三権の長や皇室関係者からなる「皇室会議」を宮内庁で開き、天皇陛下の退位日について意見を聴いた。安倍晋三首相はこの後、会議の意見を踏まえ、退位日の決定を発表した。皇太子は5月1日に新天皇として即位する。「平成」の時代が終わり、新しい元号の時代が始まる。天皇の退位は、江戸後期の119代光格（こうかく）天皇（1771～1840）以来、約200年ぶりとなる。政府は今年5月、退位の特例法を閣議決定。特例法は6月に成立した。

EUからイギリスが正式離脱決定、日本では

ヨーロッパ

2018

- イギリスで元スパイへの神経剤襲撃事件
- イギリスのチャールズ皇太子の次男ヘンリー王子とアメリカ出身の女優と挙式
  イギリスのチャールズ皇太子の次男、ヘンリー王子とアメリカ出身の女優メーガン・マークルの結婚式が5月19日、ロンドン西郊のウィンザー城で行われた。新郎新婦が馬車でパレードした沿道などに10万人以上が詰めかけた。
- ギリシャで山火事、80人以上死亡
- イタリアで高速道路の高架橋崩落、43人死亡
- メルケル・ドイツ首相が党首退任へ

▲アンゲラ・メルケル首相
photo EU2017EE Estonian Presidency

- トルコのサウジ総領事館で記者殺害
  トルコのサウジアラビア総領事館で10月2日、サウジ政府に批判的な論調で知られた記者ジャマル・カショギ氏が殺害された。
- EU、英離脱協定を正式決定
  欧州連合（EU）は11月25日、2019年3月の英国の離脱条件などを定めた「離脱協定案」などを正式決定した。

南北アメリカ

2018

- アメリカ・フロリダの高校で銃乱射、17人死亡
- アメリカが輸入制限発動、米中摩擦が激化
- トランプ大統領、イラン核合意離脱表明
- アメリカ・ハワイ島でキラウエア火山が噴火

▲2018年の噴火

- グアテマラ・フエゴ山噴火、死者113人に
- カナダで大麻解禁
  嗜好用、世界2カ国目に。
- 史上初の米朝首脳会談、緊張緩和進む

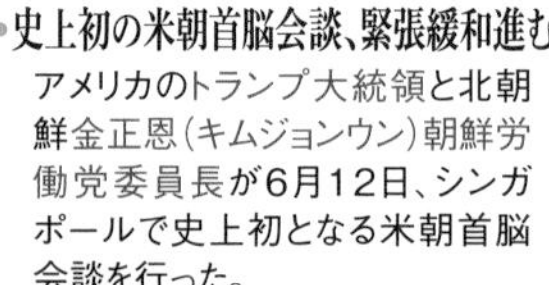

アメリカのトランプ大統領と北朝鮮金正恩（キムジョンウン）朝鮮労働党委員長が6月12日、シンガポールで史上初となる米朝首脳会談を行った。

▲アメリカのドナルド・トランプ大統領（右）と北朝鮮の金正恩（左）

- メキシコ大統領選で左派候補が初勝利
- ブラジル大統領選、ボルソナロが初当選

ロシアと周辺国

2018

- サラトフ航空703便の旅客機がドモジェドヴォ空港を離陸直後に墜落、乗員乗客71人全員が死亡

▲事故機のサラトフ航空703便
Photo by Papas Dos

- ロシア大統領選でプーチンが通算4選
- ケメロヴォ州・ケメロヴォのショッピングセンターで火災が発生し、64人が死亡、70人以上が負傷
- 東ヨーロッパで初となるFIFAワールドカップがロシアで開催

▲優勝したフランス代表
photo by Kremlin.ru

- ロシア、ウクライナ艦艇を拿捕
  ロシア警備艇が25日、ロシアが併合したウクライナ南部クリミア半島周辺の黒海海域で、ウクライナ艦艇3隻を拿捕した。ウクライナは戒厳令の発令を決め、クリミア併合以降続く対立がさらに深まった。

イギリスで元スパイへの神経剤襲撃事件

イギリスで3月4日、旧ソ連が開発した神経剤「ノビチョク」で襲われたロシア軍の元情報機関員と娘が意識不明の状態で見つかった。6月に意識不明で発見された英国人2人からも同じ神経剤の成分が検出され、1人が死亡した。両氏が最初に神経剤に触れたのは自宅の玄関ドアだったと発表。ショッピングセンターのベンチで意識不明となっているところを発見された。メイ首相は、この事件に「ロシアが国家として犯罪にかかわっているという以外の結論はない」とし、ロシアの外交官23人を英国から追放、加えて26カ国の同調国が、130人以上の外交官を追放した。英国の措置に欧米はじめ各国・機関が追随し、米国は経済制裁を発動するなど外交問題に発展した。

カナダで大麻解禁

カナダは11月17日、嗜好品としてのマリファナ（大麻）の所持・使用を合法化した。同国は主要7カ国（G7）で初めて、娯楽目的の大麻使用を合法化する国となった。カナダのトルドー首相は、犯罪組織への資金源断絶のほか、多くの国民が非合法で使用していた大麻の生産、流通、消費を規制下に置くことを目的に、大麻合法化を2015年の選挙公約の1つに掲げていた。合法化の実現はトルドー政権にとり政治的な勝利となる。ビル・ブレア国境安全・組織犯罪減少相は「カナダでは1世紀にわたり大麻を非合法としてきたが、子供と社会を守ることはできなかった」とし、合法化により「大麻の生産、流通、消費のすべての様相において秩序をもたらすことができる」と述べた。

森友学園問題が起こる

アフリカ・オリエント・西・南・東南アジア

2018

- イギリス・アメリカ・フランスが化学兵器使用でシリア攻撃
- マレーシア総選挙で野党勝利、独立以来初の政権交代
- 在イスラエル米国大使館がエルサレムに移転
- タイの洞窟で少年ら13人全員救出

タイ北部チェンライのタムルアン洞窟に閉じ込められていた地元サッカークラブの少年12人と男性コーチの計13人の救出が7月10日、完了した。遭難から18日目で全員が生還を果たした。

▲洞窟入口に集まる救助隊員と機材類
photo by NBT

- パキスタン首相にカーン。クリケットの元スター選手

▶イムラン・カーン首相

- インドネシア地震・津波、死者2000人以上

インドネシア中部のスラウェシ島で9月28日、M7.5の地震が起きた。死者は2000人以上、行方不明者は1300人以上に上った。

北・東アジア

2018

- 中国主席の任期撤廃、長期政権可能に

中国共産党中央委員会は2月25日、憲法が定める「2期10年を超えてはならない」との国家主席と副主席の任期を撤廃するなどの憲法改正案を発表した。

- 韓国で平昌冬期五輪開催

平昌冬季五輪が2月9日、開幕した。韓国と北朝鮮が史上初の合同チームを結成。冬季五輪史上最多の92か国・地域から選手約2900人が参加した。

▲平昌オリンピック・スタジアム
photo by Kim Youngjun

- 金正恩が訪中、習主席と会談
- 南北首脳会談、朝鮮半島非核化で合意

韓国の文在寅大統領と北朝鮮の金正恩朝鮮労働党委員長が4月27日、軍事境界線上の板門店にある韓国側施設「平和の家」で初めて会談した。

▲韓国の文在寅大統領と北朝鮮の金正恩朝鮮労働党委員長

- 台湾で列車脱線、18人死亡

日本

2018

- 東京の築地市場83年の歴史に幕。豊洲へ移転
- オウム松本元死刑囚らの刑執行

- 財務省が森友文書改ざん、20人処分
- 陸自「イラク日報」見つかり公表

防衛省は4月、存在しないとしていた陸上自衛隊のイラク派遣部隊の日報が見つかったと発表した。

▲イラク派遣時の様子
photo by Rikujojieitai Boueisho

- 西日本豪雨

14府県で計220人を超える死者を出し、平成最悪の豪雨災害となった。

- 北海道胆振東部地震

厚真町を中心に41人の犠牲者が出た。震源地に近い苫東厚真火力発電所が停止し、道内ほぼ全域の295万戸が停電するブラックアウトも発生した。

▲土砂崩れ後の様子
photo by 首相官邸 内閣官房内閣広報室

- 安倍首相、「2島先行返還」へかじ

安倍首相は11月14日、シンガポールでロシアのプーチン大統領と会談し、北方領土問題に関して1956年の日ソ共同宣言を基礎に平和条約締結交渉を加速させることで一致した。

平成時代

21世紀

在イスラエル米国大使館がエルサレムに移転

イスラエル建国から70年を迎える5月14日、アメリカは在イスラエル大使館を商都テルアビブからエルサレムに移した。トランプ米大統領がエルサレムをイスラエルの首都と宣言したことを受けて、「エルサレムの地位はイスラエルとパレスチナの和平交渉で決める」としてきた従来の中東政策を転換させた。パレスチナ側は猛反発しており、米国が主導する形での中東和平交渉は絶望的になった。エルサレムにはユダヤ教、キリスト教、イスラム教の聖地が集まる。1947年の国連パレスチナ分割決議で国際管理下に置かれることになったが、イスラエルは1948年の中東戦争で西エルサレム、1967年に東エルサレムを併合し、1980年にエルサレム全域を首都と宣言した。

財務省が森友文書改ざん、20人処分

財務省は6月4日、学校法人「森友学園」への国有地売却を巡る文書改ざん問題で、当時理財局長だった佐川宣寿前国税庁長官ら職員20人の処分を公表した。麻生太郎財務相は同日の記者会見で、閣僚給与1年分（約170万円）を自主返納することを明らかにしたが、「私自身の進退については考えていない」と辞任しない考えを重ねて表明。佐川氏は「応接録の廃棄や決裁文書の改ざんの方向性を決定付けた」ことから、停職3カ月相当の処分とした。佐川氏には退職金から513万円を差し引いた金額を支払う。麻生財務相は会見で、文書改ざんは「あってはならないことであり誠に遺憾」と陳謝。その上で「私のリーダーシップの下、信頼回復に努めていく」とし、続投する考えを示した。

香港で若者らによる100万人規模のデモが激化、

ヨーロッパ

2019

- **イギリス警察、ウィキリークス創設者を逮捕**
- **フランス・パリのノートルダム大聖堂で大火災**
  パリの歴史的建造物ノートルダム大聖堂で4月15日、大規模火災が発生し、高さ96mの尖塔や屋根が崩落した。

激しく燃える大聖堂
photo by Milliped

- **イギリス・ヘンリー王子に第1子の男児誕生**
- **欧州熱波、仏などで死者**
  フランスで6月28日、観測史上最高の45.9度を記録した。熱波に襲われた欧州では、フランスのほか、スペイン、イタリアで死者が出た。
- **イギリス首相にボリス・ジョンソン**
  イギリスの与党・保守党の党首選に勝利したボリス・ジョンソンが7月24日、新首相に就任した。欧州連合(EU)離脱を巡る強硬派で、強硬離脱を望む党員から期待が集まった。

- **第45回先進国首脳会議(G7サミット)開催**
- **トルコ、シリア北部のクルド人勢力を攻撃**
  トルコのエルドアン大統領は10月9日、トルコ軍がシリア北部のクルド人勢力を標的に軍事作戦を開始したと発表した。
- **イギリス下院が解散・総選挙、EU離脱が最大の争点**

南北アメリカ

2019

- **ベネズエラで国会議長が暫定大統領に就任宣言、大統領と対立**
  南米ベネズエラで1月23日、野党指導者のグアイド国会議長が、暫定大統領就任を宣言した。
- **ブラジルでダム決壊、250人超死亡**
  ブラジルのミナスジェライス州で1月25日、鉱山のダムが決壊し、250人以上が死亡した。
- **アメリカ司法省、中国通信機器大手「華為技術」のCFOを起訴**
  アメリカ司法省は1月28日、中国通信機器大手「華為技術」(ファーウェイ)と関連会社3社、ファーウェイの孟晩舟(モンワンジョウ)最高財務責任者(CFO)を米企業からの技術情報窃取などの罪状で起訴したと発表した。
- **トランプ・アメリカ大統領、国境の壁建設へ国家非常事態を宣言**
  トランプ米大統領は1月15日、不法移民対策などのためのメキシコ国境での壁建設のため、国家非常事態を宣言した。
- **米中貿易摩擦激化**
- **16歳グレタさん、国連で演説**
  スウェーデンの環境活動家グレタ・トゥンベリさんが9月23日、米ニューヨークの国連本部で開かれた「気候行動サミット」で演説した。16歳のグレタさんの行動は、若者の気候変動問題に対する意識に影響を与えた。

グレタ・トゥンベリさん
photo by Anders Hellberg

- **アメリカ、「パリ協定」離脱を国連に通告**

ロシアと周辺国

2019

- **サンクトペテルブルク国際経済フォーラム開催**
  世界145カ国から1万9,000人がこれに参加した。今年のSPIEFには、習近平国家主席も参加。
- **ナザルバエフ・カザフスタン大統領辞任**
  その後6月、カザフスタンで臨時大統領選挙が行われ、70.96%の得票でカシムジョマルト・トカエフが当選を果たした。

カシムジョマルト・トカエフ
photo by Kremlin.ru

- **G20でのロシアとアメリカ首脳会談**
  プーチン大統領は、6月28日、G20大阪サミットのために来日したアメリカのトランプ大統領と、1時間20分に及ぶ会談を行った。米露首脳会談は2018年7月にフィンランドで行われて以来、約1年ぶりとなる。
- **ロシアと中国で首脳会談、露中エネルギービジネスフォーラムを開催**
- **アメリカとロシアINF全廃条約が失効**
  その後6月、カザフスタンで臨時大統領選挙が行われ、70.96%の得票でカシムジョマルト・トカエフが当選を果たした。
- **第5回東方経済フォーラムにおける日ロセッション**
- **チェチェン共和国の首長公邸周辺での襲撃テロ**

PICK UP 1 第45回先進国首脳会議(G7サミット)開催

今回のサミットでは、議長のマクロン大統領が掲げた「不平等との闘い」のテーマのもと、G7の中心的イシューである、世界経済・貿易や外交・安全保障に関するG7首脳間の率直な議論、そして、アフリカ、環境、デジタル化といった議題については、アウトリーチ国や国際機関、市民社会の参加も得て、多角的な視点から意見交換を行い、成果文書として、G7首脳が合意した事項を簡潔にまとめた「G7ビアリッツ首脳宣言」等を発出した。

第45回先進国首脳会議(G7サミット)

PICK UP 2 アメリカとロシアINF全廃条約が失効

2月、アメリカ政府はロシアとの間の「INF条約」(中距離核戦力全廃条約)の破棄通告をロシア側に通告し、INF条約は8月2日に失効した。トランプ政権がINF条約破棄を通告した口実は、「ロシアが、INF条約に違反している疑いの濃い9M729(SSC-8)地上発射型巡航ミサイルを廃棄しない」ことである。アメリカ政府は、INF条約を踏みにじるロシアの9M729配備という動きは、アメリカならびにアメリカの同盟国や友好国にとり直接的な脅威となる、としていた。アメリカ国防総省によると、そのような脅威に対抗するため、アメリカもINF条約で開発・製造・保有が禁止されていた各種ミサイル(以下、「INFミサイル」と呼称する)の開発・製造を開始するとのことである。

日本の新元号は「令和」に

アフリカ・オリエント・西・南・東南アジア

2019

- **ボーイング機が墜落、157人死亡**
  エチオピアからケニアに向かっていたエチオピア航空の旅客機（ボーイング737MAX）が3月10日、墜落し、乗員・乗客157人全員が死亡した。
- **ニュージーランドで銃乱射、51人死亡**
- **スリランカで同時爆破テロ**
  スリランカの最大都市コロンボなどで4月21日、教会やホテルなどを狙った同時爆破テロが起き、日本人1人を含む250人以上が死亡した。警察当局は、イスラム過激派組織「イスラム国」に影響されたグループによる自爆テロと断定した。
- **インドネシア大統領にジョコ氏再選**
  インドネシアで21日、大統領選の開票結果が公表され、過半数を獲得したジョコ・ウィドド大統領が再選を決めた。堅調な経済成長を導いてきた手腕などが評価された。

▶ジョコ・ウィドド大統領

- **インド総選挙、モディ首相の与党勝利**
- **イスラエル国会が9月17日に建国以来初の再選挙**

- **コンゴでエボラ「緊急事態」**
  アフリカ中部・コンゴ民主共和国東部でエボラ出血熱が流行し、世界保健機関（WHO）は7月17日、「国際的な公衆衛生上の緊急事態」を宣言した。
- **「イスラム国」指導者がアメリカの作戦で死亡**

北・東アジア

2019

- **中国の探査機が月の裏側地約陸に成功**
  中国政府は1月3日、無人探査機「嫦娥じょうが4号」が世界で初めて月の裏側への着陸に成功したと発表した。

▲嫦娥4号　photo by CSNA/Siyu Zhang

- **香港で学生らが大規模デモ**
  香港で6月9日、中国本土などへの犯罪容疑者引き渡しを可能にする逃亡犯条例の改正案に反対し、学生ら約103万人（主催者発表）が参加する大規模デモが行われた。
- **中国の習国家主席が訪朝**
  中国の習近平国家主席は6月20日、平壌で北朝鮮の金正恩朝鮮労働党委員長と会談した。習氏の訪朝は2013年の国家主席就任後初めて。
- **北朝鮮、新型SLBM発射**
- **韓国、GSOMIA破棄撤回**
  韓国の文在寅政権は8月、日本が対韓輸出管理を厳格化したことへの事実上の報復として、日本との軍事情報包括保護協定（GSOMIA（ジーソミア））の破棄を通告した。だが、協定を北朝鮮に対する日米韓安全保障協力の象徴とみる米政府が破棄に強く反対。文政権は失効直前の11月22日に通告の効力停止を発表し、協定が維持された。

日本

2019

- **令和へ御代替わり**
  上皇さまは4月30日に退位し、30年余り続いた平成は幕を閉じた。天皇陛下は5月1日に即位され、令和の時代が始まった。天皇の退位は約200年ぶり。象徴天皇制を定めた現憲法下では2人目の即位で、戦後生まれの天皇が誕生した。
- **G20大阪サミット開催**
  日本が初の議長国を務める20カ国・地域（G20）首脳会議（サミット）が6月末、大阪で行われた。
- **京都アニメーション放火殺人36人死亡**
- **台風・豪雨で甚大被害**
- **ラグビーW杯で列島熱狂**
- **首里城火災、正殿など焼失**
  10月31日未明、那覇市の世界遺産、首里城跡に復元された首里城の正殿から出火し、約11時間後に鎮火した。木造の正殿は激しく炎上して焼け落ち、北殿、南殿など6棟に延焼。

▲2019年に焼失し、再建作業が始まった首里城　photo by Indiana jo

- **ローマ教皇が38年ぶり来日**
  世界に約13億人の信者を抱えるキリスト教最大の教派、ローマ・カトリック教会トップのフランシスコ教皇が11月23日に来日した。

▶安倍晋三内閣総理大臣との会談するローマ教皇
photo by 内閣官房内閣広報室

令和時代

PICK UP 3 コンゴでエボラ「緊急事態」

世界保健機関（WHO）は7月17日、コンゴ民主共和国で流行が続くエボラ出血熱について、「国際的に懸念される公衆衛生上の緊急事態（PHEIC）」を宣言した。PHEICが宣言されるのは史上5度目となった。コンゴでは、これまでに1600人以上が死亡している。WHOのテドロス・アダノム・ゲブレイエスス事務局長はこの日、スイス・ジュネーヴでの記者会見で、「世界が留意すべき時だ」と述べた。コンゴではこの週に、人口100万人以上の東部ゴマでも症例が確認された。今回の流行で、ゴマで感染者が確認されたのは初めて。ゴマは、コンゴとルワンダ国境の街で、主要な交通の拠点となっている。WHOは、隣国への感染拡大のリスクは「非常に高い」と警告していた。

PICK UP 4 令和へ御代替わり

5月1日、天皇陛下の即位と同時に元号が平成から「令和」に改まった。約200年ぶりの天皇の退位に伴う改元で、政府は1カ月前の4月1日、有識者会議などを経て新元号を決めた。出典は「万葉集」で、元号の漢字を日本の古典（国書）から採用したのは確認できる限り初めてだった。「人々が美しく心を寄せあうなかで、文化が生まれ育つという意味が込められている」。安倍晋三首相は元号決定の記者会見で令和について説明した。考案者は万葉学者の中西進・大阪女子大名誉教授とされる。新元号は「平成」の代替わり時を踏襲し、菅義偉官房長官が発表した。墨書を掲げた菅氏は「令和おじさん」として知名度を上げ、各種世論調査でポスト安倍の有力候補に浮上した。

世界中に新型コロナウイルスが感染拡大、

ヨーロッパ

2020

- **イギリスがEUを離脱**
  1月31日、EUからの加盟国離脱は初めて。混乱回避のために年末まで移行期間が設けられ、英国とEUは将来関係を巡る交渉を続けた。
- **イギリス・ヘンリー王子夫妻、公務引退**
  イギリスのヘンリー王子と妻のメーガン妃が2月19日、王室の中心メンバーから外れ、公務から引退した。
- **イタリア、新型コロナで死者1万人に**
- **パリで預言者の風刺画掲載巡りテロ**
  パリの政治週刊紙シャルリー・エブドの旧本社ビル前で9月25日、男女2人が刃物で刺されて重傷を負うテロ事件が発生した。同紙がイスラム教の預言者ムハンマドの風刺画を再掲したことへの報復とみられた。
- **エーゲ海沿岸にマグニチュード7.0の地震が発生、トルコとギリシャで死者**

▲トルコのイズミルで倒壊した建物
photo by ApChrKey

- **フランス、新型コロナで外出制限再発動**

南北アメリカ

2020

- **アメリカ軍、イラン革命防衛隊司令官を殺害**
  アメリカ軍は1月3日、イラン革命防衛隊のスレイマニ司令官を空爆で殺害した。イランは報復措置として、イラクの米軍駐留基地を攻撃した。
- **アメリカとタリバン、和平合意に署名**［2月］
- **WHO、新型コロナウイルスのパンデミック表明**
  世界保健機関（WHO）のテドロス・アダノム事務局長は3月11日、世界で感染が拡大する新型コロナウイルスについて「パンデミック（感染症の世界的な大流行）とみなすことができる」と表明した。

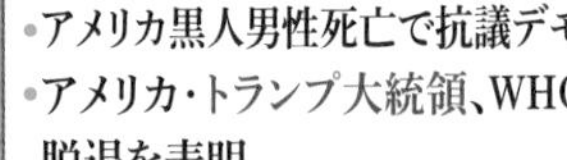

- PICK UP 1 **アメリカ黒人男性死亡で抗議デモ**
- **アメリカ・トランプ大統領、WHO脱退を表明**
- **アメリカで民間初の有人宇宙船打ち上げ**
  アメリカ・フロリダ州のケネディ宇宙センターで6月30日、新型民間有人宇宙船「クルードラゴン」が打ち上げられた。宇宙船は国際宇宙ステーションとドッキングした。民間有人宇宙船の打ち上げ成功は初めて。

▲ISSに接近するドラゴン2

- **アメリカと中国、相互に総領事館を閉鎖**

ロシアと周辺国

2020

- **ロシアが憲法改正、プーチン5選可能に**
  ロシアの改正憲法が7月4日、施行された。領土の割譲禁止が明記されたほか、プーチン大統領の5選出馬と最長2036年までの続投が可能になった。
- **ロシアが新型コロナワクチンを正式承認**
  国内で開発を進めてきた新型コロナウイルスのワクチンを政府として正式に承認。ワクチンは、エボラウイルスのワクチン研究を応用したもので、1957年に旧ソビエトによって世界で最初に打ち上げられた人工衛星の名前にちなんで「スプートニクV」と名付けられた。
- **ロシア反政権指導者、毒物で重体**
  ロシアの反プーチン政権運動指導者アレクセイ・ナワリヌイ氏が8月20日、飛行機内で体調を崩し、一時重体となった。神経剤で襲撃を受けた疑いが強まり、欧州連合（EU）はロシアが襲撃に関与したとして、露当局者らに制裁を科した。ロシアは関与を否定した。
- **ベラルーシ大統領6選、不正疑惑で抗議デモ**
  ベラルーシ大統領選で9月10日、アレクサンドル・ルカシェンコ大統領が6選を決めたと発表された。反政権派は不正があったとしてルカシェンコ氏の辞任を求めて抗議デモを展開した。

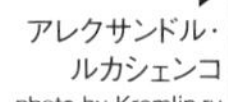

▶アレクサンドル・ルカシェンコ
photo by Kremlin.ru

PICK UP 1 アメリカ黒人男性死亡で抗議デモ

アメリカ・ミネソタ州で5月25日、黒人のジョージ・フロイドさんが白人警官に首を膝で押さえつけられ、搬送先の病院で死亡した。抗議デモは26日午後から始まった。黒人男性が拘束された交差点には数百人が集った。デモ隊はパトカーにスプレーで落書きし、警察署に石を投げた。警察は催涙ガスや閃光弾などで応戦した。警察の対応が人種差別的だとして、「ブラック・ライブズ・マター（黒人の命は大切だ）」をスローガンとする抗議デモが全米だけでなく世界に広がった。

◀抗議者たちによるデモの様子
photo by Lorie Shaull

PICK UP 2 南シナ海巡りアメリカ・中国の対立が激化

アメリカのポンペオ国務長官は7月13日、中国の南シナ海ほぼ全域での海洋権益の主張は「完全に不法だ」とする声明を発表した。南シナ海では一方的な支配を強める中国と、これを批判するアメリカとの対立が深まった。声明で、中国が領有権を争う周辺国に対して威圧したり武力を行使したりしていると指摘し、「南シナ海を自らの海洋帝国として扱うことを世界は許さない」と厳しく非難。また、中国が人工島を造成し、滑走路を整備したスプラトリー（南沙）諸島のミスチーフ礁について「完全にフィリピンの主権・管轄権下にある」と言明し、中国の領有権主張を否定した。ベトナムやマレーシア、インドネシアなどとの係争海域での中国の主張についても「拒否する」とした。

日本では初の緊急事態宣言

2020

アフリカ・オリエント・西・南・東南アジア

2020

- **イランがウクライナ旅客機を撃墜**
  イランは1月8日、テヘラン近郊の空港を離陸したウクライナ国際航空の旅客機を防空ミサイルで撃墜し、乗員・乗客176人が死亡した。当初、イランは関与を否定したが、11日、巡航ミサイルだと勘違いした人為的ミスだとして謝罪した。
- **マレーシアのマハティール首相が辞任**
- **イスラエルで新政権発足。1年以上の混乱収束**
  イスラエルで5月17日、ベンヤミン・ネタニヤフ首相率いる新内閣が発足した。2019年4月の国会総選挙以降、連立交渉が難航して総選挙を3回繰り返すなど、混乱が続いていた。
- **タイ航空が経営破綻、航空業界に新型コロナの影響広がる**
- **パキスタンで旅客機墜落、乗員乗客のうち97人死亡**

- **中国・インド両軍がカシミールで衝突**
  インドと中国の国境が未画定のカシミール東部で6月15日、両国の軍が衝突した。インド兵20人が死亡し、中国側にも死傷者が出た。中印の国境を巡る対立で両軍に死者が出たのは1975年以来、45年ぶり。
- **南シナ海巡りアメリカ・中国の対立が激化**
- **レバノンの港で大規模爆発**
- **モーリシャス沖で貨物船座礁、重油流出**

- **タイ、反政府集会に1万人**
- **イスラエルがUAE、バーレーンと国交樹立合意**

北・東アジア

2020

- **台湾総統選で蔡英文氏が再選**
- **韓国総選挙で与党が歴史的圧勝**
  韓国国会（一院制）の総選挙が4月15日、行われた。文在寅政権を支える左派系与党・共に民主党が単独過半数を獲得し、歴史的圧勝を収めた。
- **中国が初のマイナス成長、1〜3月期**
- **香港の国家安全維持法が施行**
  香港での反体制活動を取り締まる国家安全維持法が6月30日、中国の全国人民代表大会で可決され、施行された。民主活動家らの逮捕が相次ぎ、「一国二制度」は危機に陥った。

▲デモの参加者　photo by Hf9631

- **台湾の李登輝・元総統死去**
- **アメリカ厚生長官が訪台。閣僚は6年ぶり**
  アメリカのアレックス・アザール厚生長官が8月10日、台湾の台湾総統府で蔡英文総統と会談した。米閣僚の訪台は6年ぶり。1979年の米台断交以来、最高ランクの米高官の訪台となり、中国は反発した。
- **北朝鮮兵士、韓国人船員を射殺**

日本

2020

- **ゴーン被告逃亡、レバノンで会見**
  日産自動車前会長カルロス・ゴーン被告が保釈中に中東レバノンに逃亡し、1月8日午後（日本時間同日夜）、首都ベイルートで記者会見した。
- **東京五輪、1年延期**
  新型コロナウイルスの世界的な感染拡大を受け、7月に開幕を予定していた東京五輪の1年延期が3月に決まった。
- PICK UP 4 **新型コロナ猛威、初の緊急事態宣言**

▲新型コロナウイルス感染症対策本部　photo by 首相官邸ホームページ

- **参院選買収事件で河井元法相夫妻逮捕**
- **九州で豪雨、死者多数**
  7月3〜8日、九州一帯を記録的な豪雨が襲い、多くの河川が氾濫して大規模な水害が発生。熊本県や福岡、鹿児島両県などで死者計75人、行方不明者2人を出した。
- **安倍政権総辞職、菅義偉内閣発足へ**
- **RCEP署名、アジアに巨大経済圏**
  日本と中国、韓国、東南アジア諸国連合（ASEAN）加盟国など15カ国は11月15日、地域的な包括的経済連携（RCEP）協定に署名。世界経済・貿易総額の3割を占める巨大な自由貿易圏が誕生する。

令和時代

21世紀

タイ、反政府集会に1万人

タイのバンコクで8月16日、王室の制度改革などを要求する反政府集会が開かれ、学生を中心に1万人以上が参加した。政権は集会参加者を摘発するなど強硬姿勢で臨んだ。デモは数千台の車やバイクがバンコク市内を平和的に行進。政府のコロナ対応への不満からプラユット首相の辞任を求めた。しかし、ここ数週間に頻発している反政府デモは再び首相公邸前で警察との衝突に発展した。昨年、若者主導の反体制デモに数十万人が参加し、当局が弾圧に動いたが、こうした抗議活動が支持層を広げて再び勢いを増しているもようだ。15日には数千人のデモ参加者が赤い旗を掲げてバンコク市内を車などで平和的に行進。多くの住民が通りに出て応援を送り、支持の姿勢を示した。

PICK UP 4 新型コロナ猛威、初の緊急事態宣言

1月16日、中国からの帰国者の新型コロナウイルス感染が国内で初めて判明した。2月に入ると海外渡航歴のない人の感染が相次ぎ、13日には国内初の死者が確認された。政府は27日に全国の学校に臨時休校を求めたが、感染拡大は止まらず、4月7日には7都府県を対象に新型インフルエンザ対策特別措置法に基づく緊急事態宣言を初めて発令し、同16日には全国へ拡大。可能な限りの外出自粛などを国民に要請した。新規感染者は4月上〜中旬をピークに減少に転じ、宣言は5月25日までに全国で解除された。その後に到来した「第2波」は8月中旬をピークにいったん小康状態となったものの、感染者は11月に再び増加に転じ、「第3波」が続く。

新型コロナは「デルタ株」から「オミクロン株」へ、

ヨーロッパ

2021

- **イギリス、空母をインド太平洋へ派遣**
  イギリス海軍の最新鋭空母「クイーン・エリザベス」を中心とする空母打撃群が5月22日、インド太平洋に向けて出港した。
- **G7首脳宣言、台湾問題に初言及**
  イギリスで開かれた先進7か国首脳会議（G7サミット）で6月13日、「台湾海峡の平和及び安定の重要性を強調し、両岸問題の平和的な解決を促す」との首脳宣言が採択された。G7首脳宣言が台湾問題に言及したのは初めて。

▲討議するG7の首脳
photo by首相官邸ホームページ

- **ドイツなどの豪雨災害で死者多数**
  ドイツ西部やベルギーで7月14〜15日、豪雨による洪水などが起き、200人超が死亡した。気候変動が原因と指摘された。
- **ドイツ連邦議会選でSPDが第1党に**
  ドイツ連邦議会選の投開票が9月26日行われ、中道左派・社会民主党（SPD）が16年ぶりに第1党となった。
- **イギリスでCOP26開幕**
  国連気候変動枠組み条約第26回締約国会議（COP26）が10月31日、イギリス北部グラスゴーで開幕した。石炭火力発電の段階的な削減努力などを盛り込んだ文書「グラスゴー合意」を採択し、11月13日に閉幕した。

南北アメリカ

2021

- **トランプ氏支持者、米議事堂占拠**（PICK UP 1）
- **バイデン大統領就任**
  アメリカで1月20日、民主党のジョー・バイデン前副大統領が第46代大統領に就任した。副大統領には、女性初、黒人としても初となるカマラ・ハリス前上院議員が就いた。

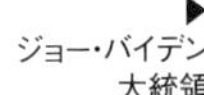

ジョー・バイデン大統領

- **キューバで共産党第1書記退任。カストロ兄弟の統治終幕**
  キューバ共産党のラウル・カストロ第1書記が4月19日、退任した。兄フィデル氏とともに、1959年のキューバ革命以降、60年以上にわたり国を率いたカストロ兄弟の統治が終わった。
- **アメリカで黒人男性暴行死の元警官が有罪**
- **アメリカ当局、アルツハイマー新薬承認**
- **ハイチ大統領が暗殺**
  カリブ海の島国ハイチのジョブネル・モイーズ大統領が7月7日、首都郊外の自宅で武装集団から銃撃を受け、暗殺された。
- **アメリカで民間宇宙旅行ビジネスが活発化**
- **コロナ感染者、2億人超**
- **オミクロン株、急拡大**
  新型コロナウイルスの新たな変異株が南アフリカで検出され、世界保健機関（WHO）は11月26日、ギリシャ文字にちなんで「オミクロン株」と命名。感染力が強まっている恐れがあるとして、最も警戒度が高い「懸念される変異株（VOC）」に指定した。

ロシアと周辺国

2021

- **ロシアで反政権運動指導者が拘束**
  猛毒ノビチョク系の神経剤で襲撃され、重体となっていたロシアの反政権運動指導者アレクセイ・ナワリヌイ氏が1月17日、療養先のドイツから帰国し、ロシア当局に拘束された。
- **ロシアとアメリカが新STARTを5年延長**（PICK UP 2）
- **ベラルーシ当局、民間機を強制着陸させ反政権派を拘束**
  ベラルーシ当局が5月23日、旅客機を首都ミンスクの空港に強制着陸させ、乗客の反政権派メディア創設者を拘束した。ルカシェンコ政権の強権ぶりに批判が集まった。
- **プーチン・ロシア大統領、北方領土の特別地区設置を発表**
  ロシアのプーチン大統領は9月3日、北方領土に外資誘致を目的とする特別地区を設置すると発表した。ミハイル・ミシュスチン首相が7月、北方領土の択捉島を訪問した際に設置構想を示していた。
- **ロシア下院選で政権与党が圧勝**
  ロシア下院選の投開票が9月19日行われた。政権与党「統一ロシア」が324議席を得て大勝し、プーチン大統領は安定した政権運営の基盤を確保した。
- **ノーベル平和賞にフィリピン、ロシアのジャーナリスト**
  ノーベル平和賞に8日、フィリピンのジャーナリストのマリア・レッサ氏とロシアの独立系新聞編集長のドミトリー・ムラトフ氏が選ばれた。

ドミトリー・ムラトフ氏
photo by Olaf Kosinsky

PICK UP 1 トランプ氏支持者、米議事堂占拠

2020年11月のアメリカ大統領選の選挙人投票集計を行う連邦議会で1月6日、議事堂周辺に集まったトランプ大統領支持者の一部が、警備を破り建物内に侵入した。これを受けて議事堂は閉鎖され、上下両院合同本会議の討議も中断された。警官隊との衝突などで、警官1人を含む計5人が死亡。トランプ氏はホワイトハウス前で開いた集会で「死に物狂いで戦わなければ国が失われる」などと述べ、議会に向かうよう呼びかけていた。この事件は、アメリカにとって非常に暗い出来事となった。民主主義、政治システム全体が極限まで試されたのである。平和的な政権交代を前提としてきたアメリカのシステム全体が、暴力と不安定さを目の当たりにすることとなった。

PICK UP 2 アメリカとロシアINF全廃条約が失効

アメリカのバイデン大統領とロシアのプーチン大統領は1月26日に電話協議し、米ロの新戦略兵器削減条約（新START）の5年間の延長で大筋合意した。ロシア側は数日中に手続きを完了するとしている。2月5日に条約の期限が迫るなか、延長で核軍縮交渉を継続する見通しとなった。米ロ首脳の電話協議はバイデン氏の就任後、初めて。米ホワイトハウスは声明で、新STARTの5年間の延長に向けて「2月5日までに延長を完了するように双方が迅速に取り組むことで合意した」と説明した。米国防総省は中国の核弾頭保有数が倍増するとの見通しを表明。トランプ前米政権は米ロに限った核軍縮条約は時代遅れだとして中国を含む新しい枠組みを探っていた。

日本は1年遅れで東京五輪開催

2021

アフリカ・オリエント・西・南・東南アジア

2021

・ベトナム共産党書記長、3期目決定

ベトナム共産党は1月31日、党トップのグエン・フー・チョン書記長の3期目続投を決めた。1976年の南北ベトナム統一後、3期目続投は初めて。

▶グエン・フー・チョン書記長

・ミャンマー、国軍がクーデター

ミャンマー国軍は2月1日、非常事態宣言を全土に発令するとともに、同国の事実上の政権トップだったアウン・サン・スー・チー氏ら与党・国民民主連盟(NLD)幹部を拘束し、クーデターを強行した。

・スエズ運河、コンテナ船座礁

地中海と紅海を結ぶエジプトのスエズ運河で3月23日、日本の船会社所有の大型コンテナ船「エバー・ギブン」が座礁した。

・イスラエルで12年ぶりの政権交代

イスラエルで6月13日、極右政党ヤミナのナフタリ・ベネット党首を首相とする新政権が発足した。通算で15年在任したベンヤミン・ネタニヤフ氏は退陣し、12年ぶりに政権が交代した。

・イラン大統領選、反米・強硬派が当選

イラン大統領選が6月18日に行われ、反米・保守強硬派のエブラヒム・ライシ師が当選した。強硬派による政権は8年ぶり。

・タリバン、アフガン掌握

アフガニスタンのイスラム主義勢力タリバンが8月15日、首都カブールを制圧し、全土掌握を宣言した。アシュラフ・ガニ大統領は国外に退避し、親米政権は崩壊した。

・スーダンで軍事クーデター

北・東アジア

2021

・北朝鮮で5年ぶりの朝鮮労働党大会

・中国で海警法施行へ

・中国当局、IT大手に巨額の罰金。IT企業統制を強化

中国の国家市場監督管理総局が4月10日、中国IT大手アリババ集団に対し、独占禁止法に違反したとして巨額の罰金を科したと発表した。中国は巨大IT企業への統制強化に転じた。

▲アリババグループ　photo by N509FZ

・中国探査機が火星着陸に成功

中国が5月15日、無人火星探査機「天問1号」の火星着陸に成功した。6月には有人宇宙船「神舟12号」を打ち上げ、宇宙ステーション建設を進展させた。

・香港で「反中紙」廃刊

・「中国恒大」経営危機

中国の不動産大手・中国恒大集団の経営危機が9月に表面化し、世界的な株安となった。

・韓国の与党大統領候補に京畿道(キョンギド)知事

韓国の左派系与党「共に民主党」は11月10日、来年3月の韓国大統領選の党候補に李在明(イジェミョン)京畿道知事を選んだ。保守系最大野党「国民の力」は11月、尹錫悦(ユンソクヨル)前検事総長を選出した。

・中国共産党が「歴史決議」を採択

日本

2021

・ゴルフ松山英樹、マスターズV

熱海で土石流

静岡県熱海市 伊豆山地区の逢初川上流で7月3日、大規模な土石流が発生し、川沿いに立ち並ぶ多数の住宅や住民らが流された。26人が死亡、1人が行方不明となり、建物被害は住宅など約130棟に上った。

PICK UP 4

・東京オリンピック2020開幕

第32回夏季五輪東京大会が、コロナ禍を理由とした史上初の1年延期を経て、7月23日に開幕した。

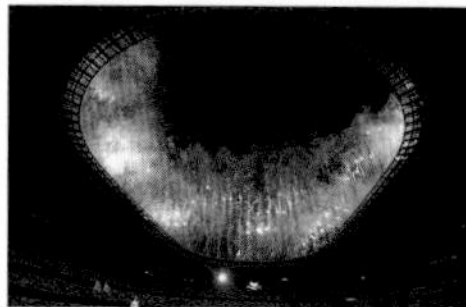

▲開会式の花火　photo by Rede do Esporte

・自民総裁に岸田氏、首相就任

退陣を表明した菅首相の後継を決める自民党総裁選が9月29日、投開票され、前政調会長の岸田文雄氏が、行政・規制改革相の河野太郎氏ら3人を破り、第27代総裁に選ばれた。

・眞子さま、小室圭さん結婚

秋篠宮家の長女眞子さまが10月26日、大学時代の同級生・小室圭さんと結婚して皇室を離れ、民間人の「小室眞子さん」となった。

・コロナ変異株が猛威

新型コロナは変異を繰り返し、国内でも猛威をふるった。中でも感染力の強い「デルタ株」が流行した。国内の感染者数は9月に計150万人を突破。累計死者数は10月に1万8000人を超えた。今冬には新変異株「オミクロン株」も確認され、政府は「第6波」への警戒を強めている。

令和時代

21世紀

香港で「反中紙」廃刊

中国共産党に批判的な香港紙・蘋果日報(アップル・デイリー)を発行する壱伝媒(ネクスト・デジタル)は6月23日、同紙の廃刊を決めた。オンライン版の更新を23日深夜に止め、紙の新聞は24日付が最後となった。香港国家安全維持法(国安法)に基づいて当局に資産を凍結され、事業継続を断念した。蘋果日報は1995年に創刊した。芸能記事なども取り扱う大衆紙として人気となり、近年は香港で民主派支持を鮮明にする、ほぼ唯一の日刊紙だった。壱伝媒は声明で「26年間にわたる読者の熱心な支援や記者、スタッフ、広告主に感謝する」と述べた。創業者の黎智英(ジミー・ライ)氏ほかが国安法違反罪で相次いで起訴され、当局に一部の資産を凍結された。

PICK UP 4 東京オリンピック2020開幕

第32回夏季五輪東京大会が、コロナ禍を理由とした史上初の1年延期を経て、7月23日に開幕した。205か国・地域と難民選手団から選手約1万1000人が参加。8月8日まで17日間の会期中、毎日の検査や外出自粛などの感染対策に取り組みながら、史上最多の33競技339種目に臨んだ。1964年東京大会以来、2度目となる国内での夏季五輪に、日本選手は過去最多の583人が参加した。競技の多くが無観客となったなか、獲得した金メダル27個、そのうち女子種目は14個でいずれも歴代最多。銀14個と銅17個を加えた総数58個も、夏冬を通じて日本の最多記録となった。お家芸である柔道は史上最多の金9個を含む12個、レスリングは金5個を含む7個をそれぞれ獲得した。

ロシアがウクライナに侵攻を開始、日本では

ヨーロッパ

2022

•トルコでウクライナ停戦交渉

ウクライナで双方の激しい戦闘が続く中、ロシアとウクライナによる対面形式の停戦交渉が3月29日、トルコのイスタンブールで行われた。ロシアが求めるウクライナの「中立化」などで妥協点を見いだし、事態の打開につなげられるかが焦点となった。

•フランス大統領選、マクロン氏再選

•スウェーデンとフィンランド、NATO加盟申請

スウェーデンとフィンランドは5月15日、北大西洋条約機構(NATO)加盟を申請すると発表した。ロシアのウクライナ侵攻を受け、歴史的な転換を決定した。

•ダボス会議、2年ぶり対面開催 (PICK UP 1)

•イギリス女王在位70年でパレード

•フランス、ドイツ、イタリア首脳がキーウ訪問

フランスのマクロン大統領とドイツのショルツ首相、イタリアのドラギ首相が6月16日、ウクライナの首都キーウを訪問し、ゼレンスキー大統領と会談した。

•ドイツでG7首脳会議、諸問題への「結束」確認

•エリザベス英女王が死去、ウェストミンスター寺院で国葬

▲国葬の後、ウェストミンスター寺院を出発する行列　photo by Department for Digital, Culture, Media and Sport

南北アメリカ

2022

•カナダ、緊急事態法を発動=コロナ対策抗議デモに対応

•ペルー日本大使公邸占拠事件、解決25年で式典

ペルーの日本大使公邸占拠事件の解決から25年を迎えた4月22日、首都リマの陸軍施設にある公邸の原寸大レプリカの前で軍主催の記念式典が行われ、出席したカスティジョ大統領らが犠牲者を追悼した。

▲突入作戦の訓練用に造られた、在ペルー日本大使公邸のレプリカ
photo by Elelch

•リオのカーニバル、2年ぶり復活

ブラジル・リオデジャネイロで4月22日夜(日本時間23日午前)、恒例の精鋭エスコーラ(チーム)によるサンバパレードが開幕し、本来の開催時期から約2カ月遅れの「リオのカーニバル(謝肉祭)」は佳境を迎えた。

•NPT会議、再び決裂

世界191カ国・地域が参加する核拡散防止条約(NPT)の再検討会議は最終日の8月26日、最終文書案を採択できずに決裂して閉幕した。ロシアが最後まで合意を拒否したことに、米欧や日本などから非難が相次いだ。核軍縮や核不拡散、原子力の平和利用を目指すNPT体制は揺らぎかねない状況だ。

•アメリカ下院議長、25年ぶり米下院議長、台湾訪問

ロシアと周辺国

2022

•ロシアのウクライナ侵攻 (PICK UP 2)

•マリウポリ危機深まる=ウクライナ

ロシアは4月25日、ウクライナ東・南部の掌握に向けた軍事作戦を続行した。南東部の要衝マリウポリでは、ウクライナ側は「ロシアによる化学兵器攻撃」の可能性に言及し、一段と危機が深まっている。中部では鉄道施設への攻撃で5人が死亡した。ゼレンスキー大統領は反転攻勢に向け、米国など国際社会に軍事支援を改めて要請した。

▶ウォロディミル・ゼレンスキー大統領
photo by President of Ukraine

•ロシアがウクライナ侵攻 ブチャほかキーウ近郊で市民虐殺

ウクライナに侵攻しているロシア軍の地上部隊が、首都キーウ近郊ブチャで多数の民間人を殺害していた疑いが、現地入りしたウクライナ軍や報道機関の指摘で浮上した。

•国連総長、ウクライナ大統領と会談

•ロシア、対独戦勝記念日で軍事パレード

•ウクライナ追加支援2.5兆円、G7財務相会議

•ゴルバチョフ氏元ソ連大統領死去

▲安置されたゴルバチョフの遺体
photo by SergioOren

ダボス会議、2年ぶり対面開催

世界経済フォーラムの年次総会(ダボス会議)が5月22日、スイス東部ダボスで開幕した。ロシアのウクライナ侵攻を受け、新たな世界秩序などが主な議題となった。新型コロナウイルス対策の渡航規制が各国で緩和されたため、2年ぶりの対面開催となった。ウクライナのゼレンスキー大統領が23日にオンラインで演説。一方、これまで存在感を示していたロシアの政府当局者や新興財閥(オリガルヒ)関係者らは招かれなかった。今回のダボス会議では、ロシアのウクライナ侵攻が大きくクローズアップされ、深刻なインフレ、不況への懸念、労働の激変など、世界の動向について多くの議論が交わされた。また、食料危機や気候変動対策など話し合い、26日まで行われた。

ロシアのウクライナ侵攻

ロシアのプーチン大統領が2月24日、ウクライナでの軍事作戦に踏み切った。ウクライナの親ロシア派からの軍事支援要請の発表から約6時間後の24日早朝。プーチンは国営テレビを通じた国民向け演説で電撃的に軍事作戦の開始を宣言し、世界中に大きな衝撃を与えた。プーチンは21日に署名した大統領令で、ウクライナ東部の親ロ派支配地域に「平和維持」名目でロシア軍を派遣するよう指示。22日の記者会見では「今すぐ部隊が行くとは言っていない」と語っていたが、国際社会はプーチンに裏をかかれる形となった。戦争を積極的に支持する国民は多くはなく、ロシア軍にも犠牲が出るなど事態が泥沼化すれば、プーチンが国内でも厳しい批判にさらされる可能性がある。

安倍元首相銃撃事件が起こる

2022

アフリカ・オリエント・西・南・東南アジア

2022

- **トンガで海底火山噴火、近隣国で津波発生**

▲火山灰に覆われる島の様子 photo by NZ Defence Force

- **ブルキナファソでクーデター 西アフリカ・ブルキナファソで9月30日にクーデターが発生**
  軍の指導者と称するイブラヒム・トラオレ大尉は、さらなる暴力を避けるためダミバ大統領が提示した条件付き辞任を受け入れた。
- **オーストラリア、9年ぶり政権交代**
  5月21日に投開票されたオーストラリアの総選挙は中道左派の野党・労働党の勝利が確実となり、9年ぶりに政権交代することになった。アルバニージー党首が次期首相に就任。
- **ロシア産石油禁輸で合意、EU首脳会議**
- **ラジャパクサ大統領が国外脱出、スリランカ経済危機**
  経済危機が続くスリランカで抗議活動が激しさを増す中、国外に脱出したラジャパクサ大統領は正式に辞任した。
- **パキスタンで洪水深刻化 国土の3分の1が冠水**

北・東アジア

2022

- **北京冬季五輪開催**
  国家体育場(愛称・鳥の巣)で開会式が開かれた。中国・北京は世界で唯一、夏と冬のオリンピックの両方を開催する都市となった。

▲開会式の様子 photo by kremlin.ru

- **中国でコロナ感染拡大、上海などでロックダウン**
- **新型コロナ、北朝鮮で感染拡大**
- **親中タカ派の李氏当選、香港行政長官選**
  香港行政長官選で当選した警察出身の李家超(ジョン・リー)前政務官の得票率は99%を超えた。民意を反映した選挙ではなく、中国政府が推す唯一の候補者への親中派の信任投票にすぎないことを雄弁に物語っている。
- **韓国の尹錫悦(ユン ソンニョル)が新大統領就任**

▶尹 錫悦大統領

- **ソウル・梨泰院で雑踏事故**
- **中国・習近平政権が3期目突入 新指導部を発表**
- PICK UP 3 **中国で「反ゼロコロナデモ」**

日本

2022

- **航空自衛隊F15戦闘機が墜落**
  1月31日、航空自衛隊のF15戦闘機が、離陸直後、石川県沖の日本海に墜落、乗っていた隊員2人が死亡した。

▲2021年に撮影された事故機 photo by Nakato Kaccoe

- **宮城、福島で震度6強の地震**
- **知床半島沖で観光船遭難 観光客ら26人行方不明に**
  北海道の知床半島沖で4月23日午後、乗客・乗員計26人が乗った観光船「KAZU 1」の行方が分からなくなり、海上保安庁が捜索を続けていた。10月現在、死者は20人、行方不明者は6人である。
- **バイデン米大統領が就任後初の来日**
  5月22-24日、岸田首相と初の正式な対面式会談に臨んだ。中国やロシア、北朝鮮への対応を協議し、日米同盟の抑止力強化を確認した。
- **安倍晋三銃撃事件**
  7月8日午前、元内閣総理大臣の安倍晋三氏が選挙演説中に銃撃され死亡した。
- **対ドル円相場、一時145円台まで下落 政府・日銀が24年ぶりに介入**
- PICK UP 4 **安倍元首相の国葬。国内外から4300人参列**

▲安倍晋三氏の国葬儀 photo by 首相官邸

令和時代

21世紀

PICK UP 3 中国でのゼロコロナ政策抗議デモ

新型コロナウイルスを徹底的に封じ込める中国政府の「ゼロコロナ」政策に抗議する住民らの活動が広がった。11月28日、上海市や北京市、新疆(しんきょう)ウイグル自治区での大規模な抗議行動の映像がインターネットに出回った。都市封鎖など厳しい政策で経済は停滞するが、感染者数は過去最高水準まで増加し、国民の不満が一段と高まっている。言論統制が厳しい中国・北京でこれほど大規模な抗議活動が起きるというのは衝撃的。今回は明らかに“ゼロコロナ政策”、ひいては共産党政権や習近平氏を名指しで批判するようなシュプレヒコールも聞こえて、やはり異例中の異例の事態となった。言論の自由の抑圧に抵抗する象徴となっている白い紙を掲げ「自由がほしい」と声を上げげた。

PICK UP 4 安倍元首相の国葬

政府は9月27日、日本武道館(東京・千代田)で安倍晋三元首相の国葬を執り行った。国内の政財界や各国・地域・国際機関の代表ら4183人が参列した。一般献花に訪れた人は午後6時時点でおよそ2万3000人。首相経験者の国葬は戦後2例目で1967年の吉田茂氏以来55年ぶり。国葬は午後2時すぎに始まった。遺骨を乗せた車が都内の私邸から到着し、葬儀副委員長の松野博一官房長官が開式の辞を述べた。国歌演奏と黙とうに続き安倍氏の生前の映像を流した。葬儀委員長である岸田文雄首相は追悼の辞で「あなたが敷いた土台の上に持続的ですべての人が輝く包摂的な日本、地域、世界をつくっていく」と語った。海外の首脳級は元職14人を含む50人前後が参列した。

Index

人名

出来事

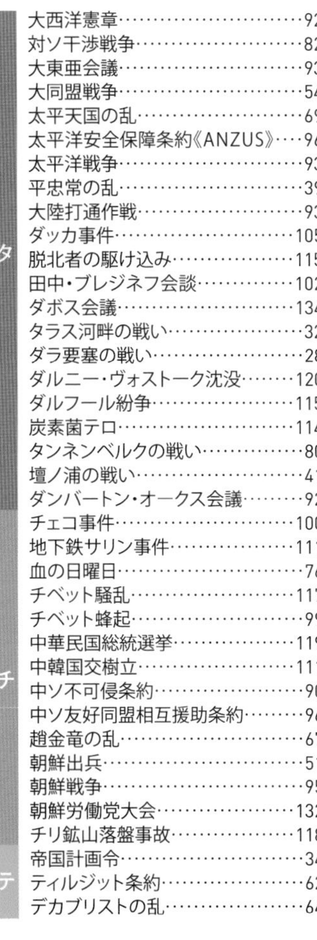

［　構　　成　］對馬 康志、鈴木 精良、垣本 亨
［　編　　集　］對馬 康志、鈴木 精良、佐々木 幸宣、浅井 精一、
佐々木 秀治、本田 玲二
［デザイン・DTP］垣本 亨
［　制　　作　］株式会社 でざいんるーむ、株式会社 カルチャーランド
［写 真 提 供］（順不同）
国土交通省、©竹中大工道具館、㈱共同通信社、©CROMAGNON、
GerardM、PериclesofAthens、Sanchezn、BiØrn Christian TØrrissen、
Karl Gruber、Ajar、Jacob Ehnmark、Tawashi2006、
Christophe Meneboeuf、Gnsin、Muns、lijjccoo、J.A.Knudsen、
Chris 73、PlusMinus、Montrealais、KENPEI、Gisling、Gisling、
Andreas Steinhoff、663highland、Dylan Kereluk、Alexf、
Tropenmuseum、Mountain at Cai Yuanpei Memorial in Shanghai、
©Yann Forget、me、Heinrich hoffmann、Lars-Göran Lindgren Sweden、
Auchwaswisser、Bernd Untiedt,Germany、
Bundesarchiv_Bild_183-19000-3301,_Berlin,_DDR-Gründung,Wahl_Pieck,_
Grotewohl.jpg: Zühlsdorf、A_gota、Si-take.、de:User:Kampy、
de:Benutzer:HPH、takato marui、Dddeco、I,Evstafiev、
Lear21 at en.wikipedia、Mikhail Evstafiev、I,松岡明芳、Seiya123、
www.kremlin.ru、Michal Vogt、S1、Agência Brasil、100yen、
Dave Bushell、World Economic Forum at en.wikipedia、Kowloonese、
Rvongher、Russian Presidential Press and Information Office、
Miriam Jeske/brasil2016.gov.br、Svetlana Korzhova、
Claude TRUONG-NGOC、СоветФедерации

※ 2022年11月現在において書かれたもので、出来事に関する年号などについては諸説ある場合があり、その判断により異なってくるケースがあります。また、地名や国名、人名などの呼び名は、外務省表記などに基づいていますが、カタカナ表記において異なる場合もあります。また、ほかの文献などと異なる場合もございますのでご了承ください。

一冊でわかる
日本史＆世界史 ビジュアル歴史年表 増補改訂版

2023年2月10日　第1版・第1刷発行
2024年9月5日　第1版・第3刷発行

著　者　「わかる歴史年表」編集室
（「わかるれきしねんぴょう」へんしゅうしつ）
発行者　株式会社メイツユニバーサルコンテンツ
代表者　大羽孝志
〒102-0093 東京都千代田区平河町一丁目1-8
印　刷　シナノ印刷株式会社

◎『メイツ出版』は当社の商標です。

ISBN978-4-7804-2735-6 C2020 Printed in Japan.

ご意見・ご感想はホームページから承っております
ウェブサイト　https://www.mates-publishing.co.jp/

企画担当：大羽孝志／清岡香奈

※本書は2019年発行の『一冊でわかる 日本史＆世界史 ビジュアル歴史年表 改訂新版』に情報の更新と加筆・修正を行った「増補改訂版」です。